不一樣的中國史 4

楊照 著

從無為到有為，帝國昂揚的時代

西漢

中國史是臺灣史的重要部分

歷史知識建立在兩項基本信念上，第一是相信人類的事物都是有來歷的，沒有什麼是天上掉下來或奇蹟所創造的；第二則是相信弄清楚事物的來歷很重要，大有助於我們分析理解現實，看清楚現實的種種糾結，進而對於未來變化能夠有所掌握，做出智慧、準確的決定。

歷史教育要有意義、有效果，必須回歸到這兩種信念來予以檢驗，看看是否能讓孩子體會、掌握歷史知識的作用。

不管當下現實的政治態度是什麼，站在歷史知識的立場上，沒有人能否認臺灣是有來歷的，不可能是開天闢地就存在，也不可能是什麼神力所創造的。因而歷史教育最根本該教的，就是「臺灣怎麼來的」。

要回答「臺灣怎麼來的」，必定預設了臺灣有其特殊性，和其他地方、其他國家不一樣，所以才需要從時間上溯源去找出之所以不一樣的理由。臺灣為什麼會有不一樣的文化？為什麼會有不一樣的社會？為什麼會有這樣的政治制度與政治狀態？為什麼會和其他國家產生不同的關係？……

所謂以臺灣為本位的歷史教育，就是認真地、好好地回答這幾個彼此交錯纏結的大問題。那麼歷史教育的內容好不好，也就可以明確地用是否能引導孩子思考、解答這些問題來評斷了。

過去將臺灣歷史放在中國歷史裡，作為中國歷史一部分的結構，從這個標準上看，有著明白而嚴重的缺失，那就是忽略了臺灣複雜的形成過程，特殊的地理位置使得臺灣從十七世紀就在東亞海域衝突爭奪中有了角色，中國之外的各種力量長期影響了臺灣。只從中國的角度，不看來自荷蘭、日本、美國等政治與文化作用，絕對不可能弄清楚臺灣的來歷。

但是，過去的錯誤不能用相反的方式來矯正。臺灣歷史不應該是中國歷史的一部分，然而中國歷史卻仍然是臺灣歷史非常重要的一部分。關鍵重點在調整如此的全體與部分關係，確認不該將臺灣史視為中國史的一部分，而該翻轉過來將中國史視為構成及解釋臺灣史的一部分。這樣調整之後，再來衡量中國史在如此新架構中該有的地位與分量。

不只是臺灣的社會與文化，從語言文字到親族組織原則到基本價值信念，和中國歷史有著太深、太緊密的連結；就連現實的政治與國際關係，去除了中國歷史變化因素，就無法理解了。硬是要降低中國歷史所占的比例分量，降低到一定程度，歷史就失去了解釋來歷和分析現實的基本作用了。

從歷史上必須被正視的事實是：中國文化的核心是歷史，保存歷史、重視歷史、訴諸歷史是中國最明顯、最特殊的文化性格。因而中國文化對臺灣產生過的影響作用，非得回到中國歷史上才能看得明白。

不理解中國史，拿掉了這部分，就不是完整的臺灣史。東亞史的多元結構無法提供關於臺灣來歷的根本說明，諸如：臺灣人所使用的語言文字、所信奉的宗教與遵行的儀式、內在的價值判斷優先順序、對於自我身分角色選擇認定的方式、意識深層模仿學習的角色模式……

歷史教育需要的是更符合臺灣特殊性的多元知識，但這多元仍需依照歷史事實分配比例，一味相信降低中國史比例就是對的，違背了歷史事實，也違背了歷史知識的根本標準。

目次 contents

第三講

武帝的作為與匈奴的崛起

第四講

悲劇飛將軍李廣

第五講

太史公和他的史學理想

第六講

《史記》、漢賦的昂揚文字精神

第七講

虛矯的漢賦，後悔的漢武

第八講 今古文經之爭與董仲舒

第九講 讖緯文化與貨幣經濟

第十講

帝國的宿命，王莽的新途

前言

「重新認識」中國歷史

1

錢穆（賓四）先生自學出身，沒有學歷，沒有師承，很長一段時間在小學教書，然而他認真閱讀並整理了古書中幾乎所有春秋、戰國的相關史料，寫成了《先秦諸子繫年》一書。之所以寫這樣一本考據大書，很重要的刺激來自於名譟一時的《古史辨》，錢穆認為以顧頡剛為首的這群學者，「疑古太過」，帶著先入為主的有色眼光看中國古代史料，處處尋覓偽造作假的痕跡，沒有平心靜氣、盡量客觀地做好查考比對文獻的基本工夫。工夫中的工夫，基本中的基本，是弄清楚這些被他們拿來「疑古辨偽」的材料究竟形成於什麼時代。他們不願做、不能做，以至於許多推論必定流於意氣、草率，於是錢穆便以一己之力從根做起，竟然將大部分史料精確排比到可以

「編年」的程度。

很明顯地，《先秦諸子繫年》的成就直接打擊《古史辨》的可信度。當時任職燕京大學，在中國學術界意氣風發、引領風騷的顧頡剛讀了《先秦諸子繫年》，立刻理解體會了錢穆的用意。他的反應是什麼？他立刻推薦錢穆到廣州中山大學教書，也邀請錢穆為《燕京學報》寫稿。中山大學錢穆沒有去，倒是替《燕京學報》寫了〈劉向歆父子年譜〉，錢穆自己說：「此文不啻特與頡剛諍議，頡剛不介意，既刊余文，又特推薦余在燕京任教。」

這是個「民國傳奇」。裡面牽涉到那個時代學者對於知識學問的熱情執著，也牽涉到那個時代學者的真誠風範，還牽涉到那個時代學院重視學識高於重視學歷的開放氣氛。沒有學歷的錢穆在那樣的環境中，單純靠學問折服了潛在的論敵，因而得以進入當時的最高學府任教。

這傳奇還有後續。錢穆後來從燕京大學轉往北京大學，「中國通史」是當時政府規定的大學歷史系必修課，北大歷史系慣常的做法，是讓系裡每個老師輪流排課，將自己所擅長的時代或領域，濃縮在幾堂課中教授，用這種方式來構成「中國通史」課程。換句話說，大家理所當然認為「中國通史」就是由古至今不同斷代的中國歷史接續起來，頂多再加上一些跨時代的專史。

可是被派去「中國通史」課堂負責秦漢一段歷史的錢穆，不同意這項做法。他公開地對學生表達了質疑：不知道前面的老師說了什麼，也不知道後面的老師要說什麼，每個老師來給學生片片斷斷的知識，怎麼可能讓學生獲得貫通的中國史理解？學生被錢穆的質疑說服了，也是那個時代的精神，學生認為既然不合理就該要求改，系裡也同意既然批評反對得有道理就該改。

怎麼改？那就將「中國通史」整合起來，上學期由錢穆教，下學期則由系裡的中古史大學者陳寅恪教。這樣很好吧？問了錢穆，錢穆卻說不好，而且明白表示，他希望自己一個人教，而且有把握可以自己一個人教！

這是何等狂傲的態度？本來只是個小學教員，靠顧頡剛提拔才破格進到北大歷史系任職的錢穆，竟然敢排擠數不清精通多少種語言、已是中古史權威的大學者陳寅恪，自己一人獨攬教「中國通史」的工作。他憑什麼？他有資格嗎？

至少那個年代的北大歷史系覺得錢穆有資格，就依從他的意思，讓他自己一個人教「中國通史」。錢穆累積了在北大教「中國通史」的經驗，後來抗戰中隨「西南聯大」避居昆明時，埋首寫出了經典史著《國史大綱》。

2

由《國史大綱》的內容及寫法回推，我們可以明白錢穆堅持一個人教「中國通史」，以及北大歷史系接受讓他教的理由。那不是他的狂傲，毋寧是他對於什麼是「通史」，提出了當時系裡其他人沒想到的深刻認識。

用原來的方式教的，是「簡化版中國史」，不是「中國通史」。「中國通史」的關鍵，當然是在「通」字，而這個「通」字顯然來自太史公司馬遷的「通古今之變」。司馬遷的《史記》包納了上下兩千年的時代，如此漫長的時間中發生過那麼多的事，對於一個史家最大的挑戰，不在如何蒐集兩千年留下來的種種資料，而在如何從龐大的資料中進行有意義的選擇，從中間選擇什麼，又放棄什麼。

關鍵在於「有意義」。只是將所有材料排比出來，呈現的勢必是偶然的混亂。許多發生過的事，不巧沒有留下記錄資料；留下記錄資料可供後世考索了解的，往往瑣碎零散。更重要的，這些偶然記錄下來的人與事，彼此間有什麼關聯呢？如果記錄是偶然的，人與人、事與事之間也沒有什麼關聯，那麼知道過去發生了什麼事要做什麼？

史家的根本職責就在有意識地進行選擇，並且排比、串聯所選擇的史料。最簡單、最基本的串聯是因果解釋，從過去發生的事情中去挖掘、去探索「因為／所以」：前面有了這樣的現象，以至於後來有了那樣的發展；前面做了這樣的決定，導致後來有了那樣的結果。排出「因為／所以」來，歷史就不再是一堆混亂的現象與事件，人們閱讀歷史也就能夠藉此理解時間變化的法則，學習自然或人事因果的規律。

「通古今之變」，也就是要從規模上將歷史的因果解釋放到最大。之所以需要像《史記》那樣從文明初始寫到當今現實，正因為這是人類經驗的最大值，也就提供了從過往經驗中尋索出意義與智慧的最大可能性。我們能從古往今來的漫長時間中，找出什麼樣的貫通原則或普遍主題呢？還是從消化漫長時間中的種種記錄，我們得以回答什麼只有放進歷史裡才能回答的關鍵大問題呢？

這是司馬遷最早提出的「通古今之變」理想，這應該也是錢穆先生堅持一個人從頭到尾教「中國通史」的根本精神價值來源。「通史」之「通」，在於建立起一個有意義的觀點，幫助學生、讀者從中國歷史中看出一些特殊的貫通變化。這是眾多可能觀點的其中一個，藉由歷史的敘述與分析能夠盡量表達清楚，因而也必然是「一家之言」。不一樣的人研究歷史會看到、凸顯不同的重點，提出不同的解釋。如果是因不同時代、不同主題就換不同人從不同觀點來講，那麼追求一貫「通古今之變」的理想與精神就無處著落了。

3

這也是我明顯自不量力一個人講述、寫作一部中國歷史的勇氣來源。我要說的，是我所見到的中國歷史，從接近無窮多的歷史材料中，有意識、有原則地選擇出其中的一部分，講述如何認識中國歷史的一個故事。我說的，只是眾多中國歷史可能說法中的一個，有我如此訴說、如此建立「通古今之變」因果模式的道理。

這道理一言以蔽之，是「重新認識」。意思是我自覺針對已經有過中國歷史一定認識的讀者，透過學校教育、普遍閱讀甚至大眾傳媒，有了對中國歷史的一些基本常識、一些刻板印象。

我試圖要做的，是邀請這樣的讀者來「重新認識」中國歷史，來檢驗一下你以為的中國歷史，和事實史料及史學研究所呈現的，中間有多大的差距。

也就是在選擇中國史敘述重點時，我會優先考慮那些史料或史學研究上相當扎實可信，卻和一般常識、刻板印象不相合甚至相違背的部分。這個立場所根據的，是過去百年來，「新史學」、西方史學諸方法被引進運用在研究中國歷史所累積的豐富成果。但很奇怪的，也很不幸的，這些精采、有趣、突破性的歷史知識與看法，卻遲遲沒有進入教育體系，沒有進入一般人的歷史常識中，以至於活在二十一世紀的大部分人對中國歷史的認識，竟然都還依循著一百多年前流通的傳統說法。「重新認識」的一個目的，就是用這些新發現、新研究成果，來修正、挑戰、取代傳統舊說法。

「重新認識」的另一個目的，是回到「為什麼學歷史」的態度問題上，提供不同的思考。學歷史到底在學什麼？是學一大堆人名、地名、年代，背誦下來在考試時答題用？這樣的歷史知識，一來根本隨時在網路上都能查得到，二來和我們的現實生活有什麼關聯？不然，是學用現代想法改編的古裝歷史故事、歷史戲劇嗎？這樣的歷史，固然有現實連結，方便我們投射感情入戲，然而對於我們了解過去、體會不同時代的特殊性，有什麼幫助呢？

在這套書中，我的一貫信念是，學歷史最重要的不是學 What ——歷史上發生了什麼，而是更要探究 How and Why ——去了解這些事是如何發生的、為什麼會發生。沒有 What 當然無從解釋 How and Why，歷史不可能離開事實敘述只存在理論；然而歷史也不可以、不應該只停留在事實敘述上。只敘述事實，不解釋如何與為什麼，無論將事實說得再怎麼生動，畢竟無助於我們從歷史而認識人的行為多樣性，以及個體或集體的行為邏輯。

藉由訴說漫長的中國歷史，藉由同時探究歷史中的如何與為什麼，我希望一方面能幫助讀者梳理、思考今日當下這個文明、這個社會是如何形成的；另一方面能讓讀者確切感受到中國文明內在的多元樣貌。在時間之流裡，中國絕對不是單一不變的一塊，中國人、中國社會、中國文明曾經有過太多不一樣的變化。這些歷史上曾經存在的種種變貌，總和加起來才是中國。在沒有如實認識中國歷史的豐富變化之前，讓我們先別將任何關於中國的看法或說法視為理所當然。

4

這是一套一邊說中國歷史，一邊解釋歷史知識如何可能的書。我的用心是希望讀者不要只是被動地接受這些訊息，當作是斬釘截鐵的事實；而是能夠在閱讀中主動地參與，去好奇、去思考：我們怎麼能知道過去發生了什麼，又如何去評斷該相信什麼、懷疑什麼？歷史知識的來歷常常和歷史本身同樣曲折複雜，甚至更加曲折複雜。

這套書一共分成十三冊，能夠成書最主要是有「敏隆講堂」和「趨勢講堂」，讓我能夠兩度完整地講授中國通史課程，每一次的課程都前後橫跨五個年頭。換句話說，從二〇〇七年第一講開講算起，花了超過十年時間。十年備課、授課的過程中，大部分時間用於消化各式各樣的論文、專書，也就是關於中國歷史的研究，並努力吸收這些研究的發現與論點，盡量有機地編組進我的歷史敘述與討論中。明白地說，我將自己的角色設定為一個勤勞、忠實、不輕信、不妥協的二手研究整合者，而不是進入原始一手材料提出獨特成果的人。也只有放棄自己的原創研究衝動，虛心地站在前輩及同輩學者的龐大學術基礎上，才有可能處理中國通史題材，也才能找出一點點「通」的心得。

將近兩百萬字的篇幅，涵蓋從新石器時代到辛亥革命的時間範圍，這樣一套書，一定不可避免地含夾了許多錯誤。我只能期望能夠將單純知識事實上的「硬傷」降到最低，至於論理與解釋帶有疑義的部分就當作是「拋磚引玉」，請專家讀者不吝提出指正意見，得以將中國歷史的認識推到更廣且更深的境界。

第一講

由秦到漢的變與不變

01 對於歷史不同立場的警覺性

我在臺灣長大、受教育，在我求學的那個年代，中國歷史是教育內容中極重要的一部分。小學有社會課，主要內容是歷史與地理，其中大部分時間都花在教導中國歷史與中國地理。到了國中還是有歷史課，六個學期裡中國歷史占了四個學期，另外兩個學期教西洋史（或說世界史）。高中歷史課維持一樣的比例，中國史三分之二、西洋史三分之一。這是我們的基礎教育概況。

大學我念的是臺大歷史系，第一年的必修課裡又有「中國通史」，上下學期各四個學分，意味著那一年中每星期都要上四個小時的中國通史課。

上了大一，尤其接受史學的專業訓練後，我開始有了比較強烈的知識自覺，反省式地回顧了自己和中國歷史之間的關係。整理後，我發現我讀了四次中國歷史，小學、國中、高中、大學，而每一次的讀法基本上都一樣，從開天闢地的神話，順著時間軸線一直讀到現代。不只如此，每一次學到的東西都有很多重複，前一次講過的後面再講一次，講得愈來愈詳細，但根本的講法並沒有改變。

誠實地說，如此反思讓我有點沮喪，也讓我稍稍動搖了繼續念歷史系的信念。如果念歷史就是這樣，將同樣的東西愈念愈仔細，在本來就知道的基礎上不斷添加更多細節，學的、講的都是以前的人已經知道的、固定下來的知識，那能有多大的意義？更重要的，那能有什麼挑戰，能有什麼個人發揮的空間？這個人學的、講的歷史，和那個人學的、講的歷史，能有什麼不同嗎？

還好我堅持學下去，使我有機會進一步明瞭歷史和歷史學不只是這樣。關於歷史的新觀念、新探求，讓我們這一代可以不需要遵守過去的那種方式來進行史學研究，而是開放出愈來愈廣的空間，等著我們去探索、試驗自己不一樣的知識興趣與技能。

例如從地底下挖掘出來的考古資料，幫助我們跳過近四千年的時間，碰觸到太史公都碰觸不到的甲骨文，去認識商代的歷史與文化。也就是說，我們這一代對於商代歷史與文化的認識，有機會超越過去近四千年裡所有活過的人，只要我們能找出方法讀懂甲骨文，從甲骨文裡考索出更多更完整的訊息。

新史料帶來開發新知識的可能，這很令人興奮，也很容易了解。再往下讀，又冒出另外一種沒有那麼直截了當、卻同樣感到振奮的新可能。那就是找到新的角度、新的架構重新解釋史料，因而即使以舊有的史料為素材，也能夠刻畫出很不一樣的歷史圖像。

例如有一種「唯物史觀」，從強調生產力與生產關係的角度凸顯階級鬥爭，立即對照顯現出我們過去學習的中國歷史原來是如此以皇帝為中心，是以認同皇帝統治權的立場出發的。在臺灣，唯物史觀被視為毒蛇猛獸，或許正因為如此，反而對我們有著特殊的吸引力，因為唯物史觀可以帶我們擺脫既有的標準答案，將歷史重新呈現為許許多多的問題，等待我們運用智慧與本事一一解開。

接觸到禁忌的唯物史觀，給了我們自由，從原先固定的思維模式中解放出來。過去歷史中被形容為「暴亂」的事件，在唯物史觀裡卻成了「起義」；過去歷史中被描述為正面、肯定的「平亂結果」，唯物史觀則寫成了「起義不幸地遭到鎮壓」。我們不一定接受唯物史觀的說法，然而一旦有了唯物史觀作為對照，原來的歷史說法就不再是唯一的說法，不再是天經地義應該接受的說法。

這刺激我們在閱讀任何史料時，從原先史料怎麼寫就怎麼相信的態度，改變為存疑地先問：這是站在怎樣的立場上記錄下來的歷史？我們應該採取怎樣的態度來看待如此的敘述或解釋？

唯物史觀帶來的另一項重大影響，在於對我們揭示了不一樣的史學探究重點，從 What 轉移到 How 和 Why。唯物史觀相信「下層結構」決定「上層結構」，堅持要以「下層結構」的經濟生產力量來解釋「上層結構」中所顯現的政治、文化現象。也就是說，在唯物史觀中，政治、文化現象不具備獨立存在的意義，必須放入「下層結構」的因果變化中加以解釋。

舉個簡單的例子，過去學歷史，必定學過王羲之及其書法成就，那是重要的歷史事實。但也就僅止於歷史事實。有了唯物史觀的上下結構關係概念，王羲之的書法，其人其作，就被視為需要解釋的現象。光說、光看王羲之有漂亮的行書書法是不夠的，還要進一步問：為什麼王羲之的書法藝術會在那個時代興起？這樣的書法藝術又如何達到那樣的高峰？

如此就牽涉到魏晉時期的貴族社會，貴族身分背後的莊園經濟，以及使得莊園經濟能夠運作的階級劃分、相應的政治安排等。突然之間，王羲之的書法不再是他的個人成就，而是貴族藝術的代表，只能建立在莊園經濟的剝削式基礎上。不論你同不同意，這種說法的確打破了舊看法、舊說法的唯一性，啟發我們尋找對歷史現象的不同看法與說法。

唯物史觀強調生產的重要性，也就使我們看到了在中國承擔生產工作的主要角色——農民。傳統歷史裡農民很少被看到，比如翻閱《資治通鑑》，你會發現農民只有在幾種情況下會被記錄下來：荒年的時候、發生變亂的時候，以及改朝換代的時候。從提供政治教訓（「資治」）的角度看，只有這幾個時候才需要注意到農民，需要記錄農民在做什麼。

唯物史觀，尤其是後來中共建立起的意識形態價值，規定歷史應該站在農民那邊，表現出對於「統治階級」的厭惡。我們不見得都接受一定站在農民立場的歷史敘述與歷史解釋，比較重要的是，有了農民立場對照出傳統歷史的帝王立場，我們就知道不應該全盤照收那樣的敘述與解釋，必須有對於歷史不同立場的警覺性。

02 從潛意識、私領域看歷史真相

除了來自中國大陸的衝擊外，還有更大的動能從西方史學的發展浪潮中波濤洶湧地傳來。例如，從美國心理學家艾瑞克森（Erik Erikson, 1902-1994）對馬丁．路德的研究，產生了「心理史學」的潮流，借鑒心理學中的精神分析對人的新認識，史學家試著用更複雜、更細膩的眼光看待歷史人物。

佛洛伊德的精神分析理論提出的「潛意識」概念，對歷史研究者尤其有高度啟發。人若連自己都無法誠實地理解、勇敢地面對，那麼人如何想、如何思考、如何判斷與描述自己的行為就有著更複雜的機制。這樣的機制不會只出現在現代人身上，我們沒有辦法再繼續以簡單、天真的方式看待歷史人物，以他們的表面說法當作事實，我們可以、也有責任探測並挖掘出被隱藏在底下的心理真相。

「心理史學」特別看重歷史人物的成長過程及其與家庭的關係。依照佛洛依德理論的指引，我們要從一個人的幼年和童年經驗裡，尋找他不自覺、實際上卻決定他成為什麼樣的人的壓抑潛意識，重新檢視、解釋這個人一生的功業或罪惡。

於是連帶地，「家庭」，或擴大來說，「私生活」也進入史學家的視野中。「家庭」就是關起門來在家中所發生的事，過去不被認為是歷史研究的領域。當我們談歷史，說的自然是由一件件「大事」接連起來所構成的歷史，而「大事」不言而喻的定義，指的就是在公共領域中發生的、影響到許多人的事件。

家庭、私領域怎麼可能有「大事」？然而新一代的史學與史家們意識到：大人物也是人，也是從家庭、私領域中成長起來的，不將家庭經驗擺放進來，我們不可能真正認識他們，就只能認識他們的表象，而且常常是刻意美化、扭曲、說謊的假造形象。家庭不只塑造出大人物，家庭甚至影響一整個時代、一整個社會的人。不一樣的家庭型態，可能比不一樣的政治制度，更直接、更有效地決定了那個時代、那個社會。從這個角度看，家庭因素怎麼能被置於歷史之外呢？

於是，以個人為對象的「心理史學」進一步產生了「集體心理史學」，亦即刻畫一個時代、一個社會的集體心理機制。最早做出突破性成績的是對於「暴力」的研究，例如暴力作為社會的集體現象，是如何產生、如何運作又如何轉變的？一個社會怎麼會暴力化？一個社會又如何從暴力狀態中和平化？

過去的歷史所看重的「大事」，其中一定包括戰爭。戰爭是規模最龐大、破壞力也最大的集體暴力。以前的史學研究，通常簡單地將戰爭視為少數領袖人物所決策發動的；新的「集體心理史學」卻要追問：如果沒有社會的集體暴力化，光憑少數領導人的意志，哪有辦法進行戰爭？戰爭過程中所需的一切動員與支持，絕對是集體社會性的，不認真深入地看待集體社會性變化，我們不可能真正了解戰爭，更無從逼近地描述戰爭。

戰爭是怎麼打的？從今天的史學眼光看，過去的歷史知識中充滿了戰爭，戰爭是推動歷史、改變歷史最主要的力量之一。歷史裡記錄了那麼多戰爭，然而近乎荒唐地，我們卻很少具體地察知、理解任何一場戰爭是怎麼打的。戰爭牽涉到太多太多細節，不同時代、不同地方的每一場戰爭都不一樣，但寫進歷史裡，尤其是進入通俗的歷史知識後，這些戰爭就全數變成類同的「XX戰爭」、「XX之役」了。

舉個簡單的例子。東漢末年大亂時有「黃巾賊」，清朝太平天國之亂時則有「長毛匪」，「黃巾」和「長毛」其實都是因應戰爭需要而採取的措施。人類歷史上絕大多數的戰爭，可不是雙方各自穿好了制服才打的。這邊的人和那邊的人如何在戰場上辨認敵我？這就必須有特別的辨識符號。在頭上包「黃巾」，是一種辨識符號；將頭髮留長披散，是另一種辨識符號。而且，以「長毛」來辨識或是以「黃巾」來辨識，顯然會有很不一樣的效果。黃巾很容易摘下來，在戰場上打敗了，黃巾一摘，「黃巾賊」就可以混在人群裡逃走。相對地，長毛沒辦法一下子剃掉，意味著一旦戰敗就沒那麼容易逃得了，因此「長毛匪」彼此效忠團結的程度一定高於「黃巾賊」。

03 微型的、底層的、日常的歷史眼光

關心家庭結構與家庭活動的真實狀況，關心私領域的生活，產生了完全不同於原先著眼於「公共性」的歷史，衍生出許多新的研究領域。

例如教育制度史，不只看教育內容，更試圖重建教育的程序、方法與實際經驗。要探究一個人以什麼方式、經歷了多久的教育過程、在其間學到什麼，又形成怎樣的世界觀與人生態度？又

例如，「童年」也獨立成為一個新興的研究題材。以前的歷史中不太會出現小孩，小孩能成就得了什麼「大事」，值得被寫入歷史？然而換以現代眼光，我們看到不同時代、不同文化中用不同的方式對待兒童，他們長成了不同的人，他們如何決策、如何行動，其實早已由他們的童年經驗所制約。

總體而言，半個多世紀以來，西方史學將歷史的眼光不斷「縮小」，卻獲致了巨大的成就——從原先鳥瞰式的、巨視的歷史，衍生出 Micro-history，微型的、微觀的歷史。

Micro-history 的開創性經典作品，包括義大利歷史學家金茲伯格（Carlo Ginzburg, 1939-）的《乳酪與蟲子》（*The Cheese and the Worms*），書中記錄了十六世紀一名義大利瘋子的生平與想法。這樣的一個人終生住在義大利鄉間，不曾有過任何豐功偉業，唯一留下來的是他不正常的瘋狂言行，那怎麼會值得為他寫一本歷史研究呢？金茲伯格顛覆了這樣的傳統評斷，細緻入微地讓我們知道這個人的想法，並從他被視為「不正常」的言行中，對照當時的人所認定的「正常」。經由「不正常」，反而才能凸顯一般不會被檢視的「正常」究竟是什麼、包括了哪些內容。

類似的路徑，有研究中世紀「聖愚」（Holy Fool）傳說的。「聖愚」通常也是瘋瘋癲癲的人，做出一般人無法理解的行為，終日說些沒人能了解的話。然而在特定的宗教信仰背景下，人們相信上帝造的世界裡，每一個現象應該都是有意義的。上帝為什麼要在「正常」的人之外，造出這種瘋瘋癲癲的「不正常」的人？他們的存在應該是上帝用來彰顯某種特殊真理的手段吧？於是，他們不可解的語言就被視為藏著神祕的符碼，他們不可解的行為就被視為藏著上帝的指示；

因為他們的「愚」，反而被視為「聖」的代表。

同樣地，藉由「聖愚」，我們能夠更清楚看出一個社會的內在信仰，以及這些信仰的全面影響。重點不在那些瘋瘋癲癲的行為，而在一個社會如何對待類似的「脫軌」行為，從而顯示出這個社會隱性的「軌道」究竟在哪裡，有哪些用來讓人依循「軌道」過日子的力量，這些力量又有多大的強制性力道。

與Micro-history相關的另一個史學潮流是History from the bottom，來自底層的歷史。過去的歷史著重看大人物，也就是有著最高權力與地位的人。凱撒大帝、查理曼大帝、拿破崙等等，不管他們如何取得權力與地位，當他們爬到最高處，歷史舞臺的燈光就自然地聚焦在他們身上。但為什麼如此？這些大人物頂多只是歷史的某種縮寫，既然只是縮寫，透過他們來掌握的歷史就必然有一定的局限。要更完整、更全面地看見歷史，我們不能不關心底層的人，他們也是歷史的一部分，和大人物一樣重要，甚至比大人物更重要。

相關聯的還有另一種新的觀念，叫做History of everyday life，日常生活史。過去的歷史偏重記錄「事件」，也就是「非常」的、特別的、不是天天會發生的事才寫進歷史裡。如此偏重的一個理由是，「非常事件」標示了變化，可以幫助我們追索變化的軌跡。然而認真回顧一下自己的生活現實就能明白，日常生活豈是如傳統史學中假定的那樣固定不動？在沒有「非常事件」衝激的情況下，日常生活也有內在的變化力量，我們沒有理由將日常生活的變化排除在歷史之外。

要寫日常生活，有一種特殊的新技法，就是寫「小事件」而不是「大事件」。這裡的小、大分別，主要指的是事件牽涉及影響的人是少還是多。美國歷史學家戴維斯（Natalie Zemon Davis, 1928-）寫了一本既叫好又叫座的書《馬丹．蓋赫返鄉記》（*The Return of Martin Guerre*），後來還被改編拍成由傑哈．德巴狄厄（Gérard Depardieu, 1948-）主演的電影。馬丹．蓋赫是十六世紀的法國農民，離開家鄉去打仗，很長一段時間不在，後來回來了。只是回來的這個人根本不是原來的馬丹．蓋赫，而是另一個人，但包括馬丹的太太都宣稱他就是馬丹．蓋赫。

為什麼會發生這樣的事？假的馬丹．蓋赫出現，給這個小小的村莊帶來什麼樣的騷動？這些村民，包括馬丹的太太，又如何因應這樣一個狀況？他們為什麼會接受假馬丹，讓他住進原來真馬丹的家中？探索這一連串問題，就碰觸到那個時代、那個地區特殊的家庭、生產、教會、風俗、宗教信仰等情況，交織出一幅令人意外的複雜歷史圖像。小小的事件頂多影響幾十、上百人，卻如同浮雕般凸顯出十六世紀法國鄉間的「日常生活」景象。

還有更具史學理論野心的法國「年鑑學派」（École des Annales），他們要徹底改造史學中的時間觀。以大人物、大事件為中心的歷史，帶著單一、短暫的時間尺度。例如，滑鐵盧戰役一共打了兩天，我們很容易認為在那兩天中，歐洲的歷史就改變了。年鑑學派卻提醒我們：歷史不該只在這樣的時間層次上運作。滑鐵盧戰役後面，有拿破崙建構起帝國的幾十年過程。在拿破崙崛起的事件背後，又有歐洲王權與政治制度在一兩百年間的轉變。而歐洲王權轉變的背後，是幾百年的歐洲封建社會。歐洲封建社會的背後呢？是變化更緩慢的歐洲土地制度、經濟活動和生產模式等。在這背後呢？還有以幾千年、幾萬年為尺度的地理變化。

從地理的時間尺度到戰役的時間尺度，一層一層加起來，才能構成全幅的歷史。我們不僅不該停留只看任何一層，還要從一層層不同時間尺度的互動、影響中，挖掘出新的、更有效的歷史敘述與歷史解釋。

04 孔府檔案、筆記小說，歷史的大寶庫

史學眼光的大幅開拓，正是我們今天重新認識中國歷史的基礎。除了發現新史料外，用新眼光看待舊史料，也可以耕耘出許多豐富的歷史認識。

例如「孔府檔案」，這可不是什麼從地底下挖出來的新東西，而是從十六世紀就存在於山東曲阜的「衍聖公府」中。衍聖公府又稱孔府，是歷代朝廷提供給孔子後裔長期居住的地方，具備公家機構的性質，因而保留了龐大的文獻記錄。從明嘉靖十三年（一五三四年）到民國三十七年（一九四八年），這裡保存了四百多年的上萬卷檔案。

雖然屬公家機構，然而孔府裡最重要的活動是這一家人的生活。孔府檔案是一份橫跨四百多年大家族的家居流水帳。在相關的儀式、人事記錄之外，孔府檔案裡有大批關於柴米油鹽的資

料。小到買一塊豆腐多少錢，修一根梁柱木工要價多少，都記在裡面。

以前沒有人會認為這樣的流水帳是歷史，有史學研究上的任何意義。但在新眼光的注目下，孔府檔案可是個歷史大寶庫啊！光是考察四百年來豆腐的價格變化，就可以提供我們一個極其難得的生活物價變化基準。同時，孔府檔案鮮活地顯示了四百年來中國上層家庭的生活所需，我們也能夠藉此重建出一套日常生活史的樣貌，這是絕對無法在任何正史上找得到的精彩材料。

值得用新眼光徹底重新檢視的，還包括眾多的筆記小說。中國筆記小說淵遠流長，《漢書・藝文志》將「諸子」分為「九流十家」，其中排在最後面的一家就是「小說家」。由此可見，稗官野史、筆記小說開始出現得很早，但一直被視為不重要的末流。小說家記寫的是瑣碎的事物，無關宏觀政治，也無關道德倫理，所以不重要。但換新的眼光看，有關宏觀政治、倫理道德的論述，往往一脈相承、前後抄寫，幾百年都沒有太大的變動，反而在瑣碎的事物中，我們才更能察知中國社會的轉變。

筆記小說帶有遊戲性質，因而不會集中記錄同樣的領域、同樣的事物。筆記小說涵蓋的範圍，也就比文人認真、正式所寫的文獻來得廣。這裡寫一件，那裡記一段，沒有特別的計畫，於是反而得以碰觸到社會上的不同面向。

筆記小說之中尤其無用、遊戲性質更高、過去更不受重視的，有像《笑林廣記》[1]那樣的笑話書，或是像《聊齋誌異》、《閱微草堂筆記》[2]那樣的鬼故事集，但今天我們看來，那真是關於社會集體價值觀念的大寶庫啊！笑話必然對應主流的價值觀念，挑釁、打破主流價值的，才會被視為好笑。分析笑話之所以為笑話，就能讓我們對那樣的社會集體氛圍有更清楚的認識。鬼故事則反映了那個時代的人關於生死的種種想像，除了活人的世界，另外有怎樣的平行世界存在。而且，鬼故事中多的是因果報應情節，也鮮活地顯現出當時的是非評斷與罪罰關聯的模式。

將這些東西都加進來，我們看到的中國歷史當然就比以前的來得多元。中國歷史不是同質性的單線發展，在相對穩定、類似的朝代政治和倫理觀念之外，還有很多其他完全不一樣的人的生活曾經存在過。我們可以從過去被忽略的材料中，運用新的史學技能，將這些多元的內容找出來，重新認識更豐富的中國歷史。

05 諸侯列國推舉出來的皇帝

傳統認識中國歷史的方式，也是最為根深柢固的模式，就是「朝代史」——以朝代為單位來看歷史。朝代史必定傾向於強調改朝換代的變化，突出朝代與朝代之間的差異。

這樣的偏向，在處理秦、漢兩代時就產生特別的問題。秦、漢會被視為兩個很不一樣的朝代，一定要有對比式的差別：秦只存在了十五年，而漢有前後兩段，即使中間一度被王莽的新朝隔斷，都還各自有兩百年左右的長度。為什麼這兩個朝代相差那麼多？因為一個施行「暴政」，一個行「仁政」與民休息；一個以「法家」立本，一個則以「儒家」為基。

然而，若從這種角度看秦、漢之際，即從秦末大亂到漢朝建立、再到漢武帝即位前的漢初這段歷史，卻會錯失重點，讓我們看不到從秦到漢的彼此相連相似之處，或者說得更明白些，讓我們看不到漢朝繼承秦朝的部分，以及漢朝來不及改變或不願意改變的部分。

秦、漢之際的關鍵時刻，在項羽兵敗垓下，漢王劉邦取得決定性的勝利。然而，當時一個巨大的問題並沒有解決，那就是接下來的國家體制該如何安排？是要回歸秦統一之前的列國情勢，還是要維持秦統一之後的郡縣帝國制？

在這點上，劉邦要感謝項羽，也要感謝自己身邊幾位頭腦清楚的謀士。作為楚國貴族之後，項羽始終選擇回到他所出身的那種列國封建的狀況。他沒有要當皇帝，卻想當春秋時期的「霸」，在列國諸王之間得以威嚇大家、仲裁事務的共主。至於實際的統治工作，項羽既沒興趣、也沒耐心，他寧可將之分配給各地諸王負責。

1 《笑林廣記》是一部集大成的古代笑話集，由清代一批文人以「遊戲主人」為名整理而成。全書分為十二卷，主題分別為：古艷、腐流、術業、形體、殊稟、閨風、世諱、僧道、貪吝、貧窶、譏刺、謬誤。

2 《閱微草堂筆記》是清代紀昀（字曉嵐）以筆記形式編寫而成，以鬼神狐妖故事來闡述人心的險惡和社會的黑暗，與袁枚《子不語》一書齊名，亦與蒲松齡《聊齋誌異》並稱。魯迅在《中國小說史略》中對此書有很高的評價。

項羽的遭遇顯示了這條復古之路上有著很多阻力。要如何分封、封賞給誰，沒那麼容易處理。有分封，就很難沒有不平，更難沒有爭奪。分封後，諸國各擁軍隊，各領國中的經濟收益，彼此也很難不打仗。仗真的打得太久了，可是換了一位新領袖，卻非但無法解決戰爭問題，還製造了戰亂再起的局面，人民受不了，也絕對不願支持。

楚漢相爭的過程中，劉邦也不得不訴諸封王的手段，來拉攏各方的反楚勢力，形成聯盟。然而劉邦和他身邊的策士，有鑑於項羽的情況，其實早已對列國制度心存警惕。

楚漢相爭中兵力最盛的，除了劉邦自己率領的軍隊外，還有韓信、彭越和黥布三方勢力。打敗項羽之後，劉邦首先將韓信移往南邊改封為楚王，另外將彭越封為梁王，黥布則封為淮南王。

這樣的做法當然有酬庸功臣的用意，但還有其他戰略上的考量。一是將勢力最大的韓信調離原來的齊地，讓他坐鎮處理項羽原本的地盤；二是讓彭越在北，黥布在西，接鄰韓信。如果楚地有亂，他們可以協助韓信，另一方面也可以就近牽制韓信。

此外，在和項羽相持時，劉邦爭取到幾位原本是項羽封的王，倒過來支持他。這幾個人他也動不得，仍然必須給他們王位。他們是趙王張敖、燕王臧荼、北方的韓王信，以及偏僻的地方勢力長沙王吳芮。

這是漢代初建時的基本態勢，有這幾個分封的諸侯，而在他們的勢力之外，才是以長安為中心、實行郡縣制的帝國範圍。表面上看來，漢代依然留著列國諸侯，不過這時列國諸侯存在的理由，已經和周代封建大不相同了。

劉邦打敗項羽後，他做了一項安排，就是讓前面所說的這七個王聯名推他當皇帝。經過儀式性的推讓後，劉邦即皇帝位，於是他的政治身分，就和項羽及更前面的秦始皇都不一樣。

項羽沒有稱帝，雖然他自稱「西楚霸王」，但從制度上看，他和其他諸王是同等級並列的。和項羽相比，由七王聯合推拱當上皇帝的劉邦當然不一樣，他是皇帝，等於是經過七王公開承認，他的地位是高於他們的。劉邦和秦始皇也不一樣，秦始皇是在滅掉諸侯列國後當上皇帝的，劉邦卻是在諸侯列國的支持和推舉下做皇帝的。

06 收拾諸侯：成也蕭何，敗也蕭何

然而這樣的新局面維持不了太久。西元前二〇二年二月，諸王共推劉邦為皇帝，不到半年後，即當年的七月，燕王臧荼就反了。臧荼和張敖、韓王信都是在秦末和劉邦同時起兵、後來由項羽封王的。很長一段時間他們都和劉邦平起平坐，並不是上下從屬關係，很難一下子就接受劉邦變成了高高在上的皇帝。

臧荼謀反，並沒有造成太大的破壞。一個原因是他反得太早了，大家所帶領的部隊都還沒有

「復員」，很容易就能調動來對付臧荼。另一個原因是劉邦對此早有制度上的防備。

漢初除了有王，還有侯，封建的層級簡化為「王侯二級制」。侯也有封國領地，但侯與王不一樣，基本上侯是不「就國」的。也就是說，雖然有一塊名義上屬於他的封地，他自己卻留在朝廷所在的洛陽或長安，繼續服務於朝廷，不會搬到分封的屬地上實質擔任治理工作。

什麼樣的人被封為侯呢？基本上是一群長期跟隨劉邦的功臣和部將，他們是劉邦的自己人。臧荼反叛時，這群人雖得了侯的頭銜與賞賜，但人都還在長安，可以很快為劉邦定策，並分頭帶兵出擊，就像是楚漢相爭狀況的延續。臧荼勢孤力單，面對這個連項羽都贏不了的陣容，當然討不到什麼便宜。

劉邦親自率領盧綰、宣虎、劉到、魏鴟、程黑、昭涉掉尾、季必等一大群戰將，很快就擊滅了臧荼。過程中，原來擔任太尉的長安侯盧綰功勞最大，戰後就被拔擢為王，繼臧荼擔任燕王。如此一來，劉邦便少了一個從項羽那裡接收過來的勢力，而多了一個自己人去掌控北方地區。

燕王臧荼的問題解決後沒多久，接下來換楚王韓信有狀況了。從齊王改封為楚王，韓信的責任最為艱難，他要負責鎮壓住項羽的舊地盤，也是反秦勢力的主要源頭。在那樣的位子上擔負那樣的責任，韓信恐怕很難不跟項羽的舊部有所接觸吧？於是有人向劉邦密報，說韓信勾搭項羽舊部，心懷不軌。

的確是有一名項羽的老部將鍾離眛，為了逃避被究責、被抓，便跑去投靠韓信。韓信接受鍾離眛這件事，就成了劉邦決心拔除韓信的導火線。

劉邦正式即帝位的第二年，西元前二〇一年，依照陳平制定的計謀，劉邦藉口要巡行察看項羽的故鄉，命令各封國之王都到楚國的西界上來見他。韓信知道了此事，覺得事有蹊蹺，感覺劉邦是衝著他來問罪的。怎麼辦才好呢？去還是不去？要不要帶兵去？如果不帶兵，會不會就回不來了？但如果這樣就發兵，說不定自己誤會了劉邦，那就徹底回不了頭成了叛將了？

韓信身邊的人建議他：「殺了鍾離昧吧！帶著鍾離昧的頭去見劉邦，他就沒有理由怪罪發作了。」韓信聽從了這個建議，但一見到劉邦，立即就被抓了。劉邦還是追究他有不忠之心，將他降級為淮陰侯。這一降，最關鍵的差別在於，韓信不再有自己實質上的地盤了。

與此同時，劉邦將陽夏侯陳豨派到北方的邊境上監軍。陳豨素來和韓信有交情，也擔心自己的地位與狀況，所以離開前便與韓信密謀，等他到了北方，兩人裡應外合，一起合作起事。

陳豨到了北方就自稱「代王」，明確地不奉劉邦號令了。此事非同小可，劉邦迅速決定領兵親征。韓信就在等這個時機，要趁劉邦不在時叛反。然而陳豨和韓信的密謀消息走漏，於是蕭何就教留守的呂后假造劉邦的詔令，宣布陳豨之事已被快速平定，皇帝凱旋，要大家入朝慶功。

收到詔令，韓信當然嚇了一跳，以為自己還來不及舉事，陳豨竟然就完蛋了。他一時也就不可能有任何作為，只好沮喪地入宮，一進宮就被捕，隨即被殺。當年拔舉他、讓他得封為大將的，是蕭何；最終設下計謀結束他的人生的，也是蕭何。

陳豨原本指望韓信能擾亂劉邦的軍事行動，一看韓信這麼容易就被收拾了，便不敢面對劉邦的大軍，只好由「代」往北走，要去投靠匈奴，後來還是被周勃抓住殺了。

07 翦除異姓：皇帝無情，皇后更狠心

接下來的連鎖反應，是韓王信也主動和匈奴聯繫，引領匈奴犯邊。劉邦再度親自領軍北上，擊敗了匈奴和韓王信的聯合勢力，韓王信別無選擇，便隨匈奴亡命北方。

之前劉邦討伐陳豨時，曾下令動員梁王彭越的軍隊。彭越把軍隊派去了，自己卻沒有一起參與行動。於是劉邦一班師，就向彭越問罪。彭越的部將扈輒就勸彭越：「既然已經得罪劉邦，索性就發兵反了吧！」彭越沒有接受扈輒的意見，還是奉召表示謝罪。不久後，梁國的一名太僕跑到長安向朝廷告發，說扈輒勸梁王謀反。為此，彭越還是被抓了，經過審訊，認定他「反形已具」，本來該殺，但念在和劉邦一起打天下的份上，「赦以為庶人，傳處蜀青衣」（《史記・魏豹彭越列傳》），被貶為庶人，流放到蜀地去。

彭越被流放到蜀的路途上，正好遇見由長安要去洛陽的呂后。彭越以多年患難的老交情向呂后哭訴，請求至少讓他能回到故鄉昌邑，不要遠徙到蜀。呂后答應相助，帶著彭越來到洛陽。此時劉邦也在洛陽，呂后便對劉邦說：「彭王壯士。」意思是彭越是個有能力的人啊！然後呢？「今徙之蜀，此自遺患，不如遂誅之。」這樣的人你把他放逐到蜀地，這是給自己遺留禍患，不如乾脆殺了吧！

不求情還好，求情求到了更冷酷的呂后那兒，彭越反而連命都保不住了。本來說是貶為庶人，現在要改成誅殺，這需要理由，於是便又加了更嚴重的叛國罪給彭越，弄得彭越不僅身死，還被夷三族，而且屍體被「醢」，就是剁成肉醬，然後分送給諸王侯。

送到黥布的手中時，他當然知道情勢不妙。韓信、彭越、黥布三人是幫劉邦打天下最重要的三名大將，現在韓信沒了，彭越也沒了，只剩下黥布一人。黥布不會笨到以為自己可以沒事，但他隱忍著等待機會。他要等的最好時機就是劉邦去世。他派去打探的人傳回消息，說劉邦臥病，黥布決定視劉邦的病況再定奪。

然而就在這段時間裡，黥布屬下一名中大夫賁赫，曾經與黥布的妃子有染，事跡敗露後趕緊逃到長安，密報黥布要反。劉邦當時真的臥病在床，便派太子劉盈帶兵前去處理。聽說了劉邦的命令，呂后立即來到病榻前，強硬地對劉邦說：「黥布是何等人，只有你才對付得了他，派太子去解決不了問題的。」劉邦只好從病中勉強起身，再度帶兵征伐黥布，並打敗了黥布。黥布殘部只剩百餘人，逃向了江南，黥布最後死在番陽。

另一件插曲發生在漢高祖七年（西元前二〇〇年），劉邦正式稱帝的第三年。劉邦巡行到趙地，對趙王張敖很沒禮貌，「箕踞罵詈」。趙王的手下貫高和趙午忿忿不平，氣得想乾脆把劉邦殺了，張敖阻止了他們。次年，韓王信叛反，劉邦帶兵出征，回程時又經過趙地，貫高和趙午還是很想殺劉邦，卻找不到機會下手。到了高祖九年（西元前一九八年），貫高的仇人到長安密告揭發此事，於是張敖、貫高、趙午都被抓了。

貫高被捕後，將殺劉邦之事一力承擔，一口咬定和張敖無關，甚至到「榜笞數千，刺爇，身無完者」的地步，才「終不復言」（《漢書．張耳陳餘傳》）。如此才勉強保住張敖不死，但張敖的趙王地位和封國還是被奪，降級為宣平侯。

08 削減王權：鞏固一家一姓獨享的帝國

到漢高祖劉邦去世前，原先的七個封國只有長沙王吳芮還在，其他全都滅了。「異姓為王」的都被一一收拾，換過一輪後，只剩下劉邦的子孫能封王。在劉邦病榻前，大家已有共識，並訂下明確政策，就是「非劉氏而王者，天下共擊之」。到此，周代封建的政治設計完全結束了，改成一家一姓獨享至高集中權力的皇帝制。

秦始皇廢除列國，建立帝國；項羽卻一度恢復列國，或者說，以恢復列國的方式來處理秦末的亂局。事實證明，列國回不去了，也維持不了。劉邦的歷史地位和他的關鍵貢獻，不只在於建立了漢朝，更在於幾經波折後確立了新的皇帝制。從西元前二〇二年正式即位，到西元前一九四年去世，這八年裡，表面上看是劉邦人生中最輝煌的時期，從一名區區鄉下小亭長，登上了天下至高的權力位子；但仔細看，這恐怕也是他人生中最辛苦的幾年，並沒有因為當了皇帝就高臥享受，而是不斷地帶兵出征，無役不與，連病倒在床都還脫不開出征的責任。

這樣的仗比對抗項羽時還難打。雖然後世將那段歷史稱作「楚漢相爭」，但事實上那是個混亂的局面，各方勢力彼此角逐，很多爭戰、很多變化不是和劉邦直接相關的，他不需要、也不可能參與每一場戰事。當了皇帝之後，情況卻不一樣。他的每一場戰爭，針對的都是自己封的王侯，都是一起打天下的戰友或盟友，也都是一時的梟雄。只有劉邦自己有辦法對付這些人，這些人的軍事行動也都明確地衝著他而來，要來挑戰、威脅他的皇帝地位。

按照呂后的要求，劉邦在去世前留給兒子惠帝一個相對安全的局面——基本上沒有了異姓王，而且建立起「異姓不得為王」的政治規則。王之下的侯，因為是依據戰功分封的，等到帝國政局和平、不再經常打仗，侯也愈來愈少了。舊式的封建威脅看起來是收拾乾淨了。

呂后不是個簡單的人物。處理韓信，是她主持下手的。誅殺彭越，也是她主導的。劉邦死後沒幾年，接位的惠帝才二十二歲也死了（西元前一九四年—前一八八年在位）。於是從西元前一八八年到前一八〇年，呂后取得了實際的統治權。那幾年間，她主導將多位呂姓兄弟宗親封王，劉氏的帝國一度看起來變成了呂氏的帝國。然而呂后一去世，曾經參與打天下建國的周勃，抬出劉邦死前建立的規則「非劉氏而王者，天下共擊之」，一下子就毀掉呂氏帝國的合法性，呂氏要藉由封王據位來奪權的情況快速地瓦解。換另一個角度看，列國分土分權的舊方式真的無法回復了。

政權重回劉氏手中，遠在北方邊境上的代王劉恆被迎回長安，即位為漢文帝（西元前一八〇年—前一五七年在位）。漢文帝意外即位，他在宮中、在中央沒有長期培植的堅固勢力，要坐穩皇帝的位子，不得不依賴其他的劉姓兄弟和宗親。於是，劉姓封國的勢力一度坐大。情況最嚴重時，漢帝國一共五十四郡，有高達三十九郡不在中央朝廷控制之中，都落入劉姓諸王手裡；正式登錄的帝國人口總數一千三百多萬，其中有近八百五十萬屬於諸國。

面對這樣的現實，一位洛陽少年寫了一篇〈治安策〉呈給文帝，他就是賈誼。〈治安策〉中謀劃長治久安之道，反覆陳述並認定長治久安的最大憂慮，便是諸侯力量的坐大。賈誼也明白當諸王的權力擴張到這種程度時，不可能用強硬手段一時間予以收奪，所以他現實地提出了「眾建諸侯而少其力」的策略，建議皇帝乾脆多封一些王，尤其是同一地盤上多分給幾個王，如此一來，每個王能掌握的資源與力量就變少了，個別產生的威脅也隨之降低，彼此間要聯合行動的難度也會相對升高。

賈誼的建議，文帝未能採納。到了漢景帝（西元前一五七年—前一四一年在位）即位時，身邊的鼂錯接續同樣的思考，認定諸國勢力太大，已經對皇帝嚴重不利了。然而鼂錯沒有賈誼那麼有手段，他直接訴諸「削藩」的做法，找出各種理由將封國的地盤和勢力予以削減。如此明確地影響諸國利益的做法，很快就刺激了反彈，於是以吳王劉濞為首，幾個強藩聯合起來，以討伐鼂錯為名義，與朝廷兵戎相向。

這場「七國之亂」來勢洶洶，景帝被迫殺了鼂錯。但即使鼂錯死了，亂事還是未平，最後是訴諸硬碰硬的軍事衝突，在周亞夫領軍下，打敗了諸國的聯合勢力。

七國之亂解決了，同時也為景帝提供了一個重新改造諸國的好機會。一方面，他採用賈誼建議過的方式，多封諸侯，即一個王如果有好幾個兒子，在他死後就將王國平分給兒子們，每個兒子都是王，每個王的勢力因此也就比原來的小了很多。另外一項措施，則是將治國的責任和權力從王的身上移到相的身上。王是名義上的最高統治者，然而實際的統治工作，交由朝廷派來的相來主掌。

諸國原本有自己的朝廷，原先的安排基本上是模仿中央朝廷的。中央有相國，諸國也有相國；中央有御史大夫，諸國也有御史大夫。七國之亂後，中央下令「省易官職」，就是強迫諸國朝廷降等，不能和中央一樣。從此之後，諸國只能有相，而沒有相國，也沒有御史大夫。而且「天子為置吏」，王不能自己選任相，相必須由朝廷統一派遣。更進一步，這些諸國小朝廷裡的用人權力也握在相的手中，由相對皇帝負責。

名義上，景帝朝之後還是有侯、有王；但實際上，王逐漸失去了擁有自主地方勢力的意義，變得和侯一樣，只是朝廷封贈的象徵性地位。王的地位雖高，可以部分享有封地的收益，卻不再能碰觸實質的統治權了。

這樣，經過半世紀的轉折，從高祖時就確立下來的帝國制度，一步步擺脫過去封建制的遺緒、糾纏，真正地完整成熟了。這就是漢武帝即位時所繼承、所統領的帝國政治局勢。

09 與民休息：集體心理期待的投射

一路看下來，最令人驚訝的，依然是封建列國制度的強大延續力。遠從春秋時期，封建列國就已經開始沒落、變質，經過幾百年的戰亂，到秦始皇以強大意志力尋找出徹底不同的政治解決方法，封建列國卻死而未僵，仍然以各種形式在漢初反覆登場。漢朝統治者又多費了六、七十年時間，中央集權的帝國才完全確立。

封建制之所以如此強大，關鍵就在它不只是一個政治制度。封建牽涉到最基本的親族組織安排，構成了社會的倫理基底，而且連帶產生了一套複雜而豐富的教育內容，由教育保障了一套長遠堅實的傳統。這裡面有信仰、有價值觀、有儀式、有日常生活規範、有從出生到死亡的種種安排，那麼龐大密實的系統，光是政治面向上的調整改變，沒那麼容易予以動搖。相對地，是新的政治體系要找到方法，來和原來的封建制基礎互動、共存。

列國結束了，廣土眾民全歸單一的中央控管。這絕對不會是件容易的事。如何建立一個能夠治理廣土眾民的中央，不是秦始皇單憑超人的意志力，加上原來秦國法家的經驗能做得到的。這是另一個使得分封治理觀念得以死而不僵的原因。在當時人的記憶與理解中，無法想像如果不分封，那麼大的土地、那麼多的人口，要如何全部集中由單一的中央來管理。

《史記》在行文中多次有「漢興已六十餘歲」、「漢興七十餘年」的說法，那是太史公認定的重要歷史斷代時間，從高祖建國到武帝即位，是漢代初成立，摸索著將帝國的制度逐步完善的時代。這段時間中最重要的變化，是如何落實「從列國到帝國」的細部轉型，使得帝國不僅出現，還取得了可長可久的條件。

傳統歷史上將這段時期的統治，尤其是文帝、景帝在位時，形容為「無為而治」，好像沒發生什麼大事，兩位皇帝的政策都是不大作為、「與民休息」。

文、景之時，朝政上最強大的主流觀念是「黃老」之學。「黃老」提倡「無為」，反對具備高度野心、不斷作為的統治方式，這是事實。不過在這層事實底下，我們應該小心，不要過度擴張「無為」的意義，以為這兩位皇帝真的什麼都沒做，帝國就這樣維繫下來了。

首先，「無為」能發揮正面的作用，其背景是秦代過度動員的慘痛經驗。秦代的嚴刑峻法造出了一個刑徒社會，刑徒提供的免費勞動力，驅使朝廷到處「有為」，進入一種「過動」、無法停歇的瘋狂狀態。人民受不了這種瘋狂「有為」帶來的破壞與痛苦，憤而不惜以性命拚搏，推翻了秦的統治。

「無為」指的是明白反對原先秦代的「有為」，不再興建各種大型工程，不再隨便運用集體民力，讓社會得有機會從過度動員中靜息下來，恢復正常。在這一點上，「無為」有效地對治了秦製造的問題，得到了很好的結果。

其次，漢初政治上「黃老」抬頭，一個可能的聯繫是留侯張良。帝國成立之後，張良就「學辟穀，道引輕身」（《史記．留侯世家》），從權力場上退後一步，不再在第一線上牽涉所有複雜的鬥爭。不過，顯然張良仍然和劉邦、呂后保持相當親近的關係，當劉邦抱病出征、處理黥布反亂時，留守的太子就是由張良負責輔佐的。

劉邦最欣賞的兒子，不是後來即位的惠帝劉盈。劉邦一度想換太子，改立由戚夫人所生的趙王如意。反對換太子最著力的，當然是太子的生母呂后。呂后因此忌恨戚夫人，後來以極殘酷的手段整治了戚夫人，留下恐怖的「人彘」故事。不過在維繫太子一事上，最有影響力的還不在呂后，而在劉邦身邊的功臣，或許是呂后成功地說服了這些功臣強烈反對換太子。

《史記》中鮮活地記錄了周昌在劉邦面前強爭的畫面。周昌口吃，平常不太說話，卻為了換太子一事，對劉邦說：「臣口不能言，然臣期期知其不可。陛下雖欲廢太子，臣期期不奉詔！」（〈張丞相列傳〉）文字中兩度出現「期期」，就是模仿周昌口吃卻急著要把話擠出來的聲音。後來就留下「期期以為不可」這句成語。

讓太子留下沒被換掉，最關鍵的應該還在張良的態度。《史記．留侯世家》中描述了「商山四皓」出面支持劉盈當太子。這四個年紀很大的老人家，分別叫東園公、甪里先生、綺里季、夏黃公，連名字都不像一般人。他們的名氣很大，長相是「鬚眉皓白，衣冠甚偉」。劉邦聽聞過他們，卻從來沒見過，所以很意外他們竟然出現在劉盈的宴席上。

劉邦問：「吾求公數歲，公辟逃我，今公何自從吾兒游乎？」奇怪了，我找了你們好多年，你們都不來見我，今天怎麼會在這裡？「四皓」就說了一番堂皇的話：「竊聞太子為人仁孝，恭敬愛士，天下莫不延頸欲為太子死者，故臣等來耳。」如此稱讚、標舉劉盈。

故事寫在〈留侯世家〉，顯見這「四皓」劉邦請不動，卻和張良保持著很好的關係。還有，劉邦聽了「四皓」的堂皇說法後，他的反應是：「彼四人輔之，羽翼已成，難動矣。」重點在於「羽翼已成」，這意味著劉盈已經有了自己的勢力，不再是孤身一人，不再是想要換掉就可以換掉的。

讀《史記》，我們知道劉邦是何等精明，而且並非講究形式和禮貌的人，他怎麼可能真的被四個白頭髮白鬍子的老人家給唬住呢？怎麼可能就乖乖地聽四個老人家的話，不換太子了？真正影響他、說服他的，是呂后和太子所展現的政治實力，原來他們已經下功夫到張良都願意這樣幫忙，連商山四皓都能找出來，如果還要換太子，那可就要冒著跟這些勢力翻臉的危險了！

張良看重劉盈什麼？絕對不可能是精明、智慧與政治手腕吧！從張良到商山四皓，顯然他們要支持的，正是一個和秦始皇、項羽、劉邦相反的人，一個沒有野心、也沒有什麼大能力，因而在天性上不會多所作為，可以「與民休息」的統治者。

可見「黃老」治術不是到文帝、竇太后時才有的統治智慧，而是源自長期騷亂的強烈反動，源自當時集體心理期待的投射。

10 無為：保留秦制，減法式作為

那麼「與民休息」的「黃老之治」，到底是什麼樣的狀況呢？

讓我們回頭看看，漢朝剛成立時，從皇帝到功臣，不改原先打天下時的相處風格，也沒有什麼固定、必須遵守的禮儀，幾個人話說著說著，一言不合有時就吵起來、打起來，甚至拔劍相向的都有。要靠叔孫通訂出「朝儀」，規定在朝堂上應該怎麼站、怎麼說、怎麼做，還要多次演練，終於大家能夠依照朝儀規規矩矩地上朝。劉邦都大受感動，說：「吾乃今日知為皇帝之貴也！」搞了半天，我現在才體會到當皇帝真了不起、真過癮啊！

叔孫通如何制定朝儀？他是秦朝廷所立的「博士」，嫻熟秦代的宮廷規矩，其實也只不過是將秦代所行的朝儀照樣搬來用就是了。換句話說，漢朝廷上所行所為的，基本上就是複製原先秦朝廷的模樣。

這件事提醒了我們，「漢興七十年」裡，所謂的「無為」，現實上往往是「無所改變」。「無所改變」就是保留原先秦朝所制定的辦法，秦怎麼規定，漢就怎麼照著繼續做。

漢初不是真的無所作為，只是作為的形式通常是減法，也就是在特別考量下，將秦代留下來的法令、規矩予以廢除。例如，針對秦始皇最極端、誇張的「挾書令」，漢代一建立，就「除挾書令」，廢除禁止民間藏書的禁令。從此之後，有書在家不需再交出來，不再是犯法的事了。

又例如，漢惠帝時「除夷三族」，意思是廢除了「夷三族」的罪刑。這同時意味著在惠帝朝之前，「夷三族」的法令與刑罰一直存在，事實上，彭越就是被高祖處以「夷三族」的酷刑。到了文帝時，又再度下令「除夷三族」，顯見儘管惠帝下過令了，現實中仍有「夷三族」的刑案，皇帝不得不重申此令。

文帝時還「除肉刑」，這牽涉到有名的「緹縈救父」故事。此事發生在西元前一六七年，漢代建立後已將近半世紀，緹縈的父親倉公被處以肉刑，緹縈上書說：「妾父為吏，齊中皆稱其廉平，今坐法當刑。妾傷夫死者不可復生，刑者不可復屬，雖復欲改過自新，其道無由也。妾願沒入為官婢，贖父刑罪，使得自新。」她願意犧牲自己去當官奴，以免除父親的肉刑。文帝被緹縈的孝心及自我犧牲的精神所感動，不只免了倉公的刑罰，還一併廢除了肉刑。

緹縈上書中提到的「刑者不可復屬」，指出了肉刑的嚴酷。所謂「肉刑」，包括割掉鼻子，砍斷左腳、右腳等，簡單說就是刻意將人刑為殘廢。文帝「除肉刑」，同時規定將原本需受肉刑的改以「笞刑」執行。到了景帝前元元年，下令將笞刑由原本的三百下改為兩百下，景帝前元六年又將兩百下降為一百下。

為什麼笞刑愈打愈少？一方面表示皇帝仁慈，另一方面現實的理由是：原先三百、兩百下的笞刑打下來，大部分的犯人根本受不了，都被活活打死了。用來施刑的工具叫做「箠」，是根尾端扁平的長板子，長五尺，用竹子做成，整根要磨平。打的時候要打屁股，而且規定「毋得更人」，如果要打兩百下，就由同一人從頭到尾地打，不能中途換人。不換人是為了公平，也擔心前面一個打到沒力氣就換一個力氣充足的，更容易打死人。

從肉刑到笞刑，這些細節就足以提醒我們：在「無為」的政策下，原先秦代的嚴苛法律大多還存在，而且秦代重視法律細節的風格也還在。表面上皇帝相信「黃老」，提倡清靜無為，但底層人民的生活卻繼續受到秦代遺留的規約管束，絕對不是那麼自由自在的。

11 「秦之所以亡」的小心反思

漢初真正最大的改變，在於逆反了秦始皇對待歷史的態度。漢人重新看待歷史、探察歷史，試圖從歷史中找出一條新朝代可以依循的道路。

在漢人眼前突出的歷史經驗，正是秦代。那樣一個驚人且快速崛起的勢力，不可一世的野心領導者創建的空前功業，為什麼維持不了？而且為什麼在那麼短的時間裡，在一代人都還能清楚記憶的時間中，它就土崩瓦解、灰飛煙滅了？

漢人無法忽視如此戲劇性的變化，他們必須弄明白「秦之所以亡」的原因，因為其中藏著最大的教訓，也藏著讓漢朝可大可久的祕訣。從漢代初立，經過了惠帝、呂后、文帝、景帝這六、七十年的小心反思，到了漢武帝時，他們才覺得有信心、有把握能夠按照找尋出來的答案，去創建一個真正的新帝國。

第二講

西漢前期的統治動向

01 既鬆也緊，漢初社會的兩面性

漢朝建立時，最初決定建都洛陽。劉邦不是沒有考慮過定都關中，關中本身有渭水流域，南方又有四川盆地提供的生產腹地，再加上地形帶來的易守難攻優勢，好處確實很多。但僅一項條件，就在當時壓過了關中的所有好處——這裡是秦朝亡國之處。

幾經波折，漢代的都城才從洛陽遷到長安，從此定在長安，直到西漢滅亡。從後來的歷史經驗看，定都長安是有道理的。然而在漢朝初立時，盡量避免因襲秦代經驗的想法，有著超越正常考慮的超重分量。

甚至可以說，「漢興七十年」期間，在每個重大的政治決策上，都察覺得到秦朝快速覆滅的巨大陰影。漢初政治的首要考量就是不要重蹈秦的覆轍。劉邦在位時幾度發動對付諸王的戰爭，然而這些戰爭都規模有限，而且迅速解決，因為他有意識地絕對不讓戰爭拖長。從另一面看，這些「反逆」的勢力都快速地被壓制，除了劉邦在軍事上的才能外，當時社會疲於戰爭、難以動員的現實情況，也是個不容忽視的重要原因。

人民珍惜好不容易得到的和平，不想再回頭過戰國時代的那種日子。對漢代的人來說，秦之所以快速傾覆，一部分原因就在於不能維持不打仗、不發民的和平狀況，導致人民起而站到推翻秦王朝的那一邊。因而，高祖去世之後，漢代政治最主要的指導原則，就是對反秦的做法，要「與民休息」。

文帝、景帝二朝奉行「無為」，其中最有成效的是不輕易動員民力進行建設，盡量減少朝廷花費，也就降低了徵用人民生產成果與勞動力的需要。有著秦代的反面教訓在眼前，因而從高祖開始，就維持著以節約為上的習慣。長樂宮完成時，高祖還發過脾氣，認為太豪華了，而他罵人的理由就是：要害我們像之前的秦代一樣嗎？

節約的習慣，到了文帝時更加嚴格，就連皇后穿的衣服，下襬都不能垂到地上，嫌這樣浪費了太多布。漢文帝的「灞陵」，歷史上早已載明所在方位，但至今都無法考掘，關鍵在於當初建造時就決定「因山為藏，不復起墳」，陵墓上方並未有封土，而是依隨著山勢而建，以至於今天很難找到確切的所在之地。這樣的興築方式，當然也就省下大量的人力，不必像蓋驪山陵那樣動員那麼多人。

另外，現代考古挖掘出漢景帝與王皇后合葬的「陽陵」，看起來過去並未被入侵盜掘過。裡面出土了大量的陶俑，但這些陶俑大約只有五十到六十公分高，和秦始皇陵裡的等身高兵馬俑不只在尺度上不能比，在製造精緻度上更是遠遠不及。

不蓋奢華的宮殿，不建誇張的陵墓，也不進行其他大型建設，省下了大量的民力。這樣的做法，相應地對於法令的執行產生了長遠的影響。前面提過，文、景二朝「無為」，所以也不曾大幅改造秦代留下來的律令及社會組織規定，然而雖然明文上仍舊承襲秦法，但在執行上卻逐漸有了現實的改變。

秦代不只法令訂得很嚴，而且有明確的動機促使在執法上也很嚴。「以刑致刑」將許多從舊封建制中脫離出來的人民轉化為「刑徒」，事實上就成了朝廷的官奴。官奴愈多，就有愈多可供投入建設的廉價、甚至免費勞動力，也就刺激鼓勵進行更多建設，如此又有了更多官奴的需求，去創造出更多刑徒來。

漢代從需求面打破了這個惡性循環。省徭役，不隨便進行公共建設，就算有刑徒也無可用之處，於是執法上就沒有嚴抓嚴判的動機，相對地，反而有了放鬆執行，別製造無用刑徒的理由。因此，漢初的社會有著清楚的兩面性。在現實面，法令的執行愈來愈寬鬆，人民受到的干擾愈來愈少，有相對的生產與生活自由。但在規定面，秦律、秦制依舊存留著，而且伴隨著許多人曾經有過的秦代經驗與記憶，這些成文規定也就一直發揮著約束與緊縮的作用。這讓人民知道，相對的自由不是理所當然的，朝廷隨時可能抓緊執行，將秦法所規定的種種壓力重新施加在每個人身上。

這樣的兩面性形成的對比，使得人民對於這難得的、不確定的「休息」格外珍惜，也留下格外深刻的肯定印象，而有了後世所稱的「文景之治」高度評價。

02 「漢興七十年」的帝國秩序

漢帝國是個龐然大物，尤其是和其所具備的各種統治條件、工具相比。沒有信仰意識形態，沒有統一的宗教，只靠有限的交通基礎建設，加上寫在竹簡上的文書檔案管理系統。廣土眾民的帝國能夠有效被綁在一起，靠的是什麼？

一部分就靠著秦代留下來的經驗與記憶。在這點上，漢朝的皇帝都要感謝秦始皇。秦始皇用那樣戲劇性的方式結束了舊時代、開創了新時代，又用那樣戲劇性的方式在當時的社會集體心理上留下那麼深的傷害。秦始皇的野心與誇耀風格，在短短時間內，讓偌大帝國中每個角落的人都逃不開他的影響，實質上給人心打下了一體帝國的基礎。只不過這基礎是負面的，大家都從逃不開秦始皇強力統制壓力這件事上得到彼此的共同感。

大家都記得秦始皇，所以大家都不希望那樣的時代、那樣的狀況重新來過。這恐怕就是漢帝國能夠建立起來最重要的集體心理力量吧！漢初一步步從政策面與現實面確認兩件事：第一，過去使得「天下共苦戰鬥不休」的封建舊制不會回來了，這一點上，漢朝修正了項羽所犯的錯誤，讓「列國」只殘留一點名義，實質上走入歷史。第二，消滅「列國」建立「帝國」的態度，漢朝選擇和秦朝一樣的方向，但在另一件事上絕對和秦朝不一樣，那就是不會以帝國的龐大組織反覆動員民力。

戰國不會回來，秦代的可怕徭役也不會回來，為了這兩件事，人民願意支持漢帝國。人民害怕如果漢帝國有什麼不安、動亂，要嘛局勢退回更早的戰國，要嘛退回之前的秦帝國，那都是恐怖、不可想像的。這樣的心理，成為漢朝接續在秦朝之後，能夠創建穩固統治的最大本錢。

靠著這樣的本錢，漢朝撐過了最前面的六、七十年。到漢武帝即位，才有了新的意識，要去認真思考，除了避開過去戰國和秦代的錯誤之外，這個帝國要開創怎樣的自我秩序，找出怎樣的自我個性與特色？

《漢書．食貨志上》記載：「至武帝之初七十年間，國家亡事，非遇水旱，則民人給家足，都鄙廩庾盡滿，而府庫餘財。京師之錢累百鉅萬，貫朽而不可校。太倉之粟陳陳相因，充溢露積於外，腐敗不可食。眾庶街巷有馬，仟伯之間成群，乘牸牝者擯而不得會聚。守閭閻者食粱肉，為吏者長子孫，居官者以為姓號。」

這七十年的時間中，除非遇到嚴重天災，人民都可以豐衣足食，而且開始有了公私積聚。公家府庫裡藏著許多長年用不到的錢，綁錢的繩子都腐朽斷掉了，使得錢簡直無從數起。一年又一年堆積的穀物多到滿出來，因為放太久都壞掉不能吃了。一般老百姓住的地方，街上都是成群的馬，大家進出都用馬車，拉車的馬稍微不像樣的，去參加聚會要被嘲笑、排斥。地位低下的人都有肉、有好米吃，地位高一點的就能建立起家族的身分與財產。

漢武帝就是在這樣的社會經濟狀況下即位的，在位時間長達五十四年。而且他十六歲即位，已經是個成人，有足夠的統治意志與行為能力。整個西漢，大約有四分之一的時間在他的統治之下。他在特別的時間點上即位，又幸運地能夠在皇帝位子上維持得夠長，得以充分實踐其改造的野心。對比他的父親景帝，在位時間只有十六年，就不足以進行全帝國規模的政治作為。

武帝劉徹是王美人所生，「美人」是當時嬪妃的頭銜，我們無法確知她的名字，倒是知道她的母親叫「臧兒」，不過這也不是具體名字，意思是「姓臧的女孩子」。王美人的母親有位知名的祖父，就是臧荼。臧荼是原來項羽所封的燕王，後來成為劉邦的盟友，劉邦即位後他最早叛變，也最早被鎮壓收拾。臧荼被滅之後，家人成為平民，臧兒嫁給了王仲，生下後來的王美人。臧兒雖然是臧荼的孫女，卻出生成長於今天的陝西，已經離燕地（今河北北部）很遠了，顯見其間不只經歷了家道中落，還有著艱苦的流離移居過程。

王仲病死後，臧兒再嫁給一個姓田的，又生了田蚡和田勝，這兩人是王美人的異父弟弟，也就是武帝劉徹的舅舅。王美人被獻進宮，得景帝臨幸，生下劉徹，劉徹是景帝的第十三或第十四子。

排行十三或十四，怎麼有機會當上太子？主要是緣於景帝的母親竇太后。竇太后除了生下景帝，還有個女兒「長公主」劉嫖。劉嫖生了一個女兒叫阿嬌。長公主念茲在茲的夢想，就是要讓阿嬌當皇后。考量包括年紀在內的各種因素後，長公主選上了劉徹，將女兒阿嬌嫁給劉徹。於是在長公主的強力運作下，加上竇太后的從中協助，在劉徹七歲時，原來由栗姬所生的太子遭廢，改立劉徹為太子。

這過程不是那麼理所當然，牽涉到許多宮廷內的權力變化。劉徹在這樣的情況下登上太子位，部分解釋了為什麼他後來會對權力如此飢渴又如此敏感，也解釋了為什麼他長期抱持著強烈的不安全感。

03 黃老退潮，新舊世代的思想衝突

《漢書》中有一篇特別的合傳，標題是〈竇田灌韓傳〉，其中「竇」指的是竇嬰，「田」指的則是田蚡。竇嬰是竇太后的侄兒，也是武帝上任後的第一任丞相。田蚡則在竇嬰之後也當上了丞相。

〈竇田灌韓傳〉裡有這麼一段記錄：「上初即位，富於春秋，……當是時，丞相入奏事，語移日，所言皆聽。薦人或起家至二千石，權移主上。上乃曰：『君除吏盡未？吾亦欲除吏。』」意思是說，武帝剛即位，年紀還小，那時丞相進宮見皇帝，一講就講很久，所說的皇帝都要聽。其中一項重要內容是人事安排，丞相建議的名單一直列到最高層的官員，簡直就是代替皇帝行使權力了。皇帝實在受不了，對丞相發了脾氣：「你要用的人用完了嗎？我也想要用幾個人！」

還有一段：「嘗請考工地益宅，上怒曰：『遂取武庫！』是後乃退。」丞相一直想找地方將自家宅院擴建得大一點，皇帝知道後賭氣諷刺地說：「地方還不夠大？乾脆把我的武庫拿去給你住好了！」丞相才終於不再提增建房子的事。

這兩段記錄中的丞相，就是田蚡。田蚡為什麼敢這樣？把皇帝氣得說出這樣賭氣的話，他應該要倒大楣了吧？不，田蚡不是笨蛋，他清楚知道自己在做什麼。他是皇帝的舅舅，是以舅舅對外甥的身分行使他的丞相職權。全天下都知道他是皇帝的舅舅，也因為這樣的關係當上丞相，所以他才刻意要壓過皇帝，不然別人不會尊重他。

關鍵重點在：武帝初即位時，身邊有著複雜的親族關係，其中牽涉到竇太后（景帝死後成為竇太皇太后）的關係、王太后的關係。別忘了，還有劉家其他兄弟叔伯的種種關係。

這些關係同時又牽動著宮廷內兩個世代的交替變化。竇太皇太后是舊世代的中心，她是文帝的皇后，和文帝一同經歷了「無為而治」政治風格的確立過程，衷心相信「黃老」之術。《史記・儒林列傳》中記錄過一件事。景帝時，竇太后召來當時朝中有名的儒師轅固生，不無挑釁意味地問他：「你覺得《老子》怎麼樣？」轅固生回答：「此是家人言耳。」表示不是什麼了不起的內容，很一般且隨便講講的。聽到轅固生這樣輕蔑的評價，竇太后大怒，衝口而出：「安得司空城旦書乎？」你想讓司空大人派你去做城旦嗎？後來竇太后就罰轅固生去鬥豬。

景帝知道太后生氣了，又覺得轅固生不過說了句直言，不該受這麼嚴重的懲罰。景帝便暗中幫轅固生準備了最好的兵器，讓他鬥豬時一下正中豬的心臟，將凶狠的山豬殺了。如此，竇太后才作罷。

這件事生動地顯示出：第一，景帝在位時，「黃老」的權威已經開始退潮，相應地儒家在升起中。轅固生從儒家，也就是傳統王官學的立場，視《老子》為「家人言耳」，表示那不過是一家之言，也表示那不過是你們劉家的偏好，和正統的王官學不能相提並論。這樣的評價，竟然也獲得景帝的部分認同，景帝也不認為靠「黃老」就足以治國。

第二，「黃老」雖然已退流行，卻還有最後、最強大的靠山，那就是竇太后。竇太后生氣了，連景帝也沒辦法，頂多只能弄個計謀保住轅固生的性命而已。到了武帝朝，這樣的思想衝突就更緊張了，老一輩篤信「黃老」的，以竇太皇太后為中心；但另一方面，卻有想要拋棄「黃老」的新輩在找機會集結，準備發動改革。

04 從「無為」到「有為」的轉向

漢武帝時代最重大的歷史變化之一，是所謂的「罷黜百家，獨尊儒術」，但這件事不是漢武帝一人的決定，毋寧是在他即位之初就已經在醞釀的時代氣氛。即使是竇太皇太后的親戚丞相竇嬰、太尉田蚡，以及擔任過太子太傅的衛綰，都屬於積極想要改變「黃老」意識領導的一派。

在他們的建議和引導下，武帝剛即位，依例下令「舉士」，即要求各地舉薦人才時，就在「舉士令」中多加了一條但書：「治申、商、韓非、蘇秦、張儀之言，亂國政，請皆罷。」表明法家與縱橫家傳統的能力，不在朝廷歡迎之列，不要將這樣的人送來。

這條但書用的是負面表列，其中沒有明說的潛臺詞，其實就已經朝向儒家傾斜了，試圖向地方傳遞要特別拔舉儒學人才的訊息。為什麼不能正面標舉儒家、儒術，而要負面表列排除非儒學的能力呢？因為忌憚竇太皇太后，所以用負面表列的方式排除法家、縱橫家，卻留住了「黃老」。

以竇太皇太后的地位與個性，只要她握有權力的一天，「黃老」就仍然是朝廷的主流指導原則，年輕一輩當然得不到有所作為的發揮空間。於是兩年之後，這個集團又嘗試更大膽的策略。由趙綰和王臧上奏表明，體恤太皇太后年事已高，不能還讓她老人家勞費心力，建議未來只有重大事務才啟奏太皇太后，讓她不必操心日常的政治運作。

這項建議送到竇太皇太后那裡，竇太皇太后表示：「我年紀大了，但就連這兩人都還是支持我該管大事。眼前我看到的就有一件該歸我決定的大事，就是趙綰和王臧該殺！」

竇太皇太后作為「黃老」的最後看守重鎮，一直維持到西元前一三五年她去世為止。此時距武帝即位（西元前一四一年）已經有六年時間，武帝的年齡也超過二十歲了。

被竇太皇太后壓了六年的新思潮和新政治方向，在她死後就一下子爆發，並快速發展起來。

一名原本不屬於內廷集團的儒生董仲舒，恰好在這個時候上書建議朝廷用人的原則，他用決然的語氣強調：「諸不在六藝之科、孔子之術者，皆絕其道，勿使並進。」（《漢書．董仲舒傳》）

這其實不過就是將原本「舉士令」的說法更推前一步，說得更清楚些。受衛綰等人影響，武帝早有這樣的想法，只是礙於竇太皇太后才無法明白表現。如今竇太皇太后的阻礙排除了，武帝當然就樂於採納董仲舒的意見，積極進行從「無為」到「有為」的根本轉向。

05 封禪、符瑞，雜糅方士陰陽思想的儒家

傳統上說，武帝一朝「罷黜百家，獨尊儒術」；回到史料上看，「獨尊儒術」是明白的事實，但「罷黜百家」倒不見得。在武帝之後的漢朝政治中，儒術成為主流，任何一位官員如果不是儒生出身，不能展現對於儒家經典的理解，就很難在朝廷上得到重視，更不可能有什麼發揮的空間，這是事實。然而相對地，儒術以外的「百家」，不管是思想、語彙，或是實質的政治原則，並沒有真正被排除。

也就是說，在「獨尊儒術」的同時，並沒有進行「罷黜百家」的整肅、清理運動，也沒有對

於儒術純粹性的嚴格要求。因而真正發生的事，是儒術、儒家取得主流地位的過程中，也隨之擴大了儒術、儒家的定義。許多過去不屬於儒家，而是屬於百家的思想與主張，在這過程中以各種方式被併入儒家。雖然還稱儒家，但漢朝「獨尊儒術」後的儒家，已經和周代的原始儒家大有差別，加進了許多不一樣的東西，成為一個五花八門的綜合體。

自漢武帝之後，儒家不復再有孔子、孟子當時那樣清楚的面貌，而是變成了一個複合、混雜、擁擠，甚至包含互相矛盾部分的大綜合體。那是一個被百家用各種方式滲透之後的儒家，不再是原始和百家分庭競爭、有著明確個性與立場的儒家。

舉個最明顯的例子。漢武帝熱衷於「封禪」，視「封禪」為帝王生涯中最重要的儀式。後來「封禪」也就被納入儒家，成為儒家的儀典。但追本溯源，「封禪」怎麼會是儒家的呢？「封禪」的主張最早來自方士，和長生不老及死後世界的追求有著密切關係。武帝的「封禪」狂熱與儒家傳統沒有關係，毋寧和秦始皇的關係還比較親近。秦皇、漢武同樣具備近乎絕對的權力野心，也就同樣無法忍受自己所擁有的權力只能運用在現實世界。既然無法突破作為人的根本死生限制，總想找到方法讓自己超越死亡，所以很容易受到這種和超越領域交接的儀式所吸引。

這樣的意念與追求，和孔子的原始儒家精神相去甚遠！但武帝身邊的一眾儒生，包括董仲舒在內，也都積極參與「封禪」的討論與準備。太史公的父親司馬談甚至將武帝「封禪」時自己沒能隨行到泰山，視作一生重大的挫折和恥辱。這些漢代的儒生，他們的思想中已經混入許多原屬百家的東西。董仲舒的「天人感應說」，明顯摻雜了陰陽家的說法；而司馬談在〈論六家要旨〉

中評論各家時，也明顯採取了一種折衷、綜合的立場。

方士的思想混進來了，陰陽家的思想也混進來了。武帝朝前期的另一件大事是「太初改制」，就是廢除掉原來的曆法，改行太初曆。訂定太初曆的過程中，牽涉到實際的天文星象觀察，也牽涉到基本上是由戰國陰陽家所塑造的宇宙概念。陰陽家對漢代的政治影響尤其深遠。從周初建立以來，孔子、孟子所強調、凸顯的人文精神和人本主義，到了漢代，幾乎都被陰陽家的想法給取代了。

從王官學到原始儒家，他們相信的是一個抽象的「天」。「天」是一種集體道理的運作與反應。統治者做對的事，用對的方式統治，就能得到「天命」，支持你繼續統治。如果違背了應有的道理，倒行逆施，那麼統治者就會失去「天命」，「天命」就移轉到別人身上，給予別人推翻你的使命與力量。

這樣一個抽象的、宏觀的「天」，到了漢代，受到陰陽家的影響和改造，逐漸成為類近於帶有意志的「天」。「天」會以各種不同的方式和統治者溝通，有時送下「禮物」來表示讚許，有時則給你「打個大叉」予以警告。

在所謂「獨尊儒術」的武帝朝，政治上最重要的一項元素，是孔子、孟子絕對無法理解、更不可能認同的「符瑞」。在武帝之前，皇帝在位時沒有特別的年號，就只是很簡單地計算這一年是這個皇帝在位的第幾年。景帝時稍有改變，但也只是多分了「前元」、「後元」兩段。到了武帝朝，他的年號可就熱鬧了。[3]

後來的歷史記錄中，武帝最早的年號是「建元」，但這個年號其實是後來才補稱的。武帝剛即位時並沒有特別的年號，不過就是元年、二年這樣算下去。武帝所用的第一個年號是「元鼎」，在元鼎五年（西元前一一二年）時訂定下來的。

很怪吧？元鼎五年時訂了「元鼎」年號，還將年號的開端回溯五年？為什麼不是將訂年號的那年稱為元鼎元年？原來「元鼎」的名稱源自一件「祥瑞」，有人發現了一具古鼎，並將古鼎獻給朝廷。五年後，祥瑞、符瑞之說在朝廷裡流行起來，皇帝回頭想：唉，我怎麼會錯過好好宣傳「出鼎」這件大祥瑞的機會呢？明明這是上天給我的大獎賞，表示我是個超級好皇帝，幹嘛不讓天下人都知道呢？於是，就將「出鼎」的那一年回溯記作元鼎元年，而有了「元鼎」這個年號，也從此開啟了中國帝王政治上的年號傳統。

由符瑞更進一步又發展出「讖」，這是更全面的一種將自然現象進行人事解讀的思想系統。基本上是將特殊、不尋常的自然現象都看作是上天送來的訊息，顯現的是上天的意志，具備至高的權威。和「讖」並行的，又有「緯」。「緯」的名稱源自和「經」的對照，實際上是一套用神祕感應邏輯重新詮釋經書內容的流行論述。有了「緯」，儒家的經典也都被改造成各種陰陽變

3　漢武帝在位時一共用了十一個年號，依序為：建元、元光、元朔、元狩、元鼎、元封、太初、天漢、太始、征和、後元。一說元鼎之前的年號是追加的。

化、神鬼莫測的密碼了。

陰陽、五行，乃至名家對「名」的看法，都被放進儒家的大帽子底下。這既是對儒家的擴充，當然也是對儒家的扭曲。這提醒我們：不能用那麼簡單的眼光來看武帝朝之後取得主流地位的儒家。

06 律令科比，披著儒家羊皮的法家

到了武帝朝，七十年來對於秦的檢討大致定案了，他們將法家判定為使得秦朝快速滅亡的元凶之一。因此，法家的地位當然高不起來，武帝即位要「舉士」時，就明白排除「申、商、韓非」之流。

但換個角度看，這七十年的「無為」，不做根本改變，也使得秦朝建立的法令制度及其背後的精神，實質地在漢朝的政治與社會上生根了。他們表面上反對法家，卻不可能真正離開法家。「獨尊儒術」政策的形成，最關鍵的人物是儒生董仲舒，他開啟了一個新的思想潮流，叫做「以《春秋》斷獄」，也就是將《春秋》褒貶筆法的原則，運用在現實的司法評判上。這樣的主

張，在那個時代被視為理所當然，幾乎沒有人質疑、討論原本用來進行歷史評判的方法，是否能夠適用在決定現實的刑罰上，當然也沒有人質疑、討論「以《春秋》斷獄」是否符合儒家原本的精神。

對於現實中的斷獄，孔子表達過最清楚的立場就是「如得其情，則哀矜而勿喜。」（《論語·子張》）這意味著斷獄的關鍵，不在於正確地比對犯法的行為與法條規定，而在於更深入、帶同理心地了解罪行的事實與動機。而且，了解了事實與動機之後，不要以單純的報復、懲罰態度來應對。

從這個角度看，董仲舒提倡的「以《春秋》斷獄」，就和原始儒家的立場有了根本的差別。與其說是儒家，不如說是一種新的「儒法混和」：在原本「重禮輕法」的儒家思想中，灌注了法家對於「法」的重視；倒過來，也將儒家對於行為動機的考量，加入到法家所建立的一板一眼只看行為的原則裡。由此我們可以覘知那個時代深厚的法家背景。

漢武帝在統治前期重用了兩個人，一個是張湯，一個是趙禹，這兩人主要的工作就是「立法規」。張湯、趙禹在《漢書》中有傳，生平事蹟寫在〈酷吏傳〉裡。他們到底做了什麼樣的事，立了什麼樣的法規呢？

《魏書·刑罰志》說：「孝武世以姦宄滋甚，增律五十餘篇。」這告訴我們在武帝一朝，刑法律令曾大幅擴充，增加了五十多篇。《漢書·刑法志》有更詳細的統計，算出武帝朝的律令全部加起來，「凡三百五十九章，大辟四百九條，千八百八十二事，死罪決事比萬三千四百七十二事。文書盈於几閣，典者不能遍睹。」三百多項刑罰規定中，有高達四百多種死罪，一千八百多件細節，累積下來有一萬三千四百多個死罪案例，和刑法有關的文書資料多到滿出來，連負責管理的人都看不完。

這是不折不扣法家的威嚇管理啊！在儒家的表面架構下，漢朝的統治還藏著比陰陽五行更不能、不該與儒家並容並行的嚴刑峻法。法家哪有因為罷黜百家而被排除？法家已經根深柢固地進入漢朝的政治思想與制度中，非但不可能切割掉，還在武帝一朝有了明顯的發展。

在張湯這些人的手中，完成了比秦代更複雜、更周密的一套律令制度，將法正式地分為「律令科比」四大部分。「律以正罪名」，「律」明文規定什麼事是不能做的，做了就要受罰。「令以存事制」，「令」則是管什麼樣的事要用什麼樣的程序、方式來做才是對的。「律」規定不能做的，做了就要受罰；「令」管標準作業流程，沒有照著做也要受罰。

「科」呢？「科」是衡量犯了律、違了令應該受多嚴重懲罰的程序。每項罪行都有其相應的處罰辦法，而犯法的行為有輕有重，就由「科」來建立權衡各項因素的原則，得出最終的懲罰決定。「比」呢？「比」的全名是「決事比」，用現代的語言說，就是判例。過去曾經有過的重要法律案件資料都要存留下來，提供後來的人參考比對。當下現實的案子怎麼審、怎麼判，必須和之前有過的案例對照，如此保證法律解釋與執行上的前後一致性、穩定性。

07 丞相難當，中朝凌駕於外朝之上

在官僚體系中，張湯的主要職位是太中大夫。這個職務名稱就牽涉到武帝朝的另一項重大改革，對後世的政治影響深遠，那就是將「中朝」和「外朝」在制度架構上正式分開。

武帝之前，丞相是皇帝最主要的統治助手，也是整個官僚系統的領導者，丞相有著很大的權力。然而到了武帝朝，另外圍繞著皇帝成立了「中朝」，也就是繞過丞相，由皇帝自己直接指揮的另一套統治機制。此後，丞相只是外朝的領袖，管不了中朝。

中朝、外朝分別開來，一個最直接的效果，就是丞相的地位大不如前。名義上丞相仍然是「一人之下，萬人之上」，但落在實際的政治運作上，他和皇帝之間的關係，往往比不上中朝的人，而且他所帶領的外朝無可避免地會和中朝有競爭、衝突。當外朝和中朝意見不同、做法不一時，對丞相來說很不幸地，外朝總是輸多贏少。

武帝即位之前，「漢興七十年」期間，一共有十三位丞相。這十三人裡，有蕭何、曹參、陳平、灌嬰、申屠嘉這五人死於任上，也就是做丞相做到死。其他八人從丞相位子退下來後，大多被尊為太傅，得以安享餘年。

這樣的情況到武帝朝時有了戲劇性的變化。武帝在位五十四年，一共任命了十二位丞相。竇

嬰是第一個，然後是許昌、田蚡、薛澤、公孫弘等，在公孫弘之後，一共有李蔡、莊青翟、趙周、公孫賀、劉屈氂五位丞相被下獄或腰斬而死。這比例也太高了吧！

丞相變成一項恐怖、高風險的工作。所以當武帝要任命公孫賀為丞相時，公孫賀頓首泣涕不願接受，懇請皇帝另作安排。他顯然很明白丞相有多難當，而竟然就連他這樣早有心理準備的人，被迫做了丞相後，也還是逃不過死於非命的結果。

公孫弘在李蔡之前擔任丞相，幸得身免，但從他受到的待遇就可以看出這個角色的轉變。過去漢朝每一位當丞相的，都有封侯的賞賜，公孫弘是第一個任相而未被封侯的。很明顯的，武帝即位之初，竇嬰是竇太皇太后選的，他必須尊重；田蚡是自己舅舅，也不能不尊重。但等到舅舅不在位子上了，武帝年紀更大些了，從公孫弘以下，他對丞相就不再客氣以待。

丞相的地位陡降，是中朝建立帶來的直接影響。中朝的核心角色是「尚書」，「尚書」這個名稱指涉了其原始的職務——負責文書傳遞。而最重要的文書傳遞，就是介於皇帝和丞相之間。武帝大幅擴張了尚書的編制與功能，讓中朝負責愈來愈多的統治工作，中朝和皇帝的關係比丞相親近多了，久而久之，就變成了由尚書傳令指使丞相，尚書的實質地位高於丞相。連外朝的領袖丞相都必須對尚書低頭，中朝的權威當然很快就凌駕於外朝之上。

中朝成立後，也改變了原來的官制。武帝朝開始出現「加官」，「加官」不是一個官職，而是在原來的官職上多加一個「中」字。這個「中」字的含意，可不是上中下的「中」，而是代表中朝的「中」，意味著這個人從原本的外朝體系被吸納進入中朝。朝廷的權力不斷向中朝傾斜，於是「加官」就日益重要。

有加官、多了「中」字，原本的官職再怎麼小，都立即進入權力內圈；相對地，沒有加官、沒有「中」字，官職再大都沒有權力上的實質意義。

08 皇帝的好惡成為終極的權衡

「加官」的做法源自於「宮禁」。帝國的皇宮規範最嚴格關切的，就是皇帝的壟斷生殖權。在皇宮內，只能有皇帝一個有生殖權利的男人，以保證后妃生出來的子嗣都是皇帝的血統。因而基本上，任何「正常」的男人都是宮禁防範的對象，不能進入皇宮。而加官，官職上多了「中」字，表示皇帝特許讓這個人可以不受宮禁所限，進入皇帝居住的地方。

有了加官，當然還是不能在皇宮裡亂闖，只是他們能在皇帝不在正式辦公場所時，還能見到皇帝。這必定表示他們得到皇帝特殊的信任，光是這樣可以越過嚴格宮禁的特權，就使得別人對他們不能不另眼相待、敬畏三分。

也因此，加官的做法就很容易和「外戚」相牽扯。在宮禁規定中，外戚就是個特殊的身分。

皇后或太后的父親、兄弟，這樣的身分對皇帝的壟斷生殖權沒有威脅，不需要限制他們進宮來見皇后或太后。換句話說，外戚實質上擁有等同於加官的特權，那麼將加官賞給外戚，也就格外理所當然。

中朝逐漸坐大後，也有了自身的上下結構。到後來，中朝出現了最高的位子，叫做「大將軍」。這本來是因應軍事行動需要而設立的，皇帝要確切管控軍事，就將領軍的最高指揮工作放入中朝。如此任命的第一位大將軍是衛青，而他同時具備了外戚的身分。

大將軍完全不受丞相節制，且在尚書之上，成了中朝的實際領導者，也是皇帝最信任的人。本來皇帝領導中朝，丞相管外朝，外朝就已經被壓在中朝下面了，自從有了大將軍之後，就變成連大將軍都在丞相之上，外朝的地位進一步陵夷。在這個架構中，丞相絕對不是「一人之下，萬人之上」，大將軍必然在他之上，另外還有一些加官，靠著和皇帝的關係，也有著比丞相高的權力。難怪丞相那麼難當，一出事往往就成了替罪被宰的羔羊。

中朝與外朝的變化，給了皇帝更大的實質權力。但皇帝掌握更大的實權，也就產生了許多嚴重的問題。其中的一項，就是圍繞著皇帝的人事鬥爭日益複雜。外朝儘管以丞相為首，但丞相並沒有那麼大的獨斷權力，外朝施行統治基本上仍然依循制度。丞相也得尊重制度，照著制度做事，因而上上下下的人大致都知道，自己的位子不會有太激烈的動盪變化。

然而，權力集中到皇帝身上就不一樣了。皇帝是人，也有人的主觀意識與偏好，而皇帝的主觀意識與偏好，絕對比制度更容易變動、更不穩定。當皇帝的好惡成為終極的權衡，就必然促使所有人不管為了自保、或為了施行職務、或為了獲取私利，都必須積極影響皇帝，想方設法操縱皇帝的觀感與情緒。

政治的日常運作，從依循外朝的制度轉變為依賴皇帝的個人好惡，這是武帝朝出現的一項重大變化。不只對於漢朝，甚至對於後世中國的帝王統治，都有極其深遠的影響。

09 淮南「厲」王，冤案一樁

漢朝歷史上有兩位留下事蹟的「淮南王」。第一個是劉邦的幼子劉長。劉邦去世時，這個兒子才兩歲大，他的正式諡號叫「淮南厲王」。諡號是對皇帝、王侯一生的簡評，濃縮在一個字裡。諡法中，「厲」字幾乎是最糟的評語，表示這個人在當王侯時行為乖戾，到達超越常理的地步。

劉長怎麼個乖戾法？史書上留下了漢文帝的舅舅，也就是薄太后的哥哥薄昭寫給他的一封信。信裡一開始便說：「漢法，二千石缺，輒言漢補。」在王國裡，如果是二千石這種最高等級的官員出缺，應該是由中央朝廷來選人接任。但劉長卻「逐漢所置，而請自置相、二千石。」不接受中央朝廷所選的，堅持要用自己的人。

劉長就是因為這件事得罪了漢文帝。文帝要逼他接受中央派給王國的高官，於是他就賭氣了，「大王欲屬國為布衣，守塚真定。」上奏表示那王國還你，我不想當王了，我去守我媽媽的墳墓，做個平民百姓。文帝當然沒有答應，所以才叫薄昭寫了這封信教訓他。

信中薄昭列舉他所犯的錯，第一是不孝，「貪讓國土之名，輕廢先帝之業」，封國是高祖給的，竟然說不要就不要。第二是不賢，「父為之基，而不能守」，手裡的封國不能好好治理，搞到要放棄。第三是不禮，「言節行以高兄，無禮」，用這種行為對待哥哥文帝，弄得好像哥哥對你多壞似的。第四是不智，「賤王侯之位，不知」，不懂得珍惜王侯之位，真是愚蠢……，一路數下來，總共數了他八項罪名，然後總結，「此八者，危亡之路也。」（《漢書．淮南衡山濟北王傳》）明白警告他：這樣會招來毀滅禍害的。

薄昭寫信教訓他之後沒多久，接著就有人舉發劉長「欲以有為」，意思是還想要更上層樓奪取更大的權力。已經當到王了，還能怎樣再往上？顯然就是想要當皇帝嘛！因為「欲以有為」的罪名，劉長被捕，判了死罪，文帝寬赦他讓他不死，但要流放到蜀。劉長在流徙到蜀的路上憤而絕食，就這樣死了，死時二十六歲。顯然皇帝覺得不忍，在他死後幫他恢復了淮南王的身分，所以諡號為「淮南厲王」。

這個案子內藏玄機。依照薄昭奉文帝之命寫去教訓他的信，劉長的嚴重錯誤在於跟哥哥文帝賭氣，藉由退回封國來顯示對皇帝的不滿。最大的不滿，也就在受不了中央朝廷要派人在他的封國裡持續監視、管束他。如果當時文帝覺得劉長有任何可能不軌，有「欲以有為」的威脅，那麼只要准其所請，將他貶為「布衣」，真的讓他去守母親墳墓不就解決了？

比較接近事實的經過，我們可以藉由《史記．袁盎鼂錯傳》中的記錄來掌握。袁盎（《漢書》稱爰盎）是文帝朝以直言聞名的能臣。〈袁盎鼂錯傳〉中記載，文帝要治劉長時，袁盎就曾勸止，並警告說：「陛下素驕淮南王，弗稍禁，以至此，今又暴摧折之。淮南王為人剛，如有遇霧露行道死，陛下竟為以天下之大弗能容，有殺弟之名，奈何？」袁盎顯然已經預見劉長之死，並表達了劉長罪不至此的意見。

劉長被捕、被放逐，極可能是樁冤案，會那樣賭氣的劉長，根本不可能「欲以有為」。

10 兩代淮南王下場，郡國並行制變調

明知劉長是冤死的，所以文帝恢復了他的王位，而且對他的後代非常包容優遇。劉長的長子劉安襲國，成為第二個有名的「淮南王」。

劉安最有名的事蹟，是「招致賓客方術之士數千人」，他在自身周圍聚集延攬了一群人。淮

南賓客之首是伍被，在《漢書》中有傳，也算是一方之士。劉安招聚這群人，並不單純只是吃吃喝喝，而是組織他們編寫了一本大書《淮南子》。將《淮南子》的內容和史書上的記載相比對，我們可以看出：在劉安的時代，淮南逐漸形成了一個方術知識中心。

劉安在《淮南子・要略》中表示，這是一本「劉氏之書」，意思是要為新建的漢王朝寫下新的治國方案，呈給皇帝參考。然而《淮南子》成書時已經是武帝朝，歷史的發展給劉安帶來了意想不到的悲劇。首先，遠在淮南的劉安無法察覺，整個長安的知識和思想風氣已經徹底改變，連黃老之學都快速退潮，逐漸讓出了主流地位，何況是方術？從長安的新氣氛中看來，《淮南子》所說的這些神仙方術早就過時了，劉安竟然還想將這樣的內容拿來當作漢王朝的指導原則？

其次，劉安沒有察覺另一件事也已經快速過時了，那就是養士的風氣。漢代的封國，不是戰國時的封國，可以靠養士聚集人才，提高封國的地位，進而鞏固封國的基礎。更甚者，漢武帝時代的封國，也不是漢高祖或漢文帝時代的封國，經歷了景帝時的「七國之亂」，中央朝廷對於這些封國明顯帶著愈來愈強烈的防範和敵意態度。

劉安幕下有一名賓客叫雷被，有一次和淮南太子鬥劍，不小心傷到太子。雷被自覺事態嚴重，便自請以罪人身分，願意到北方去打匈奴。於是他離開了淮南，去到長安，卻在長安將淮南國的種種狀況向朝廷詳密報告。雷被擔心淮南太子向他報復，便先下手為強指控淮南太子，然後由太子牽連到淮南王劉安，形成一樁叛亂的大案。

此案喧騰一時，終至造成劉安自殺，而且株連甚廣，連同衡山王、江都王謀反案，「坐死者數萬人」。劉安自殺之後，淮南就此除國，從此再也沒有其他的淮南王了。

兩代淮南王，從劉長到劉安，兩人都涉及叛亂，最後都以自殺收場，而且考察史料細節，叛亂罪的證據其實都很薄弱。這樣的兩代遭遇，真正顯現的是「漢興七十年」期間一個明白的歷史變化傾向，到了武帝朝時，也有了決定性的結論。

七十年來，漢朝初立所訂定的「郡國並行制」，也就是一部分國土由中央朝廷設郡縣直接控管，另外一部分則分封為王國，授權功臣、宗親來治理，但這樣的並行制度愈來愈維持不住了。「郡縣」與「封國」之間明顯消長，中央朝廷的勢力範圍不斷擴張，相應地，地方封國的處境也就日益艱難。

11 從「禽獸行」到「酎金案」

另一個有名的王，是河間獻王劉德。他的諡號「獻」，源自他將所得的「古文先秦舊書，《周官》、《尚書》、《禮》、《禮記》、《孟子》、《老子》之屬」獻給朝廷，大有功於保存、復興被秦代斷絕了的古代學術，也是漢代「古文經學」得以興起的關鍵人物。

裴駰集解《史記》時，引用了一段來自《漢名臣奏》中的文字。那是杜業給皇帝的上奏內容。杜業出身世家，曾祖父是在武帝朝任職過的杜周，杜周和張湯、趙禹齊名，也是個「酷吏」。杜業上奏中引用漢家故事，說：「河間獻王經術通明，積德累行，天下雄俊眾儒皆歸之。孝武帝時，獻王朝，被服造次必於仁義，問以五策，獻王輒對無窮，孝武帝艴然難之，謂獻王曰：『湯以七十里，文王百里，王其勉之。』」

意思是，河間獻王有才有德，很多能文或能武的人都歸附於他。河間獻王朝見漢武帝，武帝問他五件重要的事，每一件他都答得頭頭是道，反映出他博學深思的功力。武帝聽著聽著，非但沒有嘉許他，反而翻臉諷刺：「商湯當年只擁有七十里地，周文王也只有百里之地，後來都當上了帝王，你很厲害，不比湯或文王差，好好努力也可以當帝王啊！」

結果「王知其意，歸即縱酒聽樂，因以終。」河間獻王夠聰明，聽武帝這麼一說，回到自己的河間國後就改變作風，整天飲酒作樂，歌舞歡愉，讓自己墮落，不再有那麼好的名聲，更重要的是，改變了「天下雄俊眾儒皆歸之」的情況。到了武帝朝，王國聚集人才非但不是好事，還有可能引來殺身之禍。靠這樣的靈巧與自我調整，河間獻王才得以善終。

一路下來，高祖先在死前大致收拾完了異姓王國，還留下「非劉氏而王者，天下共擊之」的傳統。到了文、景兩朝，進一步恩威並施，縮減同姓王國的權力，部分強國在七國之亂中被以武力擊滅；更常見的，是賈誼所提的「眾建諸侯而少其力」原則的實踐，國愈分愈小，單一王國對朝廷的威脅也就愈來愈小。再到武帝朝，就實質終結了王國在漢朝政治上的地位與影響。

武帝朝衡量王國的威脅性，進而選擇處理手段的重要標準，顯然是人才。最犯忌諱的，就是聚集人才在封國裡。淮南王劉安不只聚集人才，還大張旗鼓用戰國時的舊風氣養賓客來自我標榜，就引來中央朝廷最無情的整肅和打壓。河間獻王劉德也差點步其後塵，還好他及時逆轉，讓自己名聲下降，遣散周圍的「雄俊眾儒」才得以身免。

即使不像淮南、河間那麼醒目的王國，中央朝廷也有其他方式予以收拾。武帝一朝中，有高達九個王國因同樣的罪名遭到除國，這共同的罪名是「禽獸行」。「禽獸行」原本指的是違背人倫的行為，在武帝朝被擴大解釋，將許多敗德行為都包括在內。這些王國的國君養尊處優、生活奢華，自然不會過著太有紀律、太有美德的日子。朝廷派人隨時在王國裡監視、記錄，又半公開地鼓勵地方王國的人到中央告密，如此一來，很容易就會發現國君的「禽獸行」。

後世的王夫之、錢大昕讀漢代歷史時，都好奇問過：為什麼這些姓劉的地方國君都那麼糟？為什麼他們犯「禽獸行」的比例如此之高？要回答這問題，一個方向是從這些國君所受的教育，以及「漢興七十年」所累積的財富基礎來探索；不過另一個方向則是，要看中央朝廷是以什麼方式取得這些「禽獸行」的資料，又是以什麼標準、什麼態度來看待這些國君的行為。有可能這些國君的確格外淫亂墮落，但我們不能忽略另一項現實：自從中央朝廷掌握了地方王國「相」的任命權後，地方國君犯下「禽獸行」的案例就節節升高。

除此之外，武帝元鼎五年還發生了「酎金案」。「酎金」指的是地方王侯對中央朝廷的財政供奉。在文、景兩朝「無為」政策下，各地王侯對中央朝廷究竟有怎樣的義務，並沒有明確規定，既有的一些習慣辦法，通常也是有一搭沒一搭地執行。中央不缺錢，光靠郡縣收入已經足夠，也就沒有動機要介入地方王侯的財政，自然也就放任地方王侯富足起來。

到了武帝朝，狀況徹底改變了。中央朝廷立下規定，每位王侯每年必須奉上一定金額的「酎金」。對多年來已累積不少財富的王侯來說，最早訂定的「酎金」看來倒不是什麼沉重的負擔。但他們想不到的是，「酎金」送上去竟然有別的風險。首先，中央朝廷規定「酎金」就真的得要給黃金；其次，朝廷還要檢測送來的黃金的純度與重量，由此找出了許多純度或重量不合規定的情況。

「酎金案」是個大案，朝廷宣稱「酎金」不符規定的情況太普遍、太誇張了，所以下手嚴懲。光是因「酎金」不符規定的，就有一百零六位王侯涉案，約占所有王侯的一半之多，這些人都受到削地、降爵，甚至除國的處分。

牽連如此之廣，顯見真正的關鍵不在「酎金」，而在朝廷見機不可失，便抓住把柄，進行普遍削藩。

12 刺史、酷吏，強勢管束失序的地方勢力

整理一下漢朝廷對付地方王侯的方法。首先，威脅等級最高的，用叛國罪大整。其次，蒐羅資料嚴辦「禽獸行」。再其次，用像「酎金案」這種方式找到把柄突襲。還有第四種方法，那就是任用「酷吏」嚴格執法。

在官制上，武帝朝的另一項創舉是建立了「刺史制」，其實就是派任酷吏到地方上。「刺史」，顧名思義，其執掌是刺探，察看有沒有被掩蔽的不法行為。在朝廷直接統治的區域內，文帝時有御史大夫進行訪查，監督官吏的行為，卻因為多有失職，便增加了刺史的角色，更積極地掌握現實的行政狀況。

刺史屬六百石，表面的官俸和層級很低，所以任用的多半都是剛進到這個體系裡，還沒有太多經驗、也沒有太多人際關係的年輕人。這就是刺史和御史大夫最大的差別，也是刺史最大的作用。這樣的安排，是刻意讓負責「刺」的人和被「刺」的人在系統上分開。御史大夫有相當的身分與地位，和同等級的官員都相熟、有交情，而且大家都在同一個官僚系統中運作，很容易會使得查察工作流於形式。而擔任刺史的，卻是還未在這個系統中往上取得地位的人，由他們來進行查察，就少了許多人情或人事的糾葛。

換句話說，刺史帶有皇帝特使的性質，而他們主要也就是對皇帝負責。做得好的話，可以不經原有的官僚體系階梯，由皇帝直接拔擢。武帝時大大擴張了刺史的派任，形成了「十三部刺史制」，將包括王侯封地在內的帝國領土分成十三「州」，每「州」派一名刺史負責查察。

查察的對象是官吏，刺史不理民的；查察的重點則是官吏是否盡到責任。《漢官儀》中記載了刺史工作的指導原則，即所謂的「六條問事」，明列六項要由刺史糾舉的不法之事。

第一條，「強宗豪右，田宅踰制，以強陵弱，以眾暴寡。」首要原則是察看地方官吏有沒有縱容「強宗豪右」，「宗」指的主要是劉姓子弟，要察看當地宗室子弟有沒有形成惡勢力，亂買田地、亂蓋大房、亂欺負人。

第二條，「二千石不奉詔書遵承典制，倍公向私，旁詔守利，侵漁百姓，聚斂為姦。」看地方上的大官有沒有狂妄坐大，自恃天高皇帝遠，沒將中央朝廷的命令當一回事。尤其嚴重的，是靠著地方上的權勢剝削下民，追求、聚積自家的財利。

第三條，「二千石不卹疑獄，風厲殺人，怒則任刑，喜則淫賞，煩擾刻暴，剝截黎元，為百姓所疾，山崩石裂，祆祥訛言。」看地方上的大官如何斷獄，在司法上是否任隨情緒，沒有秉公處理。除了必須冷靜公正外，斷法的傾向應該避免殘暴，避免引來百姓的怨懟、不滿。

第四條，「二千石選署不平，苟阿所愛，蔽賢寵頑。」看地方大官如何用人，有沒有明確、恰當的標準，還是出於私意，只用自己喜歡的人，不顧才能和操守。

第五條，「二千石子弟，恃怙榮勢，請託所監。」這就不只管地方大官了，還要管他們的子弟，有沒有濫用父兄的權勢，得到不當的地位或利益。

最後一條，「二千石違公下比，阿附豪強，通行貨賂，割損正令。」要察看官員和地方勢力之間的關係，有沒有不法勾結，收受賄賂，予人方便，刻意放鬆或扭曲執法。

用這「六條問事」，刺史實質上發揮了監督、打壓王侯地方勢力的功能，尤其是重點地切斷了王侯和地方官員之間的勾連，避免彼此拉抬、交換特權。這一套查察制度的形成，有其明確的歷史背景，就是前面一再提到的「漢興七十年」累積的龐大財富，以及這段時間中保存下來的秦代峻法。在武帝的時代，漢朝要建構新的秩序，首先就是加強中央集權，其次以政治權力打壓社會權力，方法就是運用秦代留下來的峻法，強勢管束因經濟繁榮而逐漸變得失序的情況。

刺史和更廣泛的酷吏，正是這種歷史新動向的表現。酷吏不只將秦代的法律重整，更重要的是，必須依照法令條文嚴格執行；刺史則是執行過程中的一項關鍵工具。不過值得注意的是，因應新帝國的新方向，這些酷吏、刺史的嚴苛和殘暴，主要是針對王侯、高官和地方豪強，因為這些人才是對皇帝與朝廷的威脅。相對地，酷吏之「酷」，非但很少施加在一般百姓身上，還因為他們在執行上重視不得擾民、不得煩擾刻暴、不得侵漁百姓，反而受到一般百姓的歡迎。

從王侯、官吏的角度看，酷吏再恐怖不過，以各種近乎不人道的方式監管、迫害、羅織、打壓他們。但從中央朝廷的角度看，這卻是處理「漢興七十年」長期「無為」後，近乎失序狀態下不得不採取的措施。在這樣的基礎上，才有辦法避免漢帝國的分崩離析，也才有辦法創造出漢帝國下一階段的正面成就。

第三講

武帝的作為與匈奴的崛起

01 博士制：從五經博士到博士弟子員

漢武帝一朝形成了帝國高度中央集權的體制。與此同時，另有一項人才運用的做法，對後世產生了重大、深遠的影響，那就是「博士」制度。

博士起源於戰國，秦在統一六國之前就已經在朝廷設有正式的「博士官」，漢初同樣繼承秦代的做法。秦始皇下「焚書令」時特別聲明，由博士官保有、管理的書籍，不在強制焚燒範圍內。也就是說，「焚書令」之後，博士官就成了歷史典籍僅有的合法保存者。

漢承秦制，漢初的博士主要的功能是知識性的。尤其是在秦代對周代知識傳統的強烈敵意與破壞之後，更需要由博士來保留「王官」與「諸子」的各種典籍與思想。

但到了武帝朝，有了重大變化，從博士變成了「五經博士」。原來朝廷上有各式各樣的博士，皇帝也會新立或廢除不同的博士。例如，如果皇帝覺得《老子》不夠受到重視，就立個博士專門負責《老子》；或者皇帝身邊有人對《尚書》讀得特別深入，就任命他為主管《尚書》的博士。博士設立的範圍不受限，掌管的知識很雜、很廣，而且還不斷變動。

董仲舒在〈賢良對策〉（又稱〈天人三策〉）中，首先提出對博士官的改革。立「五經博士」，意味著博士的身分與功能調整成了官方正統知識的守衛者。博士所掌管的就不再是所有值得被保留的知識學問，而是一套朝廷相信且意欲提倡的「正確」答案。

從五花八門的博士收束到只有儒家的「五經」才能立博士，接著，這樣的專門博士又擴張增添了「博士弟子員」，也就是博士可以收學生、教學生。博士弟子員促使博士的角色進一步演化，從單純知識性的作用，轉變成為具有實質官僚人才訓練的功能。

博士弟子員的管理辦法中規定，「通一藝以上」可以除吏。也就是說，在博士指導下好好學習，弄懂了五經中的任何一經，就取得了進入朝廷官僚體系裡工作的資格。博士所掌管的正統知識，此時又擴充成為官僚晉用的訓練內容。透過這樣的程序，逐漸地，受五經教育的人在官僚體制中愈來愈多、愈來愈重要，於是整個政治系統裡就會有愈來愈統一的思想與價值模式。

02 察舉、徵召，向中央集中的人才選拔

中央一方面用「博士弟子員」制度來訓練、拔擢人才；另一方面，也要想辦法將各地方的人才往中央集中。一來充實、提升朝廷的人力資源，二來讓好的人才留在中央，也有助於防範地方勢力坐大。

對於地方人才的選用，有「察舉」制度。武帝之前就已經施行察舉，但並未嚴格地制度化。通常是皇帝或朝中覺得缺乏什麼樣的人才，就訂定明確的項目，要求地方將具有這項能力的人舉薦過來。另外，有時候是皇帝或朝中需要彰顯什麼樣的人格特質，就藉由察舉所訂定的項目周告地方。

到了武帝朝，察舉日益重要，而且察舉的施行也愈來愈制度化。由武帝直接下詔，強調要檢驗地方送上來的察舉人才，如果發現能力傾向不對或品質不夠好，那麼地方官就要受到懲罰。配合前面提過的「刺史」制，對官吏的監管日益嚴厲下，當然使得地方官不敢輕忽察舉之事。

在察舉的項目上，逐漸固定為每年都會要求舉「孝廉」。「孝」是孝順，「廉」是廉潔，這是在人格行為上刻意凸顯的價值特性。孝廉之外，有「茂才」。茂才指的是格外突出的專長技能，依朝廷需要會有不同的焦點。例如有一段時間，「明法」是茂才科中最常被要求舉薦的特長，直接反應了「法」在武帝統治時的重要性，也解釋了所有這些酷吏的來源。

孝廉、茂才之外，另有「至孝」。也就是更加強調「孝」的重要，要找的不只是具備一般符合孝廉標準的人，而是在非常情況有非常行為的孝子，由他們非同尋常的孝行故事，提供朝廷宣揚孝行重要性的機會與材料。還有「有道」，是在孝之外有非常德行表現的人；「敦厚」，是特別厚道包容、不與人爭的人；「尤異」，是無法用一般正常標準來衡量其特殊才能的人。

察舉制和博士制形成了互補。博士負責培養具備儒家經書知識的人才；察舉相對就不那麼重視知識，更不會以「明經」為薦舉的項目。博士弟子員訓練的重點在知識；察舉的重點就放在行為上。

另外，武帝又將「徵召」予以制度化。察舉是委託地方官府尋找、考核符合人才需求標準的人，將之送到中央；徵召則是中央朝廷直接下令，叫地方官府將某種特定的人護送過來。

徵召等於是中央越過地方，直接拔擢地方上的秀異人才。這種做法有兩個附帶作用。一個是對地方官表明：中央有不同管道可以了解地方上的人才狀況，別以為你們可以壟斷對地方人才的認識。另一個是威嚇地方官：有好的人才，你們卻遲遲沒有察舉上來，顯然有失職之嫌。兩個作用都有助於在人才運用上，進而拉大中央和地方的差距，增加中央對地方的控制。

徵召制和察舉制實際上互為表裡、彼此增強。有了地方察舉而來的人才，中央就能透過他們有了更多理解地方情況的管道，不必過度依賴地方官。不時地下令徵召，又給地方官帶來壓力，在進行察舉時必須盡心盡力，不遺漏真正的人才。

此外，還有「公車上書」[4]，等於是讓地方人才向中央自我舉薦的管道。中央朝廷會派出特使到各地巡查，蒐羅上書或意見。因應當時的潮流，巡查中最常蒐集到的，是各地的祥瑞或災異訊息。比如哪裡出了靈芝，或哪裡發生了地震，大家不只紛紛提供報告，還往往併同提供解釋。

4 公車（音ㄐㄩ）即公家的馬車。漢代時，用公車遞送迎接舉薦入京的士人；隋唐之後設立科舉，「公車」就成了入京會試的舉人的代稱。漢代亦為官署名稱，掌管徵召，及受章奏，亦上書者所詣。

解釋當然就牽涉到地方官吏的施政得失，因為這件事做對了所以有祥瑞，那件事做壞了所以有災異。如此一來，「公車上書」連帶著有訪查民情、更進一步監察地方官府的作用。

從「公車上書」中，可以舉薦地方秀逸人才，更重要的，如果發現特別好的意見看法，朝廷就會下令進行徵召，這是朝廷到地方調查人才狀態的重要機制。

這一系列的人才選拔舉措，整體的效果就是人才往中央集中，中央的實力愈來愈強，相對地方愈來愈弱。這樣的人才分配，也就成為後世中國歷史上的常態。我們可以稱之為人才上的「中央統籌分配制」。好的人才先聚集到中央來，再由中央統籌決定如何分配到地方上。「在地人才」從此就不會是主流，一定要到過中央才算真正的人才，留在自己出身地貢獻的，反而成了稀有的特例。如此一來，地方失去了對當地人才的主控權，也就少了能夠自主和中央對抗的重要籌碼。

漢朝時，人們就已經清楚察覺到這項重大的變化。《漢書．公孫弘卜式兒寬傳》的「贊曰」寫道：「上方欲用文武，求之如弗及，始以蒲輪迎枚生，見主父而歎息。群士慕嚮，異人並出。」意思是漢武帝積極求才，還用了一些戲劇性的手段。徵召枚乘時，因為枚乘年紀大了，特別將負責接他的車子輪子綁了層層的蒲草，用來避震，讓枚乘能坐得舒服些。看到了主父偃，誇張地驚嘆，表現出終於見到面的振奮。於是，多元的人才都齊聚到皇帝身邊來。

「卜式拔於芻牧，弘羊擢於賈豎，衛青奮於奴僕，日磾出於降虜，斯亦曩時版築飯牛之朋已。」卜式、桑弘羊、衛青、金日磾，這幾位在武帝朝時有大成就，升到極高地位的人，各有來歷。他們的出身都相對卑下，換作別的時代，很可能一輩子就留在社會底層翻不了身，但因為武帝積極求才的做法，他們從社會不同角落湧入朝廷，貢獻出非常的能力。

「漢之得人，於茲為盛。」然後文中就分類羅列了武帝朝的名人：以儒雅著稱的，有公孫弘、董仲舒、兒寬；篤行，即做事特別牢靠的，有石建、石慶；質直，即為人不轉彎、敢於直言的，有汲黯、卜式；推賢，願意去找來更多人才的，有韓安國、鄭當時；定令，負責制定法令的，有趙禹、張湯；文章，在文字上表現得格外傑出的，有司馬遷、司馬相如；滑稽，懂得用幽默方式提供娛樂，卻又寓智慧於娛樂中的，有東方朔、枚皐；應對，很會說話交際的，有嚴助、朱買臣；曆數，專精於天文、數學的，有唐都、洛下閎；協律，深度理解音樂的，有李延年；運籌，精於撥算盤的，有桑弘羊；奉使，遠赴外國的，有張騫、蘇武；將率，善於帶領軍隊打仗的，有衛青、霍去病；受遺，武帝去世前能夠接受遺命輔佐昭帝的，有霍光、金日磾。

這還只是舉其犖犖大端而已，已經有那麼多不同的面向，那麼多響亮的名號。「其餘不可勝紀。是以興造功業，制度遺文，後世莫及。」

班固的這段「贊」文內容，當然是站在漢朝的立場，頌讚漢朝了不起的歷史成就。然而這還真不是誇張的虛文。不只是武帝朝真的出了這麼多能人，留下這麼多非常的成就，更重要的，班固提供了關鍵的歷史判斷——這是人才向中央集中的開端，皇帝找到方法讓地方人才都聚集到朝廷，就產生了如此凸顯、驚人的效果。

03 集體歇斯底里的兩次巫蠱案

武帝在位的五十四年間，漢朝從一個鬆散的帝國，變身為具備了緊密結構、嚴整運作機制的帝國。權力不只向中央朝廷集中，而且更進一步向皇帝一人集中。

促成如此長遠變化的，有一股力量來自於武帝的個性，尤其是他經常陷入的不安全感。不管擁有多大的權力，武帝仍然不時會爆發出懷疑、焦慮，害怕有自己控制不了的因素在起負面作用，催逼他去取得更大的權力，能夠更全面、更徹底地控制。

武帝的不安全感每爆發一次，就給自己帶來更大的權力，同時也使得他愈無法和他人分享權力，造成和周圍其他人之間愈來愈大的隔閡。作為一個皇帝，武帝愈來愈孤獨，與此同時，他所建立的這個皇帝地位也愈來愈孤獨。

出於不安全感，他殘酷地整肅了宗親封國；同樣出於不安全感，他也殘酷地對待自己所立的太子。武帝於西元前一四一年即位，即位之初，竇太皇太后仍然具有高度影響力，以其崇信「黃老」的舊派立場，壓抑了想要有所作為的年輕皇帝，以及皇帝身邊躍躍欲試、想推動改革的新派人士。到西元前一三五年竇太皇太后去世，武帝身上的一副枷鎖消失了，他開始依照自己的方式來統治這個王朝。

到西元前一三〇年（武帝元光五年），武帝進一步在宮中擺脫舊派的勢力，取得了更大的自由。前面提過，在景帝諸子中，排行很後面的劉徹之所以能脫穎而出，被選為太子，主要靠的是長公主的協助。長公主將女兒阿嬌嫁給劉徹，也就是後來的陳皇后。有這樣一層親族及權力上的淵源，很自然地，陳皇后所生的大兒子，應該就是皇位接班人的首選。

不幸的是，陳皇后還沒有生下兒子，武帝身邊的衛夫人就先生了兒子。衛夫人是第一個替武帝生下兒子的妃嬪，深受武帝寵信。前段所引的《漢書．公孫弘卜式兒寬傳》「贊」文中說「衛青奮於奴僕」，衛青能夠從原本毫不起眼的出身，最終爬到真正「一人之下，萬人之上」的大將軍位子，主要靠的就是他姊姊衛夫人的關係。

西元前一三〇年那年，發生了「陳皇后案」，或稱「巫蠱案」，就是在皇宮裡查出陳皇后以巫蠱想要詛咒、降害於衛夫人的跡象。這個案子牽涉到後宮的嫉妒與爭鬥，然而其影響絕對不止於後宮。

武帝大怒，不斷將案子上綱，最終連坐了三百多人。這三百多人中，大部分都是和陳皇后有關，也就是和長公主、和竇太皇太后有關的人。雖然起於後宮私怨，「陳皇后案」產生的具體作用，卻等於是對舊派人士的一次大清理。竇太皇太后死後五年，舊派人士死的死、放逐的放逐，武帝身邊不再有任何舊派勢力足以牽制他，更遑論反對他了。漢初的黃老政治意識形態，到此也全面終結了。

沒有了陳皇后，原來的衛夫人就升格成為衛皇后，後來兒子劉據也被立為太子。不只衛皇后得寵，連帶地衛家家人都得到皇帝的特別待遇。衛皇后的弟弟衛青進入朝廷，開始了他不尋常的政治生涯；衛皇后的姊姊衛君孺也身價大漲，嫁給後來當到丞相的公孫賀。

衛君孺生了兒子公孫敬聲，這個兒子被舉發和武帝的女兒陽石公主私通。更嚴重的是，從他們私通的犯行中，又牽扯出兩人密謀在武帝經過的甘泉宮馳道下埋偶人。被舉發後，公孫賀、公孫敬聲、陽石公主，以及另一位諸邑公主都被處死。這是發生在西元前九二年（武帝征和元年）的第二次「巫蠱案」。

案發之後，宮中大亂，風聲鶴唳，一下子傳出好多關係到巫蠱的陰謀。可以想見，這一方面是恐慌的集體心理作祟，受到事件的強烈影響，抱持著疑神疑鬼的心態，走到哪裡看到的，都像是和巫蠱相關的東西。另一方面，也不能排除有人混水摸魚，趁亂以密告巫蠱行為來對付仇敵或施行報復。

如此演變成典型的集體歇斯底里，類似於十七世紀發生在美國賽林（Salem）地區的獵巫狂熱。武帝此時在位將近五十年，已邁入老年的階段，然而他非但沒有因為長期在位而有足夠平息騷動的安全感與智慧，反而因為對老病的擔憂而過度反應，讓事態更加惡化。

武帝找了他心目中最忠心、又最能幹的人來調查巫蠱案。這個人叫做江充。在那樣的環境下，能被武帝特別信任的，肯定是個酷吏。江充大搜宮中，宣稱在太子宮裡找出一個看來與巫蠱有關的桐木人。依照當時的氣氛，一旦被認定牽涉巫蠱，太子不僅地位必然不保，恐怕連性命也留不住了。

恐懼之下，太子和衛皇后商量後決定鋌而走險，假造武帝的詔書，發兵捕殺江充，又攻入了丞相府。當時的丞相劉屈氂逃出來，向武帝所在的甘泉宮緊急報告。武帝便派劉屈氂領兵攻打太子，造成了父子兵戎相見的悲劇。

結果太子兵敗，逃了一陣後，在圍捕時自殺而亡，衛皇后也隨而自殺。但事件還沒完。武帝下令繼續大搜，幾萬人因此被牽連，釀成了一樁空前大案。

04 巫蠱案的思想背景：「感應」世界觀

巫蠱案之所以鬧那麼大，有兩個背景，一是皇帝權力膨脹所帶來的問題，另一則是西漢日益強烈的「感應」世界觀。

「感應」觀念源自陰陽五行，認為這個表面上看來眾相紛紜的世界，背後應該有統一的系統邏輯。陰陽相生是一種系統邏輯假定，五行是另外一種。在戰國時期，這兩種原本不同的系統交雜在一起，而讓陰陽和五行連接起來的，就是「感應」。

五行將整個世界分成金、木、水、火、土五大類，屬於同類的，就會互相吸引而聚在一起；

屬於不同類的，則按照循環的「相生」或「相剋」產生關係。換句話說，在五行的系統裡，所有的東西都會彼此發生關係，甚至一個物體之內的不同部分，也都依循這五大類的不同性質來互動。不管是物以類聚，還是物與物相生相剋，在五行的架構中，就都是靠著感應來進行的。

感應是一種遠距的變化原則，其思想模式仍然留在我們的民俗傳統中。例如相信吃腦補腦、吃腎補腎，就是一種同類互相作用的廣義感應思想。還有刻板印象中的祝詛之術，紮個小人在小人身上扎針，針扎在哪裡，小人所代表的那個真人身體的那個地方，就會相應地疼痛、生病。

即使是「獨尊儒術」之後，主宰漢代基本世界觀的仍然是感應原則。甚至弔詭地，「獨尊儒術」非但沒有壓抑感應，還助長、普遍化了感應的效力，那就是在董仲舒手中確立的「天人感應」政治哲學。董仲舒及當時的儒生，建構了一個高於皇帝的終極政治權威，因為要高於皇帝，這個權威就絕對不可能是具體的、現世的。這個權威叫做「天」，只有「天」能監察皇帝的作為，評斷甚至改變皇帝的作為。

「天」不是神，不會直接干預人事，而是依循感應的邏輯，顯示對人事是非好壞的評判。如果人間之事合理有序，這樣的正面情況產生的感應作用，就使得大自然風調雨順；甚至如果人間有超乎尋常的好，感應就會在自然中相應刺激產生非常的「祥瑞」。倒過來，如果人間之事混亂失序，那麼感應下的自然也就會出現夏涼冬暖的現象，或乾旱水澇的災禍；人間有傷天害理的事，感應到「天」，「天」就會降下不合理的「災異」。

董仲舒的「天人感應」在價值本源上是儒家的。意思是，他所主張「天」會嘉許的、會懲罰的統治行為標準，基本上依隨著孔子和孟子的理想。而且，以「天」壓在皇帝之上，避免皇帝個人獨斷專擅，這種做法最早見於周人的王官學傳統，特別是關於「天命」的概念。

但他所凸顯的仲介機制「感應」，卻絕對不是儒家的，而是襲用自陰陽家。這並不是說董仲舒屬於陰陽家或有陰陽家的背景，毋寧是他受到當時社會風氣的感染，很自然地視感應為真理，又將感應運用在最高層次的政治討論過程中，鞏固、提高了感應在社會上的地位。

人人都相信感應，都覺得感應是貫通人與物的共同主宰力量，那麼宮廷裡會有繪聲繪影的巫蠱傳言，乃至有巫蠱作法的行為，也就不令人意外了。

05 淮南王被整肅，也緣於「天人感應」

淮南王劉安遭整肅的過程中，有一項關鍵因素，既不是記錄在《漢書．武帝紀》中，也不見於劉安的傳裡，而是出現在《漢書．五行志》。

〈五行志〉中記載了武帝朝接連有兩座皇帝的祖廟失火。這種事如果發生在今天，首要就是調查起火原因，尤其是要確定究竟是意外或人為，是疏忽或蓄意。但在那個時代的觀念中，如此重要、具有象徵意義的地點失火，就必然排除了意外的可能性。即使沒有人刻意縱火，即使百分之百確定失火是日晒高溫造成的，那都不是意外。對漢代的人來說，祖廟失火現象中重要的不是原因，而是其所代表的意義。

那一定是「災異」，也就是「天」藉著「感應」傳來的訊息。所以該探究的，是人事上出了什麼問題，以至於感應釀造了這樣的災異。

董仲舒提供了他的解釋。首先他引用《春秋公羊傳》裡的說法：「天皆燔其不當立者以示魯，欲其去亂臣而用聖人也。」他對皇帝表示，這項災異是在警告用了不對的人，而沒有依循聖人的訓誨。

進而董仲舒就衍伸推論，模仿「天」的口吻說：「當今之世，雖敝而重難，非以太平至公，不能治也。視親戚貴屬在諸侯遠正最甚者，忍而誅之，如吾燔遼高廟乃可。」皇帝必須以「太平至公」來對待「天」已經傳降警告的變亂社會，而「天」的警告之所以用燒祖廟的方式來表現，明白指向了必須處理從高祖傳下來的這些「親戚貴屬在諸侯」者。要從他們當中找出行為最離譜、最不像話的（「遠正最甚者」），不留情地予以誅殺，以符合「天」所傳遞的訊息。

董仲舒給了武帝這個激烈的解釋意見，武帝無法當下就接受，還找了其他專精感應學說的人，要他們評估衡量董仲舒的說法。其中一名專家是董仲舒的學生呂步舒。呂步舒不知道那是老師的說法，回應以嚴厲的批判，指摘那說法的前提顯然是認為高廟燒得對、燒得有道理。董仲舒因此被劾「大不敬」，差點喪命。

後來董仲舒獲得特赦，而且武帝也接受了董仲舒的建議，決定「視親戚貴屬在諸侯遠正最甚者，忍而誅之」。於是隨後就有了淮南王劉安的案子，不只處理的過程殘酷，還刻意地擴大張揚，意味著除了整肅諸王地方勢力的動機之外，相信感應的武帝還要藉此向「天」交代，表示自己聽從「天」的指示做了對的事。

由這件事，我們一方面看到感應觀念的影響力量有多大，另一方面也看到以感應來解釋世界，必然有其高度的主觀任意性。同樣都是感應的專家，甚至還是系出同門的師生，弟子呂步舒的看法竟然和老師董仲舒的相反，還差點因此害死老師。

06 孤獨的皇帝，絕對權力的矛盾

武帝朝形成的權力結構，將太平時期的絕對權力集中在皇帝一人身上，朝中不只沒有任何人和他地位平等，也沒有任何人處於可以和他制度性地分享權力的位子。在這個世界上，皇帝成了真正的 one of a kind，獨一無二，和其他人都截然不同的人。

實質上產生的作用，是將皇帝和整個外在世界疏離、隔絕了。皇帝沒有同儕，當然沒有平等的朋友，甚至也沒有了家人。一切人際關係都被編入權力結構中，沒有例外。而在這套集中的權力結構裡，所有人都和皇帝隔著無法跨越的絕對距離。

之後很長一段時間，這樣的權力結構成為中國皇帝制度的規範原型。權力與財富從地方向中央集中，又在中央向皇帝一人集中。如此產生的後遺症，第一是地方缺錢缺人，一旦遇到變化，比如天然的災難或人為的動亂，往往沒有能力及時處理，只能等待中央調度，因而錯失機會，使得問題變得更困難。第二是在中央，皇帝選才的眼光變得格外重要，但在選才過程中，卻又埋伏著近乎無法解決的矛盾。

皇帝可以越過其他制度上的規定與限制，選擇將進入「中朝」的權力——真正關鍵的統治權力——交給任何人。不管這個人原先在外朝的組織裡地位如何，皇帝都可以給他「加官」，在他的官職上多加一個「中」字之後，這個人就進入中朝，直接服務於皇帝，也就一下子越過外朝所有的高官，包括丞相。皇帝的任用選擇不受任何制度的約束與改變，因而皇帝如果用對了人，事情就對了；要是用錯了人，事情就糟了。

但在中朝、外朝的劃分下，通常優先讓皇帝看上的，都是懂得如何進階服侍權力者的人。這種人才能經常和皇帝相處而不觸犯禁忌、惹來皇帝不快。但這種懂得如何察言觀色、如何應對皇帝脾氣的人，通常也就不可能懷抱公心，習慣從公共原則與宏觀考量來施行政務。

皇帝如果選了十個人，其中有一兩個不完全唯命是從，還會批評、甚至頂撞皇帝的，在中國的皇朝歷史上就成了美談佳話。像漢文帝身邊有袁盎，唐太宗身邊有魏徵等。但讓我們試著維持一點比例原則觀念，想想：即使如此，在這樣的皇帝身邊，到底還是有百分之八十的人是絕不會反對他、違逆他的。一個皇帝和不反對、不違逆他的臣子相處的時間，絕對超過那些會給他忠言勸誡的人。

武帝創造了這樣一套政治架構，握有這麼大的權力，卻無法阻止源自家人——他一度最寵愛的衛皇后，以及他自己立的太子——的悲劇。這有一部分關係到武帝自身的性格，然而不容忽略的，還有一部分其實是由這樣的權力安排所決定的。武帝不過就是最早的一個案例，讓我們看到權力集中所帶來的「皇帝的孤獨」。

後世的每一位皇帝都要面對這個問題。從兒子當中選立一位太子，意味著讓這個人跨出一大步，成為全世界最接近皇帝權力的人。做皇帝的，當然不會挑自己不喜歡的兒子做太子，然而他喜愛的兒子一旦被立為太子，卻又立即變成了在絕對權力上對他最大的、甚至是唯一的威脅。

因為太子不是單獨一個人。當上太子，也就是未來的皇帝，必然吸引一群人聚集在他身邊，預約將來的位子和影響力。因而皇帝要想辦法管控太子身邊的人，比如為他選擇「太子太傅」。太子太傅不單純是太子的老師，更重要的，是皇帝信得過的人，派去篩選太子所受的教育以及所接觸的人。但同樣地，皇帝選的太子有可能變質，皇帝選的太子太傅如何保證一定是站在皇帝這邊呢？

皇帝擁有的權力愈大、愈絕對，他能夠信任的人相對地反而就愈少。從武帝朝開始，皇帝被塑造成一個近乎不可能的角色，在他身上聚集了超過個人所能乘載的權力，而要運用、行使這些權力，他必然需要幫手。可是這套制度產生的過程中，就是以排除有效的權力分享者、協助者，來將權力集中到皇帝一人身上的。於是就產生了悲劇性的弔詭：基本上有能力、有資格幫助皇帝的，都被視為皇帝獨占權力的威脅，因而被排除在外；只有能力較差的、或身分有問題的人，才能夠安全地進入皇帝的私人權力圈裡。

後來會有外戚的問題、宦官的問題，追根究柢，畢竟還是和這種根本的權力集中結構密切關聯。如此打造出來的皇帝制度，帶著許多嚴重的限制，結構性地決定了有些混亂、爭鬥、敗德的現象，會在這個體系中反覆爆發。

07 游牧民族的連環遷徙與騎射戰力

和權力高度集中現象連環呼應發展的，是武帝朝和匈奴之間的爭鬥。

在亞洲大陸地理上有一條重要的分劃線，就是草原游牧民族和農業民族的交界線。這條線和現代的中國國界不一樣，以至於過去在以國家為單位的歷史、地理知識教育中，很容易被忽略。

如果暫時撇開國界的概念，純粹從地理上看，從中國北方向北、向西延伸，包括內蒙古、蒙古國、中亞諸國加上西伯利亞南部，存在著一片連綿不斷的大草原，這幾乎是世界上最廣大的一片游牧民族的活躍區域。

這一大片草原地處歐亞大陸內部，因為氣候的關係，缺乏足夠的降雨量，所以無法發展農業。在這裡生活的人，依賴游牧維生，趕著畜養的牲口「逐水草而居」。在一個地方待一陣子，將這附近生長緩慢的植物吃完了，就必須遷移，尋找下一個有水有草的地方。

游牧民族有許多部落，進行著各種不同方向的移動，從歷史上看，距今五千年前左右，他們的生活有了重大的變化，那就是成功馴服了馬。大約在今天阿富汗北方，最早出現馴服的馬匹以供人運用。再過一段時間，人們除了學會騎馬，還進一步能夠在奔跑的馬上射箭。

發明、掌握了騎射技術，游牧民族決定性地改變了他們和農耕民族之間的關係，使得這兩種徹底不同的生活方式，開始有了很不穩定的關係。過去緣於地形上的障礙，彼此的生活區域相距遙遠，游牧民族和農耕民族鮮有接觸。適合農業墾植的土地上，農耕民族在此定居，逐漸發展出範圍愈來愈廣、規模愈來愈大的社會組織。相應地，受到自然環境限制，游牧民族長期維持著相對比較小、高度機動的部落形式。

農耕民族在經濟生產上占有優勢，能夠得到較穩定的收穫，也才有餘裕累積支持較大型的社會組織。從酋邦再到國家的出現，這樣的社會組織又回過頭來增加了農業民族的生產力。然而相對地，自從游牧民族取得了騎射能力後，他們卻在軍事行動力量上有了明確的優勢。

逐水草而居的游牧民族沒有明確的疆界概念，從生存條件上看，他們需要龐大的空間才能養活自己與牲口；從現實地理條件上看，廣大的中亞草原提供了簡直不會遭遇其他部落、遑論互相爭奪地盤的空間。所以，他們基本上不會有「這裡是我的，那裡是你的」這種想法。

日本電視臺曾經製作過「尋找全世界眼力最好的人」的專輯節目。他們找了許久，眼力最好的人在哪裡呢？原來在蒙古草原上。節目製作單位將一隻羊放進一群羊裡，讓這隻羊的主人在兩百公尺外辨認，主人一眼就看出來了。然後再加大距離，三百公尺、五百公尺、八百公尺……，用我們的標準來看，簡直連羊群在哪兒都找不到了，這個蒙古人還是可以清清楚楚地指出自己的羊來。

這樣的節目內容清清楚楚顯示，游牧民族的空間感、距離感和我們很不一樣，因為他們的地理尺度比我們的大得多。他們的眼睛主要是用來拉近距離，辨識空曠環境中出現的少數事物，而不像我們是用來察知小空間中的擁擠、複雜現象。

游牧民族沒有疆域觀念，因而很難預測他們的遷移動向。我們建立起的明確方向、方位意識，往往就是源自疆界劃分的需要。草原植物的生長極其敏感，氣候上的些微變化就可能造成很大的差異，因而游牧民族活下去的本能，是一遇到氣候變化，就朝比較有利的區域移動。他們的移動不是以「向東走、向西走」的空間觀主導的，而是判斷降雨、植物生長的區塊何在。

什麼時候游牧民族會有大量、廣泛的遷徙行動？當氣候出現了劇烈變化時。例如，連續幾年有一塊區域格外乾旱，於是原本在這塊區域活動的部落，不得不遷到另一塊他們原本不熟悉的領域，這就和長期運用那塊領域水草資源的其他游牧部落有了接觸、衝突。游牧民族間的衝突不會鬥得你死我活，稍微形成了勝負態勢，輸的一方就會離開，再往別的地方去。

如此就產生了連環的移居效應。甲地發生乾旱，原本生活在甲地的甲族不得不移入乙地，和在那裡的乙族起了衝突。衝突的結果，如果甲族輸了，他們就繼續移動，進入丙族所在的丙地。如果甲族戰勝了乙族，就換乙族出走，進到丙族原來的勢力範圍，和丙族起了衝突……，如此連環變化。

這種連環變化的結果，是使得在一塊區域上能留下來的，都是相對較為強悍的部落，弱一些的就被迫遠徙。這樣的遷徙現象，也就變成有方向性的。被趕走的部落很難回頭朝最早發生乾旱的地區移動，因為那一路都已經占居了相對強悍、有本事將其他部落趕走的勢力。於是弱勢者、敗者連環朝一個方向遷徙，後來就碰上了農業民族。

自從擁有了騎射技術之後，再弱的游牧民族，憑藉其機動性與戰鬥力，遇到農耕民族都還是占上風。游牧民族一般不會刻意侵擾農耕民族，然而氣候變化帶來的長期連環遷徙現象，使得他們一步步地接近農耕民族所在的地方。

08 匈奴：中亞草原僅見的龐然怪物

北方游牧民族，尤其是匈奴開始成為中國的問題，大約是在戰國中期。為了避免游牧民族造成的破壞，北方諸國紛紛修築城牆予以防堵。這些諸國所築的防城，後來由秦始皇規劃接連起來，就成了「萬里長城」。

這些城牆的存在，說明在西元前第三世紀左右，匈奴已經對中國產生了巨大的壓力。而匈奴向東、向南的遷移，既不是一時半刻的事，也不是出於匈奴部族的主觀選擇，而是中亞草原游牧民族的連環遷徙，可能歷經上百年變化的結果。意思是說，要探索匈奴出現在中國邊界上的原因，光是考察西元前第三世紀河套、戈壁這一帶的草原氣候變化恐怕是不夠的。造成匈奴與中國接觸的動因，很有可能更在幾百公里外、幾十或上百年前。

放眼整個中亞草原的狀況，中國算是相對較晚才感受到游牧民族的壓力。自從西元前八百年左右發明騎射之後，游牧民族取得了明顯高於農耕民族的武力，對草原周邊分界線附近的農耕民族都造成了高度的威脅。由於戈壁沙漠構成跨越的阻礙，中國才相對沒那麼早受到衝擊。

《史記》、《漢書》裡都有〈匈奴列傳〉，然而農耕民族的文字記載，很難真正捕捉到游牧民族的來歷與變化。我們勉強能得到的了解是，匈奴之所以坐大，進而取得足夠的實力跨越戈壁沙漠，主要緣於他們形成了不一樣的政治組織。游牧民族的政治組織一般以部落為單位，個別部落的人口必然不多，然而匈奴建立起新的聯繫方式，將多個部落連結成日益龐大的同盟組織。

這樣的發展可能需要幾百年的時間，到了秦漢之際，匈奴有效地成長為「控弦之士三十餘萬」的部落聯合體，具備「三十餘萬」能夠彎弓射箭的軍事力量。「三十餘萬」當然是中原王朝的誇大之詞，以強調匈奴威脅的嚴重程度。但可以確定的是，在組織規模上，匈奴是過去中亞草原僅見的龐然怪物。

靠著結盟部落提供的集中資源，匈奴跨過了戈壁，接觸到南方最主要的農耕區域。於是在原來的游牧生產型態之上，他們又多增加了一項經濟來源：以武力劫掠農產。兩千多年前的農業生產儘管仍然原始，許多農業技術尚未開發出來，但相較於游牧型態，農業生產型態畢竟穩定多了，農耕民族在生計上對天時、氣候的依賴，遠低於游牧民族。

最重要的是，農業生產擁有規律的生產週期，春耕夏耘秋收冬藏，年復一年如此循環，少有例外。這樣的生產形態也就給了游牧民族現成的策略和簡單的時間表，他們只需在夏末開始進行部落聯盟動員，初秋出發，剛好在農作物收成時進入農耕地帶，就能帶走許多農穫。

一段時間下來，匈奴的經濟結構微妙地改變了。夏天之前逐水草而居，四處游牧照顧牲口，仍然是他們的主要活動；但從夏末開始，他們的注意力就轉為向農耕民族進攻劫掠，以劫掠所得來補充、增益游牧資源，形成了半游牧、半掠奪的混合經濟。

秦漢之際，匈奴的問題日益嚴重，結構性的因素就是匈奴的二元混合經濟型態已經形成，他們對每年秋季的劫掠所得也有了一定程度的依賴，不可能停下來，因此也就愈難離開中國北方邊境，而遷移到別的地方去。

09 和親：重幣酬賄的背後誘因

漢高祖劉邦在收拾異姓諸王的過程中，直接遭遇了長期居留在北境的匈奴。陳豨曾試圖投靠匈奴失敗，而韓王信則真的和匈奴聯繫上，還引匈奴軍力對抗漢朝。顯見匈奴所在的位置有多靠近中國，進出中國又有多頻密了。

經過呂后主政時期的政治混亂，差點從劉姓的帝國變成呂姓的帝國，呂后死後穩定局面最重要的措施，就是找回原本的「代王」入長安當皇帝，是為漢文帝。「代」在中國最北邊，正是距離匈奴主要勢力最近的守衛重鎮。

西元前二〇〇年，韓王信投靠匈奴，公開與漢朝為敵，高祖劉邦決定親征平亂。出發前，大臣劉敬持強烈的反對意見，認為「匈奴不可擊」，因為漢朝尚未具備能夠和匈奴直接對抗的軍事條件。但劉邦不聽，還將劉敬關了起來。

出兵到了平城，匈奴大軍來襲，輕易地便將劉邦帶領的軍隊圍困在白登山。後來不得不用史書上都不好意思明白直書的辦法，就是賄賂收買單于的夫人，才得以讓劉邦逃出來。因為太丟臉了，過程細節我們無法知道，然而從此之後，大家都記得這是「平城之辱」。

劉邦作為一位領袖，最大的好處是有現實感，能屈能伸。歷經「平城之辱」後回到長安，他立即釋放劉敬，等於承認自己的判斷錯誤。之後劉敬就成了對匈奴政策的主要制定者，而他建立的政策原則就是「和親」。

所謂「和親」，就是想辦法和匈奴親近，結起婚姻關係，將漢人女子以皇帝女兒的名義送到匈奴那裡，一併還以婚禮名義致贈厚禮。匈奴單于貪圖厚禮接受了，他就變成漢朝皇帝的女婿，也就大幅降低了敵意；另一方面，匈奴也等於對漢朝開放，有機會受到漢文化的影響。還有，時間久了，如果這任單于死了，繼位當單于的，說不定還是有漢人血統的子孫，那跟中國的關係就更親近了。

「和親」只是表面的說法，其實嫁去的從來都不是真正的公主。呂后就只有一個女兒，當然不願「棄之匈奴」。一路到漢元帝而有了王昭君，王昭君當然不是公主，如果她是公主，也就不會有為畫師所欺的事了。匈奴也沒有真正將這些女子視作公主，他們看到的、他們在意的，主要是和親婚姻所附帶的重幣酬賄。實際上的效果是，漢朝主動提供大量貨物，讓匈奴不必犯邊劫掠就可以得到好處。

和親代替了慣常、固定的劫掠，一方面繼續提供匈奴所需的經濟補充，另一方面提高了單于對部落聯盟的控制，因為和親的禮物都由單于來分配。這樣的好處對單于很有吸引力。於是在這段期間，和親就成了漢朝和匈奴的基本外交關係，匈奴有所求、有所欲時，就來請求和親，與漢朝就「和親條件」討價還價。

談判的重點怎麼會是要嫁娶哪位公主呢？公主相對地是最不重要的。重要的是，漢朝接不接受再送一次大禮，匈奴滿不滿意漢朝以和親名義願意提供的大禮內容。而且這種談判背後往往有軍事威脅存在，請求和親之時，匈奴就理所當然地派大批人馬靠近邊境，他們的談判代表隨時可以翻臉變成進犯部隊，漢朝不能不小心應對。

長期頻密的和親，從人的流動上看，是漢人單向地流入匈奴社會。和親的公主可不是像戲劇裡演的王昭君那樣，抱支琵琶騎上馬，自己一個人就去了。公主身邊會有很多隨伴的人，更多的是護送押解重禮的人。其中有些人就長期留在匈奴那裡了。

居留在匈奴社會的漢人，當然會對匈奴的漢化產生作用，但別忘了，他們也會受到高度的「匈奴化」壓力。尤其是在身分認同上，長期不能回到漢朝的情況下，他們不可能每個人都從頭到尾維持著對漢朝的效忠。

藉由這些人，我們看到在和親之後，匈奴對於漢朝的情況了解得愈來愈清楚。最重要的，是漢朝的兵力狀況到底能否與匈奴相抗，又能對匈奴入侵產生多大的阻擋作用。

10 冒頓單于大吃呂后豆腐

漢惠帝三年（西元前一九二年），對漢朝狀況有了更清楚的理解後，匈奴的冒頓單于利用和親的名義，送來一封挑釁的國書。

那是署名寫給呂后的：「孤僨之君，生於沮澤之中，長於平野牛馬之域，數至邊境，願遊中國。陛下獨立，孤僨獨居，兩主不樂，無以自虞，願以所有，易其所無。」信中說我出生在這蠻荒地區，曾經多次到中國邊境，很嚮往能去中國。我知道你的丈夫死了，我也沒有妻子，我們兩人都「孤僨」，沒有人陪伴取樂，不如乾脆你就嫁給我吧！

會有這樣一封信，顯然不是匈奴單于能想得出來的。這要嘛是投降去的漢人，要嘛是和親跟去的僕從給的建議。他們知道高祖去世了，他們知道漢朝廷的實際大權握在呂后手裡，他們知道這樣一封信對漢朝廷是莫大的恥辱，他們還知道激怒了漢朝對匈奴沒有壞處，漢朝的武備狀況不足以出征而對匈奴產生重大傷害。

匈奴算計過了，這樣一封信於己無傷，卻能給漢朝帶來巨大的考驗。收到這樣一封公開侮辱「國母」的信，鴻門宴中曾經無懼面對項羽的樊噲立刻主張：「願得十萬眾，橫行匈奴中。」讓我帶領十萬軍隊，我去殺得匈奴落花流水！

但樊噲的豪語發完，季布立刻潑他一大桶冷水。季布直接對呂后建議：儘管樊噲是身居高位的老臣，但依照他剛剛說的那句話，應該被拖出去斬了。為什麼？因為當年「平城之辱」時，這位樊將軍人也在，那時候的他位居上將軍，帶領了三十二萬的軍隊，結果呢？別說打敗匈奴，甚至差點連高祖都救不回來。

一提到八年前的「平城之辱」，就沒有人敢再揚言打匈奴了。八年前和八年後相比，大家心知肚明，少了高祖這位能夠親征的皇帝，漢朝的軍隊只會變弱，不可能變強。那怎麼辦呢？季布是劉敬之後對匈奴政策最主要的制定者，他也延續了劉敬的基本態度，他的建議是：找一個會寫文章的人，好好寫一封回信給冒頓單于。於是他找來張澤，寫了一封客氣的回信。

信中說：「單于不忘弊邑，賜之以書，弊邑恐懼。退日自圖，年老氣衰，髮齒墮落，行步失度，單于過聽，不足以自汙。」這姿態、這口氣低到不能再低了。說謝謝你竟然對中國念念不忘，還親自寫信來，讓我們很惶恐。看了你的提議，回頭想想，我都多大歲數了，是個老太婆了，怎麼還會跟婚姻扯上什麼關係呢？應該是你得到的消息錯誤吧，你不會真的要委屈自己跟我結婚的。

語氣卑屈到了極點。用這種方式回信，其實要傳達的就是一個明確訊息：漢朝不跟你們打仗，絕對不打，就算你們用這種方式挑釁，我們都還是維持不打仗的和平策略。讓我們繼續維持和親狀態吧，既然你說要找妻子，我們這邊會挑一個年輕漂亮的「公主」，加上一堆布匹金玉送過去。

11 匈奴變本加厲的文攻武嚇

到了文帝朝，這位羞辱呂后的冒頓單于死了，繼位的是老上單于。冒頓死前不久，漢朝才剛送上一批大禮，不料一下子換了新單于，又得再派一支代表團，送一名宮女和另外一批厚禮去。有一個叫中行說的宦者被選入了代表團，他激烈反彈不願意去。人家逼他去，他甚至不惜威脅：「真把我送去了，我到了那邊就出賣漢朝！」大概沒有將他的威脅當一回事吧，朝廷還是強迫他去了。

去到匈奴那裡，中行說真的就懷恨背叛了漢朝。他勸諫新立的單于幾件事：第一，別那麼看重漢朝給的布匹金玉，這些東西是有害的，會害你們游牧民族耽於享受，喪失原有的生活方式，進而變得依賴農耕民族。你們也不能習慣改吃穀類，連帶過著愈來愈固定不動的生活，那樣會大大減損戰鬥力，也就失去了對付漢朝的本錢。你們應該堅守傳統的強悍游牧風習。

第二，只要你們保有足夠的戰鬥力，就應該持續對漢朝施壓，不是偶爾寫封信羞辱他們，而是年年挑釁逼他們出兵。和親照常進行，禮物照常收，但劫掠也照常做。一方面藉此保有武勇的能力，另一方面逼著漢朝不能躲在禮物後面高枕無憂，刺激他們出兵，讓他們出兵打敗仗，才是匈奴最大的利益所在。

在中行說的慫恿下，匈奴對漢朝採取了日益強硬的態度。從文帝十一年（西元前一六九年）開始，匈奴連續四年送給漢朝措詞強硬的國書。中行說還教導匈奴，這類國書連在外表模樣上都要比漢朝通用的來得大、來得豪華，他知道中國政治圈講究這種象徵，要從每一個面向壓倒漢朝，逼漢朝覺得喘不過氣，不打仗不行。

文的方面遞給傲慢國書，武的方面則同步南下進犯，年年入侵，最嚴重時其前鋒都已經到達都畿邊上了，文帝十四年（西元前一六六年）還燒掉了回中宮[5]。

這一年正是李廣從軍之年。在《史記》裡，和匈奴有關的史事記錄，太史公做了很特別的安排。先是〈李將軍列傳第四十九〉，接著才是〈匈奴列傳第五十〉，後面接著〈衛將軍驃騎列傳第五十一〉，也就是衛青和霍去病的傳。這樣的順序饒富意義，顯現了太史公的史識，以及他獨到的歷史解釋。依照他給我們的提示，從李廣一家的遭遇切入，來看武帝一朝的對外征伐擴張，我們會得到更豐富、更深入的體會。

5 「回中宮」，顧名思義，是回到中原途經的宮殿。回中宮是秦始皇所建，作為出行駐足的行宮，同時有驛站作用和軍事意義。《史記．秦始皇本紀》：「二十七年，始皇巡隴西、北地，出雞頭山，過回中。」但回中宮到底建於何地，學界說法不一，有陝西隴縣回城、陝西鳳翔、甘肅涇川、寧夏涇源等觀點。

第四講

悲劇飛將軍李廣

01 得以封萬戶侯的武勇多能

《史記．李將軍列傳》一開頭介紹，李將軍就是李廣，他是隴西成紀人，先祖李信在秦國時就是將軍，是秦國攻打燕國時抓到燕太子丹的人。燕太子丹曾主使荊軻暗殺秦王，是秦王最痛恨的人。

李廣出身軍事世家，李家每一代男子都要接受騎馬射箭的訓練，而李廣在歷史上登場的契機就是「孝文帝十四年，匈奴大入蕭關，而廣以良家子從軍擊胡。」「良家子」意味著他不是因為受罰或被徵召所以從軍，而是自願的。從軍之後，憑藉著高超的騎射技術，「殺首虜多」，這裡的「虜」指的就是匈奴。靠著和匈奴對戰的軍功，李廣被賜爵為「漢郎中」。當時還是郡國並行制，漢郎中表示他受的是中央朝廷的爵位。

他的堂弟、後來在武帝朝當到丞相的李蔡，此時也擔任「武騎常侍」的職位，「秩八百石」，一樣從八百石的俸祿開始他們的官場生涯。李廣曾經伴隨文帝出行，文帝看到這些貼身護衛的武裝訓練，注意到李廣的表現格外傑出，還曾感慨地替他覺得可惜：「如令子當高帝時，萬戶侯豈足道哉！」你生錯時代了，憑你的一身功夫，如果生在高祖的時代，一定能夠得到封侯的高位。

李廣武勇多能，但文帝這一朝最大的特色，就是不打仗，所以看起來白費了他的本事。文帝死後，景帝即位，李廣先被調任「隴西都尉」，再遷為「騎郎將」，然後他發揮的機會來了。以吳王劉濞為首的「七國之亂」爆發，李廣隨周亞夫出兵，立下了功名。

接下來，當時的梁王聽說了李廣的才能，要找他到梁國當將軍。李廣沒有接受，選擇繼續效忠於中央朝廷。在中央與地方封國的關係日益緊張的情況下，朝廷特別嘉許李廣的決定，於是將他的職位調整為二千石的高位「上谷太守」。李廣還很年輕就順利當上太守，看來雖然沒有生在高祖的時代，他還是有機會朝著「萬戶侯」的地位攀升。

到了上谷這個北方和匈奴鄰接的地帶，李廣經常和匈奴接戰，把當地的文臣「典屬國[6]公孫昆邪」嚇壞了，跑到皇帝面前告狀，說「李廣才氣，天下無雙，自負其能」，靠著自己的本事與勇氣，老是挑釁匈奴，真不知會鬧出什麼事來！

於是景帝將李廣從上谷調到上郡，後來又調到隴西、北地、雁門、代郡、雲中等地，都在邊境上，而李廣不管調到哪裡，「皆以力戰為名」，不改其性，不怕和匈奴接戰，而且還真能戰，能打得贏。

6　典屬國，官名，掌管與少數民族往來的事務，秩二千石。《漢書．百官公卿表上》：「典屬國，秦官，掌蠻夷降者。武帝元狩三年昆邪王降，復增屬國，置都尉、丞、候、千人。屬官，九譯令。成帝河平元年省並大鴻臚。」

這是漢朝仍然以「和親」為主要對匈奴政策的時代，然而李廣是個絕對不願屈服於匈奴武力之下的人，是那個環境中的異數，也就預示了漢朝在對待匈奴的態度上即將產生的逆轉大變化。

02 敵前下馬解鞍的大膽戰術

《史記．李將軍列傳》接著記錄了這樣一則故事：「匈奴大入上郡，天子使中貴人從廣勒習兵擊匈奴。」匈奴的問題日益嚴重，不時舉兵侵擾漢境，景帝也覺得事情不妙，恐怕終將一戰，於是未雨綢繆，就派了一位近臣或宗室子弟（「中貴人」）來跟李廣學習如何與匈奴作戰。

「中貴人將騎數十縱，見匈奴三人，與戰。三人還射，傷中貴人，殺其騎且盡。中貴人走廣。廣曰：『是必射雕者也。』」中貴人本事如何？學到了多少呢？他帶著幾十人出去，遇上三個匈奴人，大概覺得可以倚多取勝，就和人家打起來。結果卻完全不是那麼回事，非但沒有討到便宜，還大敗。匈奴人射箭反擊，這幾十人死傷殆盡，中貴人也中了箭，倉皇逃回來找李廣。李廣一聽，唉，人家只有三個人，根本就不是匈奴部隊，只是出來打獵射鵰的。

真是不堪啊！人家只是三個打獵的，你們這邊幾十個人先攻擊人家，最後卻搞到一敗塗地。

李廣覺得自己有責任給中貴人交代，也必須為漢朝爭這口氣，「廣乃遂從百騎往馳三人」，於是帶了「百騎」去追這三個匈奴人。三個匈奴人在和中貴人衝突時失了馬，只能步行，李廣他們追了幾十里就追上了。一看對方連馬都沒有，李廣根本不需要動用百騎，「身自射彼三人者，殺其二人，生得一人」，他一人對三人，射殺了其中兩個，活捉一個。捉來一問，「果匈奴射雕者也」，還真的只是出來打獵的。

李廣能打匈奴，是因為他真正了解匈奴，所以沒看到人，光聽描述就知道那三人只是「射雕者」。事實上，也因為他了解匈奴，才會帶著「百騎」隨行。要對付這三人，當然用不到「百騎」，然而畢竟被他料中，一解決了「射雕者」，真正的匈奴部隊已經來到，將他們團團圍住。

那簡直像是美國西部片的畫面，「望匈奴有數千騎，……上山陳。」敵人一來就來了幾千人馬，站在高處，排起來密密麻麻又連綿不斷。「廣之百騎皆大恐，欲馳還走。廣曰：『吾去大軍數十里，今如此以百騎走，匈奴追射我立盡。今我留，匈奴必以我為大軍誘，必不敢擊我。』」眾寡懸殊，李廣帶來的人一看就急著想逃回去，卻被李廣制止了。制止的理由正是眾寡懸殊。人那麼少，又已經離大軍幾十里遠，哪能有機會逃得回去？匈奴追過來，一定都死盡了。要活命，反而不能逃，就留在這裡。匈奴看我們竟然不逃，會以為我們是特地來當誘餌的，大軍可能埋伏在某處，就在等他們攻擊我們。這樣他們反而不敢動手。

於是李廣布局，要讓匈奴弄不懂他們的行動。他們非但不逃也不退，還索性向前靠近匈奴數千騎的布陣所在之處。一直到距離匈奴大軍只有二里處，讓匈奴人可以看得清清楚楚，就停下來不再往前。李廣又下令：「皆下馬解鞍！」大家全部下馬，人馬一起休息。

這是何等大膽！百騎部屬當然抗議：距離敵人這麼近，還要連馬鞍都解下來讓馬休息，萬一敵人來襲，恐怕連綁鞍上馬都來不及，敵人就殺到了。李廣卻說：「彼虜以我為走，今皆解鞍以示不走，用堅其意。」匈奴都認定我們會逃，我們逃了他們就追。現在我們不逃，他們反而不知道該怎麼辦，所以不會有行動。下馬解鞍就是要表現我們的確不想逃，他們搞不清楚我們在幹嘛，反而是最安全的。「胡騎遂不敢擊」，匈奴大軍還真的就在狐疑中沒有攻過來。

兩方僵持下，匈奴陣中出現一個騎白馬的人，顯然是軍中的重要人物，正繞著部隊巡視。李廣以迅雷不及掩耳的驚人速度，帶著十幾人備鞍、上馬、衝向前、放冷箭，將騎白馬的人射倒，然後立即回到原來的地方，下馬、卸鞍，繼續休息。

匈奴更是搞不清楚李廣他們在幹嘛了，更不敢輕舉妄動。到了夜晚，匈奴部隊顯然愈想愈不安，覺得漢軍應該是要趁黑偷襲，為了避免損失，決定退走自保。於是第二天早上，李廣帶著這百騎人馬順利地回到大軍中。

李廣帶百騎出營時沒交代也沒報告，別人都不知道他們去了哪裡，所以他們整夜沒回來，別人也無從找起。這就是他帶兵的風格，以及對抗匈奴的本事。

03 散漫又靈活的治軍風格

這是景帝朝發生的事。幾年後，景帝去世，武帝即位。武帝即位之初，就清楚感受到「漢興七十年」以來累積的諸多問題，已到了不能不有所改變、有所解決的時候了。武帝即位的同時，也帶著強烈的集體世代交替氣氛。

不能不解決的，就包括匈奴的威脅。在內政上，受限於篤信「無為」的竇太皇太后，武帝及其周圍的改革者還無法有大作為；但在竇太皇太后不熟悉的外交上，變化更早發生了。即位的第四年，西元前一三八年，武帝派張騫出使月氏。月氏在帕米爾高原的北方，也就是匈奴領域的西方。出使月氏，進而聯絡西域諸國，建立起和這個地方的關係，乃著眼於要掌握匈奴後路，才能更有效地對付匈奴。幾十年的和親模式，已經不再適用於武帝要開創的新時代了。

這時皇帝身邊有人就推薦李廣，說他是善於對付匈奴的名將。武帝於是將李廣從原來擔任的「上郡太守」調任為「未央衛尉」，同時將另一位名將程不識調任為「長樂衛尉」。「未央」、「長樂」都是長安的宮名，表面上是派他們負責長安城內的衛護工作，實際上看重的是他們擁有與匈奴對戰的豐富經驗，要他們回到長安訓練足以戰勝匈奴的新一代帝國軍隊。

早在文帝時，有名的洛陽天才少年賈誼，曾針對當時帝國的情況，寫出識見驚人的〈治安策〉，其中就對匈奴問題再三表示關注。〈治安策〉中說：「今匈奴嫚侮侵掠，至不敬也，為天下患，至亡已也，而漢歲致金絮采繒以奉之。……今西邊北邊之郡，雖有長爵不輕得復，五尺以上不輕得息，斥候望烽燧不得臥，將吏被介冑而睡，……可為流涕者此也。」

賈誼形象化地描述了匈奴問題帶來的困擾。每年送匈奴重禮，希望平息匈奴入侵之患，然而愈是送禮，匈奴愈是知道漢朝無力抵抗，就愈是肆無忌憚輕易來去。以至於和匈奴相鄰的這些地區，人民疲累不堪，必須隨時保持警戒，每天二十四小時要有人監視傳訊，守邊部隊睡覺時都不敢脫下盔甲。這些地區額外的警戒防衛工作，使得人民負擔沉重的動員責任，沒有辦法得到「復」，也就是減免為朝廷、公家服役的時間。

看到這樣的問題，其實賈誼也提不出有效的解決方案，他的具體建議是請文帝「以臣為屬國之官以主匈奴」，相信可以靠自己的外交手腕讓匈奴改變做法。文帝當然沒有接受這個建議。

到了景帝朝，鼂錯當政時，對戍邊政策進行了重要變革。舊辦法是三月一戍，去守邊的都是一般服役的百姓，一次服役三個月，三個月一到就回家，留在那裡的人頂多留一年。這樣頻繁地來來去去，不可能落實守邊工作的。於是鼂錯將戍邊政策改為「屯戍」，也就是讓這些服役的人就在邊界上長期住下來，給予他們土地，一邊守衛一邊耕田，如此不只能更熟悉、投入衛戍工作，而且有更高的動機阻止匈奴入侵破壞自己的屯田。

因此守邊軍隊的結構改變了。朝廷以土地和賜爵招徠人民，使人民自願去北方，在那裡取得土地，有了新的生產基礎，再將他們編集起來，形成對抗匈奴的軍隊。這樣一來，也才有了治軍才能得以發揮的空間，好的將領可以在和固定部隊成員的長期相處中，培養他們的士氣與技能。

李廣和程不識就是在這種新政策中崛起的名將。在新皇帝的新思維中，他首先布局從西域牽制匈奴，下一步則是訓練出能夠反守為攻、出征匈奴的軍事力量，他將這個關鍵的任務，交付給擁有豐富邊地經驗的李廣和程不識。

《史記．李將軍列傳》接著對比李廣和程不識兩人的治軍風格。「程不識故與李廣俱以邊太守將軍屯。及出擊胡，而廣行無部伍行陳，就善水草屯，舍止，人人自便，不擊刁斗以自衛，莫府省約文書籍事，然亦遠斥候，未嘗遇害。」兩人都以太守身分負責帶領屯戍部隊，但李廣的軍隊看起來就很散漫。出兵時沒有整齊行列，看到有水有草的地點就休息，既沒有設置正式的警戒系統，也不保存完整的文書記錄，就這樣，卻也從來不曾在行動中遭受過重大損失。

程不識呢？「正部曲行伍營陳，擊刁斗，士吏治軍簿至明，軍不得休息，然亦未嘗遇害。不識曰：『李廣軍極簡易，然虜卒犯之，無以禁也；而其士卒亦佚樂，咸樂為之死。我軍雖煩擾，然虜亦不得犯我。』」他帶兵極其嚴格，一切井然有序，講究紀律，明文規定明文記錄，所以也不曾遭受過重大損失。關於兩人徹底相反的做法，當然還是嚴謹的程不識有說法，他解釋：李廣帶兵方式的問題是，如果遇到敵軍奇襲，他們因為缺乏有制度的準備，將無法迅速反應。但這種作風相對的好處是，將軍和軍隊交心，士兵們過得快樂，都感激將軍，願意為他效死。

「是時漢邊郡李廣、程不識皆為名將，然匈奴畏李廣之略，士卒亦多樂從李廣而苦程不識。程不識孝景時以數直諫為太中大夫。為人廉，謹於文法。」在邊郡上兩人都很有名，但顯然李廣還是略勝程不識一籌。李廣頭腦靈活，有各種意想不到的策略，匈奴吃過他的苦頭，都怕他，士兵們也喜歡跟著他輕鬆過日子，不願意被程不識管。程不識是以「直諫」起家的，專長在了解並謹守制度規範。他的背景與專長，顯然都和李廣南轅北轍。

04 馬邑之誘和武帝朝的首次遠征

建元六年（西元前一三五年），也就是武帝即位的第七年，竇太皇太后去世的那一年，匈奴又來要求和親，武帝不能不答應，只好再送了一位宗室公主和眾多禮物過去。次年，元光元年，武帝將待在長安已經四年的李廣和程不識再調回邊界上，李廣升為驍騎將軍，駐在雲中；程不識是車騎將軍，駐在雁門。新的強硬政策顯然已經蓄勢待發。

就在此時，在馬邑出現了機會。馬邑屬於程不識駐守的雁門郡。一個叫聶壹的馬邑人前來獻策，願意冒險去騙匈奴，訛說當地人與朝廷派來的官員起衝突，進而將太守殺了想要投靠匈奴，希望匈奴出兵。漢軍就先埋伏好，等匈奴派兵來時，可以殺他個落花流水。

對於這項提議，朝中有正反兩面意見，例如御史大夫韓安國就抱持強烈的反對態度。但關鍵還是在武帝。武帝早已做好要和匈奴翻臉的準備，於是接受了這項建議。元光二年（西元前一三三年），朝廷調動三十萬大軍埋伏在馬邑附近的山谷中，按照計畫，聶壹前往匈奴帳中，表示要開馬邑城門投降匈奴。看匈奴考慮心動了，聶壹便回到馬邑，殺了一名死囚，用他的頭假裝是被殺的縣令。

定好的計謀是，在匈奴進軍的路上找個山谷放一堆牛羊，預期匈奴會貪求牛羊而進入山谷，如此就落入漢軍的包圍圈套裡。但這樣的預期顯然低估了匈奴的智慧。匈奴單于帶領十萬騎進了武州塞，看到大群的無主牲口，立時覺得不對勁，便選擇退兵。於是遠道動員的三十萬漢軍毫無用武之地。

馬邑之誘，是漢朝和匈奴關係的轉捩點，武帝表明了不再依循和親路線的決心，而匈奴也察覺到漢朝的敵意，不可能再用原來的方式信任地與漢朝打交道了。

雙方關係進入新的階段，各有盤算，也各自需要時間調整準備。四年之後，西元前一二九年，漢朝對匈奴發動了正面的遠征攻擊。公孫賀出雲中，公孫敖出代郡，李廣出雁門，衛青出上古，也就是四支大軍分別由四位將軍帶領，從四條不同的路線全面攻入匈奴境內。

但和馬邑誘敵一樣，漢朝犯了同樣的錯誤——低估了匈奴。自己費了四年時間準備，卻忘掉了敵人也有同樣的四年。在馬邑之誘時，匈奴已經獲得足夠的警示，知道漢朝可能會有大型的軍事行動，不能不提防應付。四路進襲的漢軍中，結果只有衛青打了勝仗，其他都沒討到好處。

李廣最慘，不只兵敗，還以將軍的身分被匈奴活捉。顯然就是因為他仍然身先士卒，不是躲在後面指揮的習慣所致。《史記．李將軍列傳》如此描述：「匈奴兵多，破敗廣軍，生得廣。單于素聞廣賢，令曰：『得李廣必生致之。』胡騎得廣，廣時傷病，置廣兩馬間，絡而盛臥廣。行十餘里，廣佯死，睨其旁有一胡兒騎善馬，廣暫騰而上胡兒馬，因推墮兒，取其弓，鞭馬南馳數十里，復得其餘軍，因引而入塞。匈奴捕者騎數百追之，廣行取胡兒弓，射殺追騎，以故得脫。」

這多像是精彩的電影畫面啊！李廣的軍隊寡不敵眾，節節敗退。他的名號在匈奴間早已傳揚開來，單于特別下令不能殺他，得要活捉。李廣受了傷，真的被抓了。匈奴將李廣放在兩匹馬中間掛著的鋪蓋上帶著走。李廣顯然裝死，讓押送的匈奴降低防範，然後憑藉他的經驗，偷偷觀察要找出能快跑的好馬。被他找到後，就趁那匹馬經過身邊時，突然起身跳到馬背上，騎馬的人完全沒有防備，一下子被他從馬背上推下去，幾秒間的變化中，李廣竟然還能準確地奪下那人佩戴的弓箭。

騎快馬狂奔了幾十里，找到了殘餘的漢軍部隊，叫喚他們跟著來，一路往塞內跑。幾百名匈奴一路在後面追，一度差點被追上，李廣就搭箭彎弓向後發射，延滯了追兵，一群人得以逃回漢界內。

05 漢之飛將軍的真性情

李廣逃回來之後，面對的第一件事就是被追究責任。在酷吏橫行的環境中，當官是很辛苦的。吏認定李廣戰敗以致折損了許多戰士，又被匈奴活捉，按律「當斬」，不過可以留一條生路，依照「爵制」，允許李廣用他多年累積的爵位來「贖」。於是李廣雖得以不死，卻喪失了所有的「爵」，在地位上退回到最底層的庶人。

元光六年這一役的歷史意義，除了是武帝朝第一次正式出兵攻擊匈奴之外，也是衛青的成名之役。由於各種不同且錯綜的因素，最終產生的事實是，四路軍隊畢竟只有衛青帶領的戰勝回來。從此衛青便成了武帝最信任的武將，後來甚至一度成為全朝中武帝最信任的人。

衛青平步青雲時，李廣褪去身上所有的光環，變成一介平民。李廣和潁陰侯灌嬰的孫子灌強一起隱居田野，常常在藍田的南山裡打獵。有一次，李廣出門遇見友人，喝酒閒聊弄到太晚，要回家時經過霸陵亭，守亭檢查來往人士的霸陵尉叫住李廣，問他是誰。這個霸陵尉也喝了酒，醉茫茫的，叫住李廣的口氣很不好。李廣的隨從說：「他是以前的李將軍。」霸陵尉一聽大不爽，回他：「就算是現在的將軍，都不能夜行通過這裡，何況什麼以前的李將軍！」硬是將李廣他們阻在亭下過了一夜。

不過李廣當「以前的李將軍」沒有當很久。西元前一二八年，出征匈奴失敗的第二年，輪到匈奴發動報復了。匈奴軍隊入侵，殺了遼東太守，打敗韓安國帶領的軍隊。武帝命令韓安國將部隊帶往右北平郡駐守，然後將李廣叫來，讓他當「右太平太守」，協助韓安國。

上任前，李廣有一個特殊要求，就是要那名曾經羞辱他的霸陵尉一起去。到了右北平郡，李廣正式當上太守後，立刻就斬了這名倒楣的霸陵尉。這就是李廣的個性，吞不下這口氣，「以前的李將軍」不算數是吧？「現在的右北平太守」就可以殺你了！也是憑藉著這種個性，使他具備了和匈奴周旋爭鬥的高度勇氣與韌性。

李廣又回到直接面對匈奴的邊界上，這讓匈奴很頭痛。鑒於過去與李廣交手的經驗，他們給李廣起了一個特別的外號，叫「漢之飛將軍」，意思是神乎其技，不管怎麼樣都抓不住的一個人。因而李廣在右北平郡時，匈奴就避開這個地方，不來侵犯。

匈奴不敢來犯，所以有了餘閒時間去獵虎。《史記》就順便說了一段他的傳奇：「廣出獵，見草中石，以為虎而射之，中石沒鏃，視之石也。因復更射之，終不能復入石矣。廣所居郡聞有虎，嘗自射之。及居右北平射虎，虎騰傷廣，廣亦竟射殺之。」

之前李廣帶弓箭打獵，看到草裡面好像有老虎埋伏，一箭射去，才發現那不是老虎，而是一塊石頭，然而他發的箭力道之猛，竟然射進了石頭裡。不過也就只有那麼一箭，後來試著再射幾次，沒有那種以為遇到老虎的緊張狀態，就怎麼射也射不進石頭裡了。從此之後，李廣就對獵老虎特別有興趣。在右北平郡時，真的遇到了老虎，老虎撲過來傷了李廣，但也被李廣射死了。

《史記．李將軍列傳》接著說明李廣帶兵、用兵的特殊之處。「廣廉，得賞賜輒分其麾下，飲食與士共之。終廣之身，為二千石四十餘年，家無餘財，終不言家產事。」李廣不貪財，而且為人慷慨，得到賞賜不會自己留著，一定分給部將。他也沒有架子，部將們吃什麼喝什麼，他都跟他們一起。李廣年紀輕輕就出道，早早升到二千石的高位，領了一輩子二千石的俸祿，家裡卻始終沒有積蓄，平常也完全不在意家產。

李廣在騎射上格外有天分，他的身材高大，尤其手臂比別人長。他的兒孫或其他人跟他學騎射，怎麼學也學不到他的本領。他不太會說話，也不愛說話，跟人家在一起時，唯一的娛樂就是在地上畫箭靶，比誰射得比較準，以此賭輸贏喝酒。一直到死，他都只喜歡射箭為樂。

在北方大漠帶兵，難免會遇到缺水絕糧的情況。找到了水源，部將們沒有喝夠，李廣就根本不靠近。吃飯也一樣，一定等部將們都吃飽了他才吃。他對部下很寬厚，所以大家都樂於接受他的領導。

遇敵人對戰時，李廣有著絕對的冷靜與自信，即便敵人急速地衝鋒攻擊過來，他也一定等敵人迫近到幾十步的距離，確定在準確的射擊範圍內才會拉弓放箭。只要箭一從他的弓上射出去，必然有敵人應聲倒地。就是因為這種習慣，常常會讓敵人靠得太近，以至於讓自己被捉。獵猛獸時也會等待猛獸近身躍撲，這就是他能射死老虎，同時也被虎爪所傷的原因。

這是李廣的個性、人格、氣質。這樣的個性、人格、氣質，和接下來《史記》要敘述的其後遭遇密切相關。

06 為自己而戰，不做皇帝的附屬品

一段時間後，武帝下令叫李廣代替剛去世的石建擔任「郎中令」；元朔六年（西元前一二三年），李廣又升任將軍。這回他跟隨著「大將軍」衛青從定襄出發，開始下一波對匈奴的進擊。衛青帶領的大軍從雲中沿黃河北岸到高闕，走了一條漫長的進軍路線。

早幾年，即元朔二年（西元前一二七年）時，衛青就曾擔負任務，出兵確保「河南地」，也就是黃河河套的這塊區域。漢朝在這裡設立了朔方、五原兩個郡，正式將這塊區域納入統治疆域中。穩固河南地的意義在於保護關中，憑藉這個區域有效地阻擋匈奴南下，不至於騷擾關中。過去朝廷不得不以和親政策討好匈奴，部分原因就在關中距離匈奴太近，一旦有事，匈奴就會長驅直入，很難防禦。

穩固了河南地，保障了關中安全，武帝就可以進一步追求下一個戰略目標。他要將匈奴從河西地，也就是河套西方的這塊區域趕走。匈奴如果無法立足河西，更北方就是戈壁，自然條件比河西地差得多，匈奴的經濟與軍事實力必將大受損傷。

剛好在這段時間中，有漢軍官蘇建和趙信在和匈奴的衝突中投降了匈奴。依照對漢朝戰略的了解，趙信便勸單于將王庭所在往北搬到戈壁沙漠去。這是因應漢人入據河南地的調整。漢朝在河南地設郡，有了駐軍的基地，同時也就取得了倒過來不時出兵攻擊匈奴的條件。換作匈奴必須考慮，漢朝軍隊一旦從河南地出來，就可能衝殺到單于王庭所在的威脅性。

單于接受了趙信的建議，將王庭往北遷移。如此一來，整個匈奴部落組織的重心也隨之移動，對河西地的控制也就連帶鬆懈了。元朔六年出征，走了很遠的路，關鍵就在漢軍要強行進入河西區域。

這場戰事漢軍大勝，好些人都立下戰功，回來後得到豐厚的賞賜與地位，甚至有封侯者。其中最重要的英雄，是年紀最輕的霍去病，當年才十八歲。霍去病帶領先鋒部隊，如箭頭般快速深入匈奴地盤，讓匈奴來不及防備。霍去病在此役的成就，相應獲得了武帝的賞識與信賴，甚至動搖了衛青的地位。

李廣在這場戰事中擔任的是「後將軍」，沒有取得什麼了不起的成就。若論軍功，整個武帝朝和匈奴的爭戰中，李廣的重要性遠遠比不上衛青和霍去病。然而在《史記》中，太史公卻給予李廣更大的篇幅，因為在太史公眼裡，漢朝和匈奴的對峙衝突過程中，李廣才是最重要的「人物」！歷史不只要記錄發生了什麼事，歷史更應該教我們認識人物，從人物身上體會人格的價值。

在《史記．太史公自序》中，太史公如此說明：「勇於當敵，仁愛士卒，號令不煩，師徒鄉之，作李將軍列傳。」李廣的成就，在於做到別人帶兵時做不到的事，那絕對不是殺了多少敵人，換來多少功名利祿，也不在於為漢朝多攻占了多大的江山。在這方面，不只衛青、霍去病的成就比李廣高，隨便數數都還有至少十來人排在李廣前面。李廣竟然能在生死戰場上贏得士卒真正的愛戴，始終具備鮮明的個性與自我風格，這才是真正了不起的。

衛青、霍去病的軍功再高，從歷史的角度看，他們都附隨在武帝的野心與規劃下，沒有自我獨立的意義。李廣和他們最大的差別，就在於他從頭到尾都是他自己，不是武帝的附屬品。別人乖乖聽話，執行武帝和朝廷交付的任務，有成功有失敗；而李廣和他們一起打仗，卻總是為了士卒而戰，為了自己而戰，有他自己的戰法、自己的堅持。凸顯李廣，將〈李將軍列傳〉放在敘述與匈奴相關的諸傳之首，清楚顯現了太史公的史識。

07 李廣難封，直率人才出不了頭

元朔六年，少年霍去病在對匈奴的戰場上崛起；再過兩年，也就是元狩二年（西元前一二一年），霍去病再度出征，這次帶領的是主軍。大軍從隴西出關，過焉支山，到皋蘭山時遭遇匈奴。霍去病的軍隊再度大獲全勝，殺了兩個匈奴的王，俘虜了一個王子、一個相國和數不清的都尉，帶回來八千多顆匈奴首級，另外還有匈奴祭天用的兩尊金人。

這次的軍事行動中，李廣和張騫負責攻擊匈奴的左賢王。李廣帶四千人，張騫帶一萬人，各自分頭前往。李廣的軍隊走了幾百里，先遇到了左賢王帶領的匈奴軍隊，有四萬人之多。眾寡懸殊之下，李廣的部隊當然害怕不安。為了穩定軍心、鼓舞士氣，李廣命自己的兒子李敢只帶了幾十騎衝出去突襲，直接從匈奴軍陣中貫穿，再繞兩邊回來。回來後，李敢明確地宣告：「匈奴也沒有什麼了不起嘛！」軍中人心大為安定。

但現實上，匈奴當然沒有那麼容易應付。李廣讓部隊圍成圓形，人人向外。匈奴很快就發動攻擊，攻勢像是天空下了箭雨一般。李廣的部隊死傷慘重，而且很快地，他們帶來的箭都快用光了。於是李廣下令，所有人拉滿弓戒備，防止匈奴衝過來，但不要隨便放箭。他自己用可以射遠的大弓，瞄準匈奴的軍官，連著射倒好幾名，鬆動了匈奴的軍陣。

然後天黑了，部隊裡人人面色凝重如土灰，唯獨李廣意氣自如，仍然積極地來回指揮布陣，大家都對他的勇氣佩服得五體投地。第二天，又鼓起力氣和匈奴再戰，終於等到張騫的一萬騎趕到，匈奴眼見情況不利，隨即退兵，但漢軍也無力追擊。如此折騰下來，李廣的軍隊沒剩幾人活著回來。

回來後，朝廷論究責任，張騫的軍隊沒有按照時間到達，「留遲後期」，依法當判死刑，但得以用原有的爵位來贖，和李廣之前一樣，「贖為庶人」。這裡我們就明白了「二十爵制」的關鍵作用，雖然法令極嚴，死罪很多，不過真正被處死的相對有限，就是因為可以「贖」，如此緩和了峻法的嚴苛。尤其是軍人，有軍功可以升爵，若犯了錯，以爵贖罪，留得性命，就有機會再獲啟用。

李廣則是功過相較，彼此兩平，所以無賞亦無罰。

對於李廣至此所得的待遇，太史公發了一段感慨。回顧文帝時，李廣和他的堂弟李蔡一同開始服務於朝廷，到景帝時，李蔡升到了二千石。武帝時，李蔡擔任「代相」，實質負責代國的政務；元朔五年，李蔡隨衛青一起出征攻打匈奴的右賢王時，職位是「輕車將軍」，回來之後就因功封侯，成了「樂安侯」；元狩二年，李蔡接替公孫弘為丞相，爬到了官職的頂點。

李廣比李蔡早升到二千石，然而就停留在二千石的層級達四十年之久。更重要的差別是「蔡為人在下中，名聲出廣下甚遠，然廣不得爵邑，官不過九卿，而蔡為列侯，位至三公。諸廣之軍吏及士卒或取封侯。」

以太史公看人的標準，李蔡不過在「下中」，九品等級中的倒數第二等，名聲也遠遠不及李廣，但李廣卻從來不曾封侯，最高的官職不過到「九卿」等級，沒辦法再往上升到「三公」，竟然和李蔡差了一大截。就連李廣帶過的軍吏或士卒，後來都有人因軍功而封侯的，就是他得到的待遇特別不好。

看歷史、解釋歷史，太史公強調要「究天人之際」，也就是分辨什麼是「人」的因素造成的，什麼是超越人、不在人的控制範圍內的，那就是「天」。

所以《史記．李將軍列傳》接著記錄這麼一段故事：「廣嘗與望氣王朔燕語，曰：『自漢擊匈奴而廣未嘗不在其中，而諸部校尉以下，才能不及中人，然以擊胡軍功取侯者數十人，而廣不為後人，然無尺寸之功以得封邑者，何也？豈吾相不當侯邪？且固命也？』」

有一次，李廣遇到一位「望氣者」，就是能看到非人間神鬼事跡的王朔。李廣好奇地問王朔：「自漢朝攻打匈奴，我沒有一次戰役不參加，不用算高位的人，光是看軍隊裡校尉以下的，本來地位比我低得多，而且才能不怎麼樣，連中等都還算不上，卻有幾十個人憑藉著對匈奴的戰功而崛起封侯。論打仗我絕對不在他們之後，為什麼我就是得不到一點功勞可以封侯呢？真的是命中注定嗎？」

王朔給他的回答是：「將軍自念，豈嘗有所恨乎？」你自己想想，生平有什麼特別感到遺憾的事嗎？李廣真的想了，心中的確有這麼一件事：「吾嘗為隴西守，羌嘗反，吾誘而降，降者八百餘人，吾詐而同日殺之。至今大恨獨此耳。」擔任隴西太守時，羌人作亂，我誘使他們歸降，有八百多人投降，但他們被我騙了，投降後一天之內都被我下令殺了。這應該就是最遺憾的事了。

王朔就順著李廣的話，說：「禍莫大於殺已降，此乃將軍所以不得侯者也。」最糟的事莫過於殺投降的人，這就是將軍你沒辦法封侯的根本原因啊！

從這一段故事中，我們可以看到西漢當時對於「命」的觀念。李廣的不得志，並不都是因為「天」，其中有他自己作為「人」應該負責的地方。不過，如果只是要得到這樣的結論，太史公就不需要特別凸顯李廣了，明明打匈奴軍功比他高的還有那麼多人，不是嗎？

從「究天人之際」的角度看，太史公藉李廣要說的言外之意，是對武帝朝的批判。這基本上是個直率人才出不了頭，庸才卻可以靠著真實成就以外的條件橫行的時代。那不是李廣的「命」，也不完全是「天」，而是另有「人」的部分，那就是武帝的統治風格所造成的是非扭曲。這樣的看法，曾經被武帝下獄的太史公不能明說，只能放在〈李將軍列傳〉裡隱晦地表達。

08 老將軍的最後一役，憾於迷途

再過兩年，即元狩四年（西元前一一九年），武帝對匈奴的軍事行動又升級了。這次由衛青和霍去病聯合領軍，帶著數十萬大軍，加上空前的後勤補給，從定襄、代郡出發，要穿過戈壁，直搗漠北的匈奴根據地。

李廣仍然不願錯過這次行動，好幾次向皇帝請求派給他任務。武帝覺得李廣老了，沒有答應，很久之後才勉強同意，讓他當「前將軍」。

這時，河南地、河西地都在漢朝的控制下，所以有了出征大漠的地理條件。出塞之後，從捕獲的匈奴俘虜口中知道了單于所在之處，衛青就帶著少數精兵快速進擊。李廣原來率領的前軍就併入右軍，從東邊走。東邊這條路的路途較遠，因為大軍一路上沒有那麼多水草可供食糧與休息，所以必須分兵前進。

這樣的安排讓李廣很難接受。他本來應該是走在最前面的，現在大將軍自己帶兵衝到最前面去了，他的部隊卻連隨著大軍走直路穿過戈壁都不行，還要併入最迂迴、最慢的東路軍。他跑去向衛青哀求並抗議：「我從十幾歲就參與打匈奴，那麼久才等到這個機會，終於可以真正地面對單于，還是讓我在前面吧，我願意承擔最危險的任務，死了都甘心。」然而武帝在大軍出發前就跟衛青交代過了，皇帝認定李廣老了，完成不了任務，不可以讓他帶兵直接和單于對決。

很不幸的是，這次大軍出征，跟李廣幾十年前參與打匈奴的態勢已然大不相同。漢軍明顯居於上風，有相當把握能打勝仗，於是將領們想的，就都是如何搶到最好的立功機會。和衛青很有交情的公孫敖，前一陣子因過被奪爵，特別期待利用這次出征能將侯位贏回來。衛青要幫公孫敖，帶他一起率先攻擊單于，更是非得將李廣換掉不可。

李廣知道這狀況後更不服氣，在衛青面前力爭，不肯去東路軍。衛青不跟他爭論，直接叫人將書面命令寫好，丟給李廣，表示沒有商量餘地：「立刻照著命令去報到！」李廣很氣，不顧禮節，怒沖沖地起身走了，不情願地帶著部隊轉去東路軍。

結果東路軍不只路途遠，還迷了路，當然沒有如期在前方支援大將軍。衛青帶領的精兵和單于接戰，打了勝仗，但是因為軍隊兵力不夠，無法逐北，只好任由單于帶領殘兵逃走。

大將軍的部隊越過戈壁回來，才遇到了李廣和右將軍帶領的東路軍。李廣去見衛青，衛青沒有多說什麼，等到李廣回到自己部隊裡，衛青才命令長史帶著東西來慰勞李廣，客客氣氣地問：「前將軍在路上到底發生了什麼事？大將軍要寫報告，需要知道狀況。」李廣心知肚明，這其實就是要追究東路軍的責任，就沒有回覆。於是衛青也火了，下令將李廣帶過來接受質問。李廣將所有責任一肩承擔，表示迷路都是他一人造成的，和其他部將無關，自己會將報告寫了送上來。

回到部隊裡，李廣留下了人生最後的感嘆。他對部將說：「自我成年以來，和匈奴前後大大小小接戰了七十多次，一直到這次，才有機會直接對戰單于，但大將軍卻把我調去走遠路，走著走著還迷路了，唉，莫非這真的是天意？我老了，都六十多歲了，沒力氣也沒辦法再去面對這些刀筆之吏了。」說完便拔刀自刎，終結了他傳奇的一生。

09 「終不能復對刀筆之吏」

《史記》所記錄李廣自殺前的感言，有兩個關鍵。第一個是「刀筆之吏」，這是武帝朝最可怕的一群人。李廣知道為了迷路晚到的事，他又得面對這批只認法令，不懂也不在乎任何其他事情、其他原則的人。在這些人眼裡，只有法令規定的責任與懲罰。他們不可能理解一個終生和匈奴爭戰的人，被迫繞遠路、急著想趕到面對單于的前線去的心情。他們不會知道像李廣這種人在邊界曾經遭遇過與承受過的一切。接受他們的審問是最大的恥辱，他們不承認你成就過的任何事，他們否定你整個人、整個人生的價值，反覆要你交代你犯了什麼錯。正因為李廣有過許多面對刀筆之吏的經驗，所以他寧死也不願再受這樣的屈辱。死了，至少留下不被刀筆之吏侮辱的自尊。

另一個關鍵，又是「天」。李廣自問：「豈非天哉！」但太史公的寫法，我們一路讀下來便心底明白，這不是「天」，而是「人」。李廣是武帝朝政治的犧牲者，他一輩子專注只想、只會打匈奴，然而在武帝領導的朝廷上，匈奴是很複雜的政治問題，牽涉到許多李廣不懂、也無從理解的權力運作。從衛青和皇帝的關係，到衛青對公孫敖的私心，再到「以刀筆吏治天下」的風格……，這種種因素害死了李廣，不是「天」。

所以太史公這樣寫：「（廣）遂引刀自剄。廣軍士大夫一軍皆哭。百姓聞之，知與不知，無老壯皆為垂涕。而右將軍獨下吏，當死，贖為庶人。」李廣自殺，不只是他的部將為他痛哭，就連一般百姓，不管認識或不認識他，聽說了他的遭遇，老的少的都流下淚來。此話有深刻的言外之意，表示知道事情經過的人都同情李廣，大家都明瞭他受到了怎樣的不公平待遇。

同樣有深刻言外之意的，還有那麼簡單的交代。李廣死了，就只有「右將軍」趙食其被送去審問，被判應死，再用爵位贖為庶人。也就是說，李廣是對的，如果他沒死，他必定同樣又要被「下吏」，一旦「下吏」不會有別的結果，未審都知道結果，刀筆之吏的任務本來就不是發現真相、公平執法，而是嚴苛地認定違法，嚴苛地施予處罰。

回想一下，《史記．李將軍列傳》前面特別記錄了李廣和霸陵亭尉的恩怨，顯然有特殊的用意。李廣遇到霸陵尉時，正是他被判死又贖為庶人之時。也就是他才剛面對了刀筆之吏，被刀筆之吏以其「刀筆」一筆抹殺了多年軍功，同時在審問過程中受盡屈辱的時候。性格剛烈、自尊心極強的李廣，怎麼可能忘掉這樣的經驗？

這霸陵尉其實倒楣地成了李廣發洩對刀筆之吏憤恨的對象。因為他採取和刀筆之吏同樣的輕蔑態度，在聽到李廣的隨從說李廣是「故將軍」時，霸陵尉便嗤之以鼻，表示「故將軍」這種身分沒有任何價值。霸陵尉明白表示，他只認法令規定，不能過就是不能過，他不認什麼「故將軍」身分。

刀筆之吏正是如此。他們一方面承襲秦的苛法，另一方面接受武帝的酷吏養成，眼中沒有任何「人」的尊嚴，更不承認任何「人」的其他經歷、其他情感。在審訊和判決的過程中，他們無情地踐踏了別人藉以活著的種種人生價值與成就。

李廣沒辦法報復這些刀筆之吏，因為他們如此囂張，擁有直接源自皇帝給予的權力。他只能拿霸陵尉來發洩。為了那樣一點小事、小得罪，就一定要殺霸陵尉，原先看來李廣真有點過分，但如果明瞭太史公要呈現的時代氣氛與悲劇，我們會有更不一樣、更複雜些的感受與判斷。

10〈李將軍列傳〉的特殊意義

《史記．李將軍列傳》並沒有結束在李廣自殺。後面說李廣有三個兒子——李當戶、李椒、李敢。前面我們看到人如其名、勇敢的李敢，和父親一起被匈奴包圍時，闖入匈奴陣中又折返回來，有效地鼓舞了士氣。李敢後來繼承父親擔任「郎中令」，但心裡始終不平，怨恨衛青對待父親的方式，一時衝動，竟然動手傷了大將軍衛青。衛青第一時間的反應是原諒李敢，還替他隱瞞了動手傷人的事實。然而過了一段時間，李敢陪皇帝去甘泉宮打獵，竟然就被同樣在場的霍去病射殺了。

霍去病和衛青交情甚篤，更重要的，霍去病是皇帝面前的大紅人，比衛青更受寵。明知霍去病殺了李敢，皇帝非但沒有追究責任，還教眾人對外宣稱，李敢是在打獵過程中意外被鹿角衝撞觸死的。李敢之死，顯然是衛青的報復，在這樣的安排下，衛青既達成了目的，又不必負擔任何風險。

一年多以後，年紀輕輕的霍去病突然因病死了。李敢的女兒入宮受到太子寵愛，連帶地李敢的兒子李禹也受惠。不過李禹和父親、祖父不一樣，熱衷於追求個人利益，於是李家的名聲與地位也就逐漸下降。李廣的另一個兒子李當戶也死得早，只留下一個遺腹子，就是李陵。李陵長大後也跟匈奴有著複雜的牽扯。

元狩四年的遠征，衛青差點捉到匈奴單于，匈奴被迫朝更北的地方遠遁，對漢朝幾乎無法構成任何威脅了。兩年後，當時才二十三歲的霍去病去世，漢朝軍事史上的一顆彗星殞滅了。元封五年（西元前一〇六年），衛青也去世，正式結束了這個歷史階段。這段期間裡，匈奴和漢朝隔離甚遠，基本上相安無事。

然而衛青死後兩年，即西元前一〇四年開始，草原的變化促使匈奴又逐步南下，於是啟動了下一波的戰爭。這時漢武帝年紀大了，原本第一代對抗匈奴的人物也都凋零了，局勢大不同於從前。這波與匈奴的衝突，留下了幾件最主要的事蹟。第一件是「蘇武牧羊」，蘇武被派去出使匈奴，一去就回不來，滯留在北方長達十九年。第二件是西元前九九年，李陵投降匈奴。再來，西元前九〇年，官位更高的李廣利也敗降匈奴。

《史記．李將軍列傳》記載：「李陵既壯，選為建章監，監諸騎。善射，愛士卒。天子以為李氏世將，而使將八百騎。嘗深入匈奴二千餘里，過居延視地形，無所見虜而還。」李陵長大後，進入建章宮的衛隊服務，在精於騎射和善待下屬這兩件事上，他和祖父李廣相似。皇帝看他出身武將世家，給予他特別的任務，讓他帶著八百人馬，深入匈奴領地進行祕密勘查，一路上沒有遭遇困難，未經戰鬥就平安回來。

李陵崛起的過程，有一個背景因素。將李陵推薦給皇帝的不是別人，就是太史公司馬遷，他最了解「李氏世將」，在李陵身上看到了李廣的影子。

到了天漢二年（西元前九九年），李陵帶領五千人，在草原上遇到了匈奴大軍，戰到部隊傷亡過半，箭矢也都用盡了，過程中殺傷殺死了萬餘匈奴人馬，最終寡不敵眾，只好且戰且走，期待能退回居延。但在回到居延之前，被匈奴堵住了後路，沒水沒食物，也等不到救兵，加上匈奴積極招降，李陵投降了。

消息傳回漢朝廷，引起軒然大波。首先倒楣的就是司馬遷，因為他推薦過李陵。司馬遷會推薦李陵，並不是出於私交，而是出於對李廣的了解與肯定。站在這樣的立場，他勇敢地進一步替李陵辯護。第一，李陵運氣不好（和他祖父一樣啊！），遇到匈奴大軍，他只帶去五千人，戰鬥過程中殺了匈奴萬餘人，這樣的表現不能說不好、不稱職啊！第二，李陵為什麼投降？因為戰敗了，他就沒辦法回來。回來會發生什麼事？和他祖父一樣，面對「刀筆之吏」，受辱受罰。所以他寧可投降匈奴，這樣還留著一絲希望，還可以潛伏在匈奴之間，伺機立功再逃回來。

司馬遷的這番辯護，非但沒有說服皇帝，反而讓皇帝更加生氣，也給自己惹了大禍上身。結果換成他以「大不敬」的罪名下獄，去面對可怕的刀筆之吏。落入這些嗜血的傢伙手中，又是皇帝親自下令辦的，當然就判了最重的罪，給了最重的處罰。不只罪該當死，而且不能用爵位來贖。若要不死，只剩下一條路，那就是接受宮刑去勢，進宮服務。

司馬遷做了和李廣相反的決定——他必須為了將《史記》寫出來的使命活下去。這是他人生中最大的衝擊轉折，和李陵直接相關。正因為這樣，〈李將軍列傳〉對他當然有特殊的意義。

〈李將軍列傳〉最後一段是：「太史公曰：《傳》曰：『其身正，不令而行；其身不正，雖令不從。』其李將軍之謂也？余睹李將軍悛悛如鄙人，口不能道辭。及死之日，天下知與不知，皆為盡哀。彼其忠實心誠信於士大夫也？諺曰：『桃李不言，下自成蹊。』此言雖小，可以諭大也。」

人行得直，靠他的人格示範，就能帶領部下，無須明白下令規定管束，這就是李廣的風格、李廣的成就。太史公還曾親身見到李廣，他外表看起來再普通不過，沒有光彩，也沒有架子，而且不善言詞，不會說漂亮話。但這樣一個人死的時候，卻可以引來那麼多不管認識或不認識的人，為他真誠哀傷一哭。關鍵就在他比一般有權有位的人都要真誠。「桃李不言，下自成蹊」，桃樹李樹不會說話，從來不會叫人過來，但人們自動會靠過去，在樹底下走出一條路來。桃花李花、桃李果實比話語更有影響力。這樣一個小小的比喻，應該可以給我們很重要的啟發吧！

藉由完整地閱讀《史記・李將軍列傳》，我們不只能了解武帝朝和匈奴關係的發展，還能具體感受太史公寫歷史的史識與態度，同時認識了一篇千年之後讀來仍然極有力道的好文章。

第五講

太史公和他的史學理想

01 何來「太史公」？

《漢書》裡有〈司馬遷傳〉，司馬遷當然是西漢歷史上的重要人物。不過《漢書．司馬遷傳》的內容簡單到近乎草率，前面基本上照抄《史記》第七十的〈太史公自序〉，後半則照抄司馬遷寫的一封長信〈報任安書〉（又稱〈報任少卿書〉）。

然而照抄過程中，《漢書》所做的「些微」更動，值得特別探討。例如，同樣的內容在《史記》裡稱為〈太史公自序〉，在《漢書》裡叫做〈司馬遷傳〉，可是自序內文中多次稱「太史公」的地方，《漢書》卻又保留了，沒有依照標題改為「司馬遷」。〈司馬遷傳〉這個說法很容易理解，那「太史公」是什麼？司馬遷為什麼要在自序前面放「太史公」三個字？

衛宏在《漢舊儀》裡留下一條史料，對後人了解「太史公」產生很大的困擾。衛宏是東漢人，《漢舊儀》是一部整理西漢官制的書籍，書中注這樣說：「太史公，武帝置，位在丞相上，天下計書先上太史公。」一句話說了三件有爭議的事：第一，這個官職是在武帝時設立；第二，這個官很大，甚至高於丞相；第三，從各地來的官方資料，都先集中在太史公手中登錄。

這幾件事和其他史料對不上。例如，其他史料中有「太史令」，太史令掌管帝國總體記錄，的確各地的文書資料都彙集在這裡，但沒有「太史公」這個名字，而且太史令的地位、層級怎麼看都不高。

反覆比對史料，我們大概弄明白了，不能用《漢舊儀》的說法來解釋司馬遷和《史記》，反而要倒過來用司馬遷和《史記》來解釋衛宏所犯的錯誤。其實在正式官職上從來只有「太史令」，司馬遷擔任的是太史令，司馬遷的父親司馬談也是。但明明是太史令，司馬遷為何老是說「太史公」呢？而且司馬遷筆下的「太史公」，不只是對父親的尊稱，他連自稱都用「太史公」。《漢書》無法處理「太史公」三個字，所以選擇在標題上將「太史公」刪去，卻在內文裡留著；衛宏則選擇認定司馬遷會這樣用，一定是武帝朝新立了這樣一個官職，而且官位一定很高，才會稱「公」，就推論把「太史公」挪到「三公」的位階上。

顯然衛宏弄錯了。他的錯誤和《漢書》的混淆有著共同的原因——他們都不了解司馬遷用「太史公」這三個字所要彰顯的價值。

02 第一位太史公的六家立論

仔細並同情地閱讀〈太史公自序〉，千載之後，我們有機會比班固或衛宏更精確地掌握什麼是「太史公」，以及司馬遷藉由「太史公」三個字所要表達的深意。

〈太史公自序〉一開頭說：「昔在顓頊，命南正重以司天，北正黎以司地。唐虞之際，紹重黎之後，使復典之，至于夏商，故重黎氏世序天地。其在周，程伯休甫其後也。當周宣王時，失其守而為司馬氏。司馬氏世典周史。」這裡敘述司馬氏的家世來歷，最重要就是「司馬氏世典周史」，遠從周宣王以來，司馬氏就是個掌管官方歷史的世家，淵遠流長。

到了周惠王、襄王的時代，春秋的變局中，司馬氏離開周王室轉往晉國。從春秋到戰國，司馬氏子孫繁衍，有在衛國、在趙國、在秦國的。曾在秦國為將為官的這支，經歷由秦到漢的變化，傳到了司馬談，「談為太史公」。

司馬談就是司馬遷的父親，也是第一位「太史公」。「太史公學天官於唐都，受易於楊何，習道論於黃子。」司馬談的學問基礎，在於「天官」、「易」和「道論」，也就是道家的思想。但顯然他自己廣泛閱讀，在經歷秦火、書籍仍未大量流通的環境裡，已經掌握足夠的知識，能夠分辨戰國流行的各家立論。對於自己所處的時代中，許多人對各家思想的錯亂印象與誤解，司馬談很不以為然，所以特別寫了一篇言簡意賅的〈論六家要旨〉予以整理、說明。

接下來，司馬遷抄錄了〈論六家要旨〉的全文。司馬談給了儒、墨、道、法、名、陰陽各家簡要的說明，說明的同時也提供優劣分析。

例如說到儒家時，他先說：「儒者博而寡要，勞而少功，是以其事難盡從；然其序君臣父子之禮，列夫婦長幼之別，不可易也。」儒家內容豐富，但很難掌握重點，因而學儒家知識得費很多力氣，而且學了那麼多，不可能都依隨落實在行為上。不過儒家當然也有優點，那就是在君臣父子夫婦長幼的人倫關係上，規範得清清楚楚，是其他家趕不上也無可取代的。

然後是比較詳細的說明：「夫儒者以六藝為法。六藝經傳以千萬數，累世不能通其學，當年不能究其禮，故曰『博而寡要，勞而少功』。」儒家以六藝——《詩》、《書》、《易》、《禮》、《樂》、《春秋》——為內容，經書加上解釋經書的傳，有幾百萬、幾千萬字之多，花好幾輩子都沒辦法學得通，一生在世也弄不完所有的這些禮儀規矩，所以說「博而寡要，勞而少功」。

六家基本上都用這種方式分析說明。不過六家之中，對於道家說得特別多。「道家無為，又曰無不為，其實易行，其辭難知。」道家的主張乍看下是矛盾的，要「無為」，卻又說「無不為」，讓人不容易弄懂這種弔詭的言詞，不過實際上，道家的主張很容易實踐。

「其術以虛無為本，以因循為用。無成勢，無常形，故能究萬物之情。不為物先，不為物後，故能為萬物主。有法無法，因時為業；有度無度，因物與合。」道家以「無」和「虛」為本，主張萬物都來自於「無」，而在應對現實上，主張「因循」，要順應自然的變化，盡量減少人為、刻意的變化。一切都在變化中，不相信任何固定不變的形或勢，因而可以窮究了解萬物的真相。不勉強爭先取得權力，反而能順勢主宰一切。審度不同的時勢來決定該遵循的原則，因應不同的事物來決定該採用的尺度與眼光。

和講其他五家時不一樣，講道家的內容都是肯定的，沒有批判。從這裡我們可以清楚看出司馬談的主觀價值立場，他和當時的社會主流一樣，都是傾向於道家立場的。

03 司馬談的遺憾，病榻前的子承父志

交代了父親的思想之後，接著司馬遷自己上場。「太史公既掌天官，不治民。有子曰遷。遷生龍門，耕牧河山之陽。年十歲則誦古文。」司馬談那個時代，太史令最主要的工作是「掌天官」，即負責天時曆法的觀察整理。所以前面先說「學天官於唐都」，同時也說明了司馬談採取道家立場的另一項原因，畢竟他的主要職責就是觀察天象、整理自然的變化規則。

他生了兒子，就是司馬遷，但司馬遷的學問基礎從一開始就和父親有差異，他學的是新興的「古文」。而對司馬遷的成長影響更大的，是他二十歲之後開始進行的壯遊經歷。

「二十而南游江、淮，上會稽，探禹穴，闚九疑，浮於沅、湘；北涉汶、泗，講業齊、魯之都，觀孔子之遺風，鄉射鄒、嶧；戹困鄱、薛、彭城，過梁、楚以歸。於是遷仕為郎中，奉使西征巴、蜀以南，南略邛、筰、昆明，還報命。」你看，他去了那麼多地方，還有了古今交錯的豐富經驗！在路途上，他既接觸到過去的遺跡，也接受了現實的考驗；有來自個人興趣衝動的旅途，也有任務驅策的行程。如此這般走一遭下來，他當然成長為很不一樣的人，其所見所思，也當然和其他沒有這種經歷的人大不相同了。

他從「巴、蜀以南」回來後，遇到了人生的重大變局——父親去世。「是歲天子始建漢家之

封，而太史公留滯周南，不得與從事，故發憤且卒。」那一年，漢武帝第一次到泰山進行「封禪」之禮，但司馬談沒能隨行，這件事帶給他極大的挫折，忿忿不平中生了重病。

司馬遷回來趕上父親臨終交代的遺命。「而子遷適使反，見父於河洛之間。太史公執遷手而泣曰：『余先周室之太史也。自上世嘗顯功名於虞夏，典天官事。後世中衰，絕於予乎？汝復為太史，則續吾祖矣。今天子接千歲之統，封泰山，而余不得從行，是命也夫，命也夫！余死，汝必為太史；為太史，無忘吾所欲論著矣。……』」

司馬談拉著兒子的手，哭著說：「我們家從周代開始就世代為太史。遠在上古虞夏之世便顯揚功名，掌天文之事。後來雖然一度沒落，但我絕對不能坐視這樣的家世傳統斷絕在我身上。我死後，你必須繼承家業去當太史。現在皇帝接續斷了千年的大禮，去泰山封禪，我竟然無法盡責參與，這是命，這是命！我死了，你一定要當太史，不要忘掉我來不及完成的論著。」

接著又說：「『且夫孝始於事親，中於事君，終於立身。揚名於後世，以顯父母，此孝之大者。夫天下稱誦周公，言其能論歌文武之德，宣周邵之風，達太王王季之思慮，爰及公劉，以尊后稷也。幽厲之後，王道缺，禮樂衰，孔子修舊起廢，論《詩》《書》，作《春秋》，則學者至今則之。自獲麟以來四百有餘歲，[7]而諸侯相兼，史記放絕。今漢興，海內一統，明主賢君忠臣死

7 「獲麟」，指魯哀公十四年獵獲麒麟一事，相傳孔子作《春秋》至此而輟筆。晉杜預注：「麟者仁獸，聖王之嘉瑞也。時無明王，出而遇獲。仲尼傷周道之不興，感嘉瑞之無應，故因《魯春秋》而脩中興之教，絕筆於獲麟之一句。」但「獲麟」一事發生在西元前四八一年，司馬談去世為西元前一一〇年，這中間其實不到四百年。

義之士，余為太史而弗論載，廢天下之史文，余甚懼焉，汝其念哉！』」

司馬談引用《孝經》告誡司馬遷：「真正的孝，最重要的是自己得到肯定來顯揚父母。周公之所以偉大，就在於靠著他的成就，使得不只是父親文王，乃至直到后稷的周先祖，都因為他奠定的朝代基礎而受到宣揚、尊重。周幽王、厲王以降，世道衰敗，還好有孔子崛起，建立起學問的根柢與模範。孔子絕筆之後到現在四百多年了，亂局中再也沒有像《春秋》那樣的史筆，將這些發生的事記錄下來。漢朝興盛，四境統一，又出現了很多人，發生了很多事，作為太史卻來不及予以記錄，使這些事蹟湮沒，我深感未盡到責任的恐慌，你一定要記得啊！」

於是，司馬遷在父親臨終病榻前接下遺命，鄭重承諾：「小子不敏，請悉論先人所次舊聞，弗敢闕。」雖然我能力有限，但一定盡全力將過去傳留下來的事蹟無遺漏地記錄下來。

04 歷史與文化角色的「太史公」

這就是司馬遷寫作《史記》的源頭，其中有深刻的父子感情，還有強烈的家世傳統賦予的使命感。

作為太史，核心工作就是將國家的大事、朝廷的典章制度記錄下來。武帝一朝最重要的大事，也可說是漢朝建立以來最重要的大事，如果從典禮象徵漢朝接續周朝的意義看，甚至是千年以來最重要的事，就是武帝到泰山進行「封禪」之禮。身為太史竟然不能在現場親睹，這是司馬談無法釋懷的大挫敗，他將這樣的情緒傳達給兒子，轉化為要求兒子不只要繼續擔任太史，還要將太史的傳統職責發揮到極致，也就是將古往今來的大事都詳細、明確地記載下來，追摹《春秋》的精神。

「卒三歲而遷為太史令，紬史記石室金匱之書。五年而當太初元年，十一月甲子朔旦冬至，天歷始改，建於明堂，諸神受紀。」司馬談去世三年後，司馬遷繼任為太史令。漢朝有世襲的侯王，卻沒有世襲的官，不必然是司馬談死了而兒子就接著當太史，那是父親的遺命，得靠兒子的努力與堅持才能實現。

當上太史令，就可以讀到朝廷裡收藏的各種文獻資料。到這個時候，朝廷的資料和外面流傳的、能看到的還有很大的差距，因為秦代「焚書」時，一般流傳的書迅即大批地毀損，但是朝廷裡的書不受影響，被完整地保留下來了。

武帝改元「太初」，就是因為這一年建立了新的曆法，稱為「太初曆」，好像連四季天時都重新開始了，連帶地給人一種新天新地的普遍刺激。

在這樣的氣氛下，司馬遷立下了明確的志願：「太史公曰：『先人有言：「自周公卒五百歲而有孔子，孔子卒後至於今五百歲，有能紹明世，正《易傳》，繼《春秋》，本《詩》《書》

《禮》《樂》之際。」意在斯乎！意在斯乎！小子何敢讓焉！』」

司馬遷所立志願的核心，就表現在「太史公」這三個字。他的自我認知，不是朝廷給他的官職「太史令」，而是一個更高的歷史與文化角色的「太史公」，他立意要做對得起這個名號的事。他引用父親的話：「周公死後約五百年而有孔子，孔子死後到現在又差不多五百年，該要有人繼承這個傳統並予以弘揚光大。怎麼做呢？以《詩》《書》《禮》《樂》為基礎，繼承《春秋》記載，並將《易》好好整理解釋。」就是這樣！就是這樣！這就是我決心要承擔的使命！

司馬遷引用的「先人有言」那幾句話，意思是要全面繼承並光大傳統的王官學和儒學。但這裡有一個問題：司馬談在〈論六家要旨〉中，不是明確地批判儒家的知識太過龐雜，「博而寡要」，會使人耗費太多的時間心力嗎？他不是清楚地傾向於贊同道家「以虛無為本，以因循為用」的原則嗎？

如果這話真的是司馬談說的，他的重點應該是放在「正《易傳》」和「繼《春秋》」吧？前者符合他「受易於楊何」的學問背景，後者則直接關係到「太史」的職掌。事實上，兒子司馬遷注意的焦點，更集中在「繼《春秋》」這件事上。

05 為什麼要「繼《春秋》」？

接下來，司馬遷以一段和大夫壺遂的對話，更清楚地表明自己對於「繼《春秋》」這件事的思考。

「上大夫壺遂曰：『昔孔子何為而作《春秋》哉？』太史公曰：『余聞董生曰：「周道衰廢，孔子為魯司寇，諸侯害之，大夫壅之。孔子知言之不用，道之不行也，是非二百四十二年之中，以為天下儀表，貶天子，退諸侯，討大夫，以達王事而已矣。」……』」

壺遂問：「孔子為什麼要作《春秋》？」司馬遷引用董仲舒的話說：「孔子明白無法在當下的現實環境中實現他的政治理想，所以將理想的主要原則寫在《春秋》裡，以傳留給後世。他的理想有三個重點：貶天子、退諸侯、討大夫，並以此還原基於天道人倫的根本政治秩序（「王事」）。」

這裡清楚地表明，當時從天子、諸侯到大夫，一層一層都違背了應有的秩序。孔子要譴責天子，因為天子沒有做天子的樣子，沒有承擔「天命」，沒有承擔給予天下太平安樂的責任；也要取消諸侯自行僭越的地位，把他們拉回原本封建制度中應有的位子；還要明白討伐那些野心勃勃地爭取權力與利益的大夫。

「『子曰：「我欲載之空言，不如見之於行事之深切著明也。」夫《春秋》，上明三王之道，下辨人事之紀，別嫌疑，明是非，定猶豫，善善惡惡，賢賢賤不肖，存亡國，繼絕世，補敝起廢，王道之大者也。……』」

為什麼要以《春秋》來傳留理想呢？孔子說過：「因為《春秋》寫的是具體的『行事』，而不是抽象的道理。」《春秋》用實際發生的事來彰顯高超的古老政治原則，辨別人與人互動規矩的細節；排除曖昧疑惑，明確判定是非，論定猶豫不決的事；肯定善、譴責惡，抬高賢能、貶抑無能；消極地讓不當被滅的國在這裡保存著，積極地使得現實上斷裂的宗法傳承能夠接續；補救毀壞的，振起衰微的，在建立及護持「王道」上的作用再大不過了。

「『《易》著天地陰陽、四時五行，故長於變；《禮》經紀人倫，故長於行；《書》記先王之事，故長於政；《詩》記山川谿谷、禽獸草木、牝牡雌雄，故長於風；《樂》樂所以立，故長於和；《春秋》辯是非，故長於治人。是故《禮》以節人，《樂》以發和，《書》以道事，《詩》以達意，《易》以道化，《春秋》以道義。撥亂世反之正，莫近於《春秋》。……』」

司馬遷接著說，六經皆有其特色與特長：《易》記錄自然現象，長處在於彰顯變異法則；《禮》整理人倫規矩，長處在於教人如何行為；《書》保存古老先王事蹟，長處在於提供政治上的智慧；《詩》中有各種地理與動植物的描述，長處在於迂迴地感染改變人心；《樂》探索人們終極快樂的來源，長處是創造平和的氣氛；《春秋》的重點則是分辨人事作為上的是非對錯，長處是可以有效地管理人。

司馬談寫了〈論六家要旨〉，而在這裡，司馬遷相應地表現出一種同等簡要卻有力的「論六經要旨」。

司馬遷認為，不同的知識用不同的方式發揮作用，而當亂世之時，要將混亂失序的局面導正，最需要的就是《春秋》。「『《春秋》文成數萬，其指數千。萬物之散聚，皆在《春秋》。《春秋》之中，弒君三十六，亡國五十二，諸侯奔走不得保其社稷者不可勝數。察其所以，皆失其本已。故《易》曰：「失之毫釐，差以千里。」故曰：「臣弒君，子弒父，非一旦一夕之故也，其漸久矣。」……』」

為什麼會有《春秋》？孔子為什麼要在已有的經書之外，再作《春秋》？依照司馬遷的理解，就是為了以具體的人事來顯示什麼是普遍的、恆常的、應有的政治秩序與法則，那就是「王事」，而「以達王事」意味著傳達這樣的秩序與法則。要達到這樣的目的，《春秋》採取的手段是「貶天子，退諸侯，討大夫」，因為孔子所處、所記錄的這個時代，從天子、諸侯到大夫，全都不依照「王事」的道理來作為。得到的結果呢？是一連串的災難！

《春秋》仔細羅列了這些災難，並且用最為簡要卻嚴謹的方式，在幾萬字的篇幅中包納了幾千個教訓，如此顯現出如何讓既有組織不致散亂瓦解的法則。「萬物之散聚」，更重要的在於「散」，而且《春秋》主要處理的是「萬物」中的人。兩百多年間，君王有三十六人被殺，國家有五十二個被滅，原本存在的封建組織以如此驚人的速度瓦解了，為什麼？因為「失本」，人不再遵循「王事」的根本道理了。

「『故有國者不可以不知《春秋》，前有讒而弗見，後有賊而不知。為人臣者不可以不知《春秋》，守經事而不知其宜，遭變事而不知其權。為人君父而不通於《春秋》之義者，必蒙首惡之名。為人臣子而不通於《春秋》之義者，必陷篡弒之誅，死罪之名。其實皆以為善，為之不知其義，被之空言而不敢辭。……』」

《春秋》中很大一部分是呈現錯誤示範，以警惕所有牽涉在「政事」裡的人。當統治領導的不懂《春秋》，會看不到別人當面對你別有用意的諂媚，也警覺不了別人在背後的算計。當臣子部下的不懂《春秋》，很容易死守著標準作業程序，卻無法自己思考弄懂對錯的原則，一旦遇到不一樣的情況，就不會有權衡變通的能力與智慧。

《春秋》中記錄的錯誤示範歷歷在目，當人君的不了解這種道理，就會落得罪魁禍首的惡名；當人臣的不了解這種道理，就會犯下篡位弒君的錯誤，給自己招來殺身之禍。其實他們都以為是好事而去做，卻因為不懂大義所在，蒙受憑空添加的罪名也不敢反駁。

為什麼會這樣？司馬遷接著說：「夫不通禮義之旨，至於君不君，臣不臣，父不父，子不子。夫君不君則犯，臣不臣則誅，父不父則無道，子不子則不孝。此四行者，天下之大過也。以天下之大過予之，則受而弗敢辭。故《春秋》者，禮義之大宗也。夫禮禁未然之前，法施已然之後；法之所為用者易見，而禮之所為禁者難知。」

《春秋》最主要的內容，就是彰顯「禮義」有多重要，並教人「禮義」的法則。君臣父子都有其規範的「禮義」，內化了「禮義」，就不會做不該做的事，也就不可能干犯法律，才能創造一個和平安定的秩序。在這方面，「禮義」的作用比「法」重要得多，可惜很多人都只看得到「法」表面的、明顯的作用，相對看不到、也不了解「禮義」潛藏卻更巨大的效果。

06 不得已的隱晦表志

司馬遷清楚說明了自己對《春秋》的看法之後，壺遂提出了關鍵的質疑。「壺遂曰：『孔子之時，上無明君，下不得任用，故作《春秋》。垂空文以斷禮義，當一王之法。今夫子上遇明天子，下得守職，萬事既具，咸各序其宜，夫子所論，欲以何明？』」

壺遂質疑說：「是啊，《春秋》是孔子為了因應亂世，要提供亂世警戒，要撥亂反正所以作的。那你的意思是說，我們這個時代也是同樣的亂世，所以應該效法孔子作《春秋》的精神來寫歷史？容我提醒你，這樣的看法有問題喔！如今上有英明的皇帝，下有能幹稱職的臣子，樣樣事物都井然有序，不是嗎？」

這真是個尖銳的問題啊！壺遂實際上是在提醒太史公，你用這種方式看待《春秋》，卻又要在今天繼承《春秋》的精神，這要得罪多少人！上至皇帝、下到眾臣，等於一併被你否定了！你真的還要採取這樣的態度與立場？

司馬遷用六個字回答了壺遂這個艱難且帶挑釁意味的問題：「唯唯！否否！不然！」這樣的回答恐怕要翻譯成英語，反而會更明確、更傳神，因為現代英語裡有很類似的表達：Yes and no. Rather more no than yes.（你說得對，但也不對，道理不應該這樣看。）

司馬遷這麼說：「余聞之先人曰：『伏羲至純厚，作《易》八卦。堯舜之盛，《尚書》載之，《禮》《樂》作焉。湯武之隆，詩人歌之。《春秋》采善貶惡，推三代之德，褒周室，非獨刺譏而已也。』……」

六經各有來歷，也產生於不同的時代。《易》最早，來自伏羲；《尚書》晚一點，記錄堯、舜以來的盛世，也在這時開始有了《禮》和《樂》的內容。到商與周，又有《詩》保留了當時的情況。《春秋》最晚，所以《春秋》就能站在長遠「三代」的基礎上，整理其之所以為盛世的道理，分辨善惡，因而不單單只是批判、諷刺而已。

換個角度說，《春秋》之所以如此批判、諷刺，採取的就是「三代」以來，保存在周王室的普遍成就標準。宣揚這種標準，和批判、諷刺同等重要，甚至更加重要。

然後司馬遷說了一段最難讀的文字：「漢興以來，至明天子，獲符瑞，建封禪，改正朔，易服色，受命於穆清。澤流罔極，海外殊俗，重譯款塞，請來獻見者，不可勝道。臣下百官，力誦聖德，猶不能宣盡其意。且士賢能而不用，有國者之恥；主上明聖而德不布聞，有司之過也。且余嘗掌其官，廢明聖盛德不載，滅功臣世家賢大夫之業不述，墮先人所言，罪莫大焉。余所謂述故事，整齊其世傳，非所謂作也。而君比之於《春秋》，謬矣！」

這一段之所以最難讀，不是文義的問題。字面上的意思很清楚，是對當時漢朝的一連串讚頌，稱讚皇帝的成就，宣揚對外的功績。然後說，所有當臣下的都有責任布聞「主上明聖」，更何況當太史的。自己要做的，是「述故事，整齊其世傳」，而不是撰寫像《春秋》那樣的著作。

難讀的是作者的用意。他是要這樣寫作嗎？明明前面特別提到父親的遺命，要他「繼《春秋》」，這才有壺遂之問，然後羅列了一大串關於《春秋》的討論。說了這麼多，最後的結論卻是：「啊，我所做的事和《春秋》無關。」如果真的和《春秋》無關，這一整段根本就不必放進〈太史公自序〉裡了！

稍微查看一下《史記》的內容，很容易就能判斷這段話與事實明顯不符。太史公所記錄的武帝朝絕對不是以「獲符瑞，建封禪，改正朔，易服色，受命於穆清」為基調的。與「封禪」有關的內容寫在〈封禪書〉裡，除了「封禪」本身，還記錄了不少武帝求神弄鬼以致被騙的事。關於武帝朝的「名臣」們，《史記》中讓人留下最深刻印象的，首推〈酷吏列傳〉裡的那些酷吏。就連對外開疆拓土、使匈奴與西域臣服的過程，《史記》開頭先寫的，是我們上一章看到的〈李將軍列傳〉，讀來卻一點都不振奮，反而充滿悲哀啊！

單純從文章上看，司馬遷在前面寫父親的臨終之言，說的是：「今漢興，海內一統，明主賢君忠臣死義之士，余為太史而弗論載，廢天下之史文，余甚懼焉，汝其念哉！」如果從這裡直接接到：「余嘗掌其官，廢明聖盛德不載，滅功臣世家賢大夫之業不述，墮先人所言，罪莫大焉。」

豈不順理成章？父親吩咐他要將漢朝的功業記錄下來，他果然遵循了父親的遺命，寫《史記》來記錄漢朝功業。既然如此，為什麼還要在這兩段話中間，放進這麼一長串的內容？

關鍵就在討論《春秋》、彰顯《春秋》。先肯定《春秋》，再否定自己做的事和《春秋》有關，這是太史公不得已的隱晦表志。他自認繼承的父親遺命，重點不在前面說的論載明主賢君，而在後面「先人有言」的「繼《春秋》」。孔子死後五百年，他要繼承《春秋》的精神，用他的《史記》同樣來「貶天子，退諸侯，討大夫」，從具體的歷史事蹟上彰顯「王事」的終極道理。

以這個終極道理為標準來衡量，武帝怎麼會是「明主賢君」呢？但太史公又怎麼能在武帝朝明白地表示，自己要以「王事」標準來「貶天子」呢？所以他只好用迂迴的形式，一方面張揚《春秋》大義，一方面明白否認自己和《春秋》精神間的關係。

07 太史公的信念：建立歷史的目的性

那段回答壺遂的質疑、進而對武帝歌功頌德的話，是出於「掌其官」的立場。司馬遷擔任的官職是「太史令」，但他真正用來寫《史記》的身分卻是「太史公」。這就是為什麼他在書中從頭到尾堅持以「太史公」自稱。

衛宏當然是錯的，西漢沒有一個正式的官職叫「太史公」，這個頭銜是司馬遷尊稱他的父親，同時凸顯司馬家和歷史之間的關係遠早過當前的漢代，更重要的，這是他的自我認知與自我期許。他要做的、他所做的事，可以追源到更高的史官理想，勇敢地承擔從孔子死後五百年間近乎消失了的《春秋》精神。

〈太史公自序〉的結尾，也是《史記》全書的結尾，有這麼一句話：「凡百三十篇，五十二萬六千五百字，為太史公書。」這絕對是最終寫出來的，他連全書定稿的總字數都算好了，而且一定要再強調「為太史公書」。寫這部書的人，不單純是那個活在武帝朝的司馬遷，而是司馬遷以「太史公」的身分與理想，超越了個人有限的現實生命條件，追溯並繼承了千年以來的智慧所完成的。

寫下「為太史公書」這幾個字時，司馬遷老早就不當太史令了。受到李陵投降匈奴的事件拖累，他下獄、受宮刑，成了內官。驅使他接受宮刑以苟活下去的力量，就是為了完成《史記》。《史記》大過且高過他自己的生命。經歷了這一切之後，他就不再是那個接受皇帝命令擔任「太史令」的人，而是懷抱著歷史使命，不得不忍辱達成的「太史公」。

這段艱苦折磨的心路歷程，記載在另外一篇重要的文獻〈報任安書〉中。給任安的這封回信裡，司馬遷明白表示：「文史星曆，近乎卜祝之間，固主上所戲弄，倡優所畜，流俗之所輕也。」太史令是什麼了不起的官嗎？不，在漢朝，太史令管天文、管曆法，地位和宮中看相算命的差不多，皇帝只是將之當倡優畜養，並沒有看在眼裡，一般人也不覺得有什麼重要。

其實他的父親司馬談擔任的，就是這樣無足輕重的職務。但司馬遷替自己、也替歷史文明新塑了一個完全不一樣的角色——太史公。頭銜和使命都是他發明的，他自己也承擔了，還將這樣高蹈的文化夢想投射到父親身上，以抬高父親、顯揚父親。

我們很習慣地認定：中國是一個歷史的民族，歷史對中國人、中國文化而言再重要不過。然而中國人和歷史之間的這種親密關係，並不是天上掉下來的，而是有來歷、有發展過程的。

周代的封建制度是關鍵的催化因素，封建建立在長遠且複雜的親族關係記憶上，因而有了強調保存過去經驗的態度。周文化開啟了一種向後看，亦即看歷史過程的習慣。但這樣的習慣到了太史公身上，而有了重要的轉折。

《戰國策》裡保留了許多戰國時代的故事，然而《戰國策》的性質不是歷史書，而是訓練縱橫家用的教科書。《韓非子》或《呂氏春秋》中也有很多歷史故事，但前者的用意是以歷史故事來示範法家的道理，後者是以歷史故事來證明一種整合的世界觀。這些書中的歷史故事沒有獨立存在的意義。

太史公最大的成就，在於建立了歷史的目的性，歷史不再是其他知識理論的附庸手段。他清楚知道用這種方式對待歷史、寫歷史，在他所處的時代環境中非但不討好，甚至還會帶來危險，但他堅持如此追求，因為這是他的深刻信念。

這是一種什麼樣的信念，何以如此強烈？那就要繼續讀〈報任安書〉。

08 太史公的心跡：〈報任安書〉

《漢書．司馬遷傳》抄完了〈太史公自序〉後，接著抄〈報任安書〉之前，只加了一段簡短的說明。「遷既被刑之後，為中書令，尊寵任職。故人益州刺史任安予遷書，責以古賢臣之義。」意思是說，司馬遷受了宮刑，不能再留在外朝當太史令，改調入內朝擔任中書令，主要的工作就是跟在皇帝身邊，幫皇帝整理相關文書資料。當中書令時，司馬遷很受武帝寵信，成了權力上的紅人，於是過去的老友任安寫了一封指責的信給他。

任安指責他什麼？為什麼說是「責以古賢臣之義」？任安給他的信寫於太始四年（西元前九三年），主要的內容是提醒司馬遷：你現在握有很大的影響力，也就有責任給皇帝好的建議，尤其是在用人方面，皇帝身邊老是圍著那些沒能力或品格有問題的人，相對地，你知道、你認識的有能力或有操守的人，並沒有因為你得寵而被皇帝重用，顯然你沒有盡到推薦的責任。

所以回信中，司馬遷一開始就針對任安的提醒做了回覆：「曩者辱賜書，教以慎於接物，推賢進士為務。意氣懃懃懇懇，若望僕不相師，而用流俗人之言。僕非敢如此也。僕雖罷駑，亦嘗側聞長者之遺風矣。顧自以為身殘處穢，動而見尤，欲益反損，是以獨鬱悒而與誰語！……」

你教我要努力推賢進士，語氣誠懇，好像覺得我不懂這些道理，沉淪到與流俗為伍。我絕對沒有你想像的那麼糟糕，再怎麼笨、再怎麼無能，我總是聽過、看過那麼多長者的風範。之所以被你誤會，實在是我已經是刑餘之身，做的是別人不願做、看不起的內官工作，我向皇帝推薦誰，非但不會有幫助，說不定反而害了那個人。你們在外面看到的「尊寵任職」，和我在裡面真正經歷的有很大差距，我的這種痛苦能跟誰說，誰會理解？

「……書辭宜答，會東從上來，又迫賤事，相見日淺，卒卒無須臾之閒，得竭至意。今少卿抱不測之罪，涉旬月，迫季冬，僕又薄從上雍，恐卒然不可為諱。是僕終已不得舒憤懣以曉左右，則長逝者魂魄私恨無窮。請略陳固陋。闕然久不報，幸勿為過。」

司馬遷給任安的這封回信，寫於征和二年（西元前九一年），距任安來信已有兩年之久。所以他必須解釋那麼久沒回信的理由，除了忙，另外本來想見面好好說的，怕信上說不清楚。那為什麼這時又寫了回信呢？很悲哀的，因為他恐怕再也見不到任安了。

這一年發生了「戾太子案」，任安受到牽連。太子劉據和宰相劉屈氂兵戎相見，當時擔任益州刺史的任安，沒有在第一時間發兵幫助宰相，事後就被算帳了。武帝痛罵任安說：「是老吏也，見兵事起，欲坐觀成敗，見勝者欲合從之，有兩心。安有當死之罪甚眾，吾常活之，今懷詐，有不忠之心。」（《史記．田叔列傳》）武帝罵任安是個油滑的老官僚，看到兩邊打仗，故意按兵不動，先觀望哪邊贏再投靠過去，根本不是真正忠心向著皇帝。過去已經有不良記錄，都沒追究，這次不能再饒他了。

任安因此被判了死罪。冬天快到了，司馬遷又必須跟隨皇帝去雍州，如此一來，等回到長安，很可能任安已經不在了。如果那樣，那麼老友就永遠不能理解司馬遷的憤恨之情，至死都以為他就是如此不堪的人。所以不能不寫這封信，在任安死前坦白自己的心情。

有一件事他要解釋清楚，那就是「李陵案」。司馬遷之所以替李陵求情，以至於惹來武帝大怒，是因為他了解李陵的遭遇：「且李陵提步卒不滿五千，深踐戎馬之地，足歷王庭，垂餌虎口，橫挑強胡，仰億萬之師，與單于連戰十有餘日，所殺過半當。虜救死扶傷不給，旃裘之君長咸震怖，乃悉徵其左右賢王，舉引弓之人，一國共攻而圍之。轉鬥千里，矢盡道窮，救兵不至，士卒死傷如積，然陵一呼勞軍，士無不起，躬自流涕，沫血飲泣，更張空拳，冒白刃，北向爭死敵者。」

這一段是中國文學史上的經典，描述李陵以不到五千人的兵力，深入匈奴之境，直到單于勢力所在之處，簡直像是一塊肉餌送到老虎面前一樣。李陵的祖父李廣隻身遭遇老虎都不怕，李陵也毫不顧忌自身兵力微弱，和單于大軍纏鬥十幾天，造成敵人的死傷，超過我軍所承受的。李陵的行動引得匈奴震撼，動員大軍對付他。李陵一路轉戰，箭用完了，能利用的道路也都走完了，卻仍然等不到救兵，部隊裡死傷慘重，但只要李陵一聲令下，殘剩的士兵都仍然勉力奮起。因為李陵和他祖父一樣，永遠和士兵們共同戰鬥。

09 接受比死更痛苦的屈辱苟活

這樣的人在這樣的絕境中戰敗投降，是情有可原的。所以在朝廷上，司馬遷要為李陵求情。他對皇帝說的，也不過就是在信裡說給任安聽的這些理由。然而卻惹來皇帝大怒，只能忍受最不堪的宮刑才苟活下來。

他用極其悲痛的方式表達受宮刑的痛苦：「太上不辱先，其次不辱身，其次不辱理色，其次不辱辭令，其次詘體受辱，其次易服受辱，其次關木索、被箠楚受辱，其次剔毛髮、嬰金鐵受辱，其次毀肌膚、斷肢體受辱，最下腐刑，極矣。」

什麼是「受辱」？受辱有高下等級之分，第一等不辱祖先；第二等至少不要讓自己受辱；第三等不要受到別人臉色侮辱；第四等不要受到言語侮辱……，一直排下來，被降爵級、被打、被加諸永久的印記在身上、被砍手腳等等，最後最後，最糟糕最糟糕，才是第十等的宮刑。

司馬遷要在任安死前辯白一件他絕對無法忍受的誤解，就是任安信中說的「尊寵任職」。他是怎麼活下來的？他是接受了比死更痛苦的屈辱活下來，而施以這種極端痛苦的不是別人，正是武帝，而且是在司馬遷自認有理的情況下，只不過為李陵說句公道話，就被皇帝施以非人待遇。

真實的遭遇如此，卻被別人看作因為受了宮刑，能夠進入中朝接近皇帝，所以得了好大的權力、占了好大的便宜！任安進而怪他：你得了那麼大的便宜，就只想自己享受，不利用這個位子為國家做點事，也不舉薦老朋友。這對太史公來說，真是情何以堪啊！

任安的錯誤是以為司馬遷得志了。以那樣的身分，服侍那樣的皇帝，是件多可怕、多痛苦的事，怎麼可能得志？你們不了解皇帝是怎樣的一個人嗎？而且司馬遷不過為李陵說了幾句話，就付出那麼慘重的代價，要如何像任安期待的那樣向皇帝推薦人才？

司馬遷所理解的李陵，以及他和李陵的關係，在信中做了清楚的交代：「然僕觀其為人，自守奇士。事親孝，與士信，臨財廉，取與義，分別有讓，恭儉下人，常思奮不顧身，以徇國家之急。其素所蓄積也，僕以為有國士之風。夫人臣出萬死不顧一生之計，赴公家之難，斯以奇矣！今舉事一不當，而全軀保妻子之臣，隨而媒孽其短，僕誠私心痛之。……」

李陵是個奇才，孝、信、廉、義四大優點難得齊集於一身。對部下士卒好，對朝廷又有強烈的責任感。他的人格品質是國士等級的。遇到狀況時，他也立即無私地承擔使命，夠了不起了！這麼好的人才，結果呢？因為他無法控制的惡劣情況而未能得到好的成就，朝中所有人品遠遠不如他的人，完全不曾承擔任何危險的人，竟然都爭先恐後地詆毀他，這讓司馬遷看不下去。

這些人是什麼模樣呢？「陵未沒時，使有來報，漢公卿王侯皆奉觴上壽。後數日，陵敗書聞，主上為之食不甘味，聽朝不怡，大臣憂懼，不知所出。」李陵還在拚死奮戰時，消息傳回來，這些人舉杯向皇帝恭喜，極盡諂媚之能事。等李陵戰敗投降的消息傳來，皇帝氣得吃不下飯，朝廷裡氣氛凝重，他們就又擔心又害怕，不知該怎麼辦了。

「僕竊不自料其卑賤，見主上慘愴怛悼，誠欲效其款款之愚，以為李陵素與士大夫絕甘分少，能得人死力，雖古之名將不能過也。身雖陷敗，彼觀其意，且欲得其當而報於漢。事已無可奈何，其所摧敗，功亦足以暴於天下矣。……」

司馬遷清楚知道自己和這些人不一樣。他看到了李陵的正面價值，想安慰皇帝不需要那麼難過。李陵已經做到自古以來的名將都不見得做得到的，而且依照他的人格與個性，就算投降匈奴，心中一定還是在找機會能夠繼續報效朝廷。儘管對李陵投降的結果無可奈何，朝廷仍然可以表揚他一路奮戰的成績，廣為天下所知。

「僕懷欲陳之而未有路，適會召問，即以此指推言陵之功，欲以廣主上之意，塞睚眥之辭。未能盡明，明主不曉，以為僕沮貳師，而為李陵遊說，遂下於理。拳拳之忠，終不能自列。因為誣上，卒從吏議。家貧，貨賂不足以自贖，交游莫救，左右親近，不為一言。」

司馬遷想對皇帝表達這樣的意見，但他的地位和身分遠不如那些大臣，接近不了皇帝。還是剛好被皇帝召見，才趁機說明了他看待李陵的角度，期待能讓皇帝看得廣一點，也能阻擋一些惡意毀謗的說法。但沒有用，皇帝聽不進去，認為司馬遷的說法打擊對抗匈奴的士氣，又替李陵開脫，便下令將司馬遷下獄，讓他面對那些酷吏。忠心一片，卻換來這樣的後果。被扣上「大不敬」的罪名，家裡沒有足夠的錢贖罪，平常交游的朋友也沒有人願意幫忙說項。

這裡的「左右親近」，恐怕也包括任安吧？司馬遷為李陵說話而獲罪，也就沒有人敢替他說話了。誰敢冒觸怒皇帝的危險，說出真正的是非道理呢？

10 超越現實、超越當下時代的夢想

武帝以酷吏對付朝臣的做法，違背了歷史所提供的政治原則與智慧。「傳曰：『刑不上大夫。』此言士節不可不勉勵也。猛虎在深山，百獸震恐，及在檻穽之中，搖尾而求食，積威約之漸也。故士有畫地為牢，勢不可入；削木為吏，議不可對，定計於鮮也。」

過去為什麼規定「刑不上大夫」？就是為了保護並激勵士大夫的自尊。在山裡威風凜凜的老虎，別的動物都怕牠，一旦被關進籠子裡，只能對人搖尾巴討食物，這就是失去自尊的結果。因而過去的制度，就算只是象徵性地畫幾條線圍起來當作監牢，士大夫基於自尊都不願走進去；象徵性地放個木頭人當作吏來問罪，士大夫基於自尊都是不回應的，免得習慣了就不再自重。

司馬遷是這樣了解並看重「士節」的人，卻忍受了最沒有尊嚴、第十等的至極侮辱活下來。他要讓任安知道，這對他來說是多麼無法忍受的決定。他要任安站在他的立場想想：為什麼他要活下來？可能只是為了怕死嗎？可能為了要求取皇帝的原諒，得以「尊寵任職」嗎？

當然不是。苟活，就是為了《史記》，為了一個更高的、繼承《春秋》以歷史來彰顯內在深刻人間道理的使命。雖然他在〈太史公自序〉中口口聲聲稱這是父親的遺命，但我們愈讀愈明白，他認定的使命其實遠超過司馬談所想像、所交付的。那是他自己衷心打造出來的終極生命意義與關懷。遭李陵之難前，他就已經認定這項使命高於任何現實追求。

信中最後說：「僕竊不遜，近自託於無能之辭，網羅天下放失舊聞，略考其行事，綜其終始，稽其成敗興壞之紀。上計軒轅，下至於茲。為十表，本紀十二，書八章，世家三十，列傳七十，凡百三十篇，亦欲以究天人之際，通古今之變，成一家之言。草創未就，會遭此禍，惜其不成，是以就極刑而無慍色。僕誠以著此書，藏之名山，傳之其人，通邑大都，則僕償前辱之責，雖萬被戮，豈有悔哉！然此可為智者道，難為俗人言也。」

他要寫的，是從能有記錄的歷史開端一直寫到當代，羅列許多人不知道或遺忘的材料，藉由人的具體行為來歸納成敗興壞的規則。全書結構井然，一共五大類，一百三十篇。就是因為這本書還沒有寫完，他才坦然面對最屈辱的宮刑，沒有呼天搶地。發生李陵案時，如果書已經寫完，確保一定會流傳下去，那就沒有遺憾，一定選擇就死。但這樣的道理能說給誰聽？一般人誰聽得懂、誰能了解？在他們眼中一定只看到一個貪生怕死、寧可受最嚴重侮辱也要賴活著的人。

這是何等雄偉的人格！他再清楚不過自己為什麼而活。他給自己設定了一個超越現實、超越當下時代的夢想，並且願意付出智慧、勞力，乃至屈辱的代價去實踐。即便歷經不可思議的非常變局，他都還是忠於自己的理想，硬撐著完成了這部書。更驚人的是，他還在書中確切達成了自己設定的至高目標——以歷史來「究天人之際，通古今之變，成一家之言」。

這三句話，由太史公提出，在他完成的《史記》中實現，兩千多年來，成為中國史學最重要的精神核心，也是中國史學極難達成、更難超越的偉大標準。

第六講

《史記》、漢賦的昂揚文字精神

01 究天人之際：彰顯「人」的行為法則

太史公自述寫《史記》的目的是要「究天人之際，通古今之變，成一家之言」，如果沒有如此高蹈的理想，他不會忍辱苟活。但這幾句話到底意味著什麼？

什麼是「究天人之際」？這牽涉到什麼是「天」？在〈太史公自序〉中，太史公表現得很明白，雖然他的父親司馬談在思想上傾向道家，但他自己的根柢信仰，尤其和歷史有關的部分，卻絕對來自儒家、來自《春秋》。所以，他所說的「天」不會是神祕奇怪的存在，不會是干預人世的超越意志神。

《史記．六國年表》中有一段話：「秦始小國僻遠，諸夏賓之，比於戎翟，至獻公之後常雄諸侯。論秦之德義不如魯衛之暴戾者，量秦之兵不如三晉之彊也，然卒并天下，非必險固便形勢利也，蓋若天所助焉。」

〈六國年表〉列出了戰國時期主要的大事，其中最明顯的變化是秦的興起。所以太史公說：秦原本地處邊陲，是個其他中原諸國不太看得起的小國，比野蠻的戎狄沒好到哪裡去，但從秦獻公之後，卻經常凌駕在東方諸國之上。從德義的標準看，秦和魯、衛這種古國差得太遠了；從軍力的標準看，秦也沒有比韓、趙、魏這種新興國家來得強。秦最終得以兼併天下，似乎不是地理或其他形勢條件能說明的，只能說是「若天所助」。

這是《史記》中典型的對「天」字的用法——無法用人事的道理完整解釋的，那是「天」。太史公用「天」來形容秦的崛起，有意思的是，他也用「豈非天哉」來形容漢高祖劉邦的成功。此中有深意。在成王敗寇的觀念下，創造出了許多關於高祖的神話，幾乎成為漢代的基本常識，但太史公寫歷史，不隨便陷入這種習慣中。他不接受成功者一定是好人或一定是英雄的前提，堅持要在歷史書寫中弄清楚他們是什麼樣的人，為何、如何成功。

當他用「豈非天哉」評論高祖時，也就意味著高祖的成功有不是人情所能解釋的，也就是其中有許多運氣成分在。什麼是「人」的努力與成就，什麼來自「天」的不可測運氣，正是歷史應當認真追究的。

《史記．伯夷列傳》中另外有一段話：「或曰：『天道無親，常與善人。』若伯夷、叔齊，可謂善人者非邪？積仁絜行如此而餓死！且七十子之徒，仲尼獨薦顏淵為好學。然回也屢空，糟糠不厭，而卒蚤夭。天之報施善人，其何如哉？盜蹠日殺不辜，肝人之肉，暴戾恣睢，聚黨數千人橫行天下，竟以壽終。」

什麼是「天」？通俗的信念中主張「天」會幫助好人，站在好人好事這邊。但這樣的信念是經不起考驗的。伯夷、叔齊是最好的例子。歷史上很難找到比他們志節更高超的人了，但他們得到的待遇是什麼？是餓死在首陽山上，「天」並沒有照顧他們。

類似的還有顏淵，他是孔子弟子中德行最高、最傑出的，卻一生窮困，而且四十歲左右就死了。相反地，歷史上有名的大盜殺了多少無辜的人，幹盡強劫的壞事，聚眾擾亂社會，這樣的人卻能壽終正寢。

「天」可能公平嗎？

寫歷史，一定要「究天人之際」，分辨清楚什麼是「天」、什麼是「人」。顏淵死得早，是「天」而不是「人」決定的，那是超越人力控制以外的偶然，我們無法從這樣的事情裡獲得關於人的行為因果的教訓與啟發。相對地，《春秋》中所記載的「弒君三十六，亡國五十二」，絕大部分是「人」，因為人的錯誤行為才遭致這樣的禍害後果。《春秋》藉由記錄「弒君三十六，亡國五十二」教人如何認知人倫與政治上的基本原則，並提醒、示範如果違背了這些基本原則，會帶來怎樣的連鎖反應。

歷史的重點在於彰顯「人」，尤其是彰顯管轄「人」的行為的法則。但要達成這樣的目的，必須先知覺在「人」之外有「天」，有外於「人」、非「人」所能控制和掌握的偶然因素。必須將「天」和「人」區隔開來，不然我們對於「人」的法則的整理就無法精確了。

一般人不懂「天人之際」，看到顏淵早死、盜蹠壽終，很自然的推論會是：「那幹嘛當好人呢？當壞人比較有利吧！」只有將「天」和「人」分別開來，確切地了解「人」能為自己決定，也就是能為自己負責的是什麼，歷史教訓才有意義、也才有分量。雜混著「天」和「人」，看起來歷史沒有任何規律可言，所做的事和所得到的結果可以都不一樣，那整理歷史、呈現歷史又有何意義？

02 發明紀傳體，實踐「成一家之言」

「究天人之際」原則的貫通，讓太史公得以寫出很不一樣的歷史書，那就是他「成一家之言」的條件。後世有了「正史」的固定觀念，又將《史記》置於正史之首，使得太史公這份「成一家之言」的用意和精神被埋沒、忽略了。太史公絕對沒有要寫一本「正史」啊！他寫《史記》正就是要擺脫當時流行的歷史書寫方式，而寫出貫串著獨立、獨特原則的「一家之言」。

太史公解釋《史記》的格式與結構：「罔羅天下放失舊聞，王跡所興，原始察終，見盛觀衰，論考之行事，略推三代，錄秦漢，上記軒轅，下至于茲，著十二本紀，既科條之矣。并時異世，年差不明，作十表。禮樂損益，律曆改易，兵權山川鬼神，天人之際，承敝通變，作八書。二十八宿環北辰，三十輻共一轂，運行無窮，輔拂股肱之臣配焉，忠信行道，以奉主上，作三十世家。扶義俶儻，不令己失時，立功名於天下，作七十列傳。」（《史記．太史公自序》）

這種後來被稱為「紀傳體」的格式與結構，是太史公發明的。為什麼要有〈本紀〉、要有〈世家〉、要有〈列傳〉、要有〈書〉、要有〈表〉，太史公說明得清清楚楚。換句話說，這樣的格式與結構是和他對歷史的功能及目的緊密關聯的，為了達成歷史的功能與目的，才特別設計出這樣的格式與結構。

《漢書》也沿用了紀傳體。正史的傳統形成後，紀傳體就成了正史的基本體例。但同為紀傳體，《史記》和後來的其他正史之間卻存在著絕大的差異，那就是「成一家之言」的用意與精神。對太史公而言，紀傳體的設計與運用是實踐「成一家之言」的有機部分，他動用過去沒有人用過的彼此扣搭的複雜形式來記錄歷史，以便讓讀者能夠從閱讀中掌握到「天人之際」與「古今之變」的分析與智慧。

其中，〈本紀〉記載的是最高當政者的作為，同時發揮對於大事提綱挈領的作用。然而就連在排比帝王世系上，太史公依照其原則形成的史識，都有不同於當代、不同於後世的安排。最特別的，是他列了〈項羽本紀〉。這不完全是抬高項羽在歷史上的地位而已，更重要的，是藉這樣一篇本紀來說明秦末的真實局勢。

從秦代實質滅亡到漢高祖統一全域，這中間有一段時期，項羽是真正的統治者。雖然他掛的頭銜是「西楚霸王」，但現實上，所有的王，包括劉邦的漢王都是他封的，名義上地位比他高的義帝也被他殺了。劉邦建立的新朝代，不是打敗秦而有的，而是在攻滅項羽之後形成的。儘管漢朝建立之初，依五行相生相剋說法，將自己定為「水德」[8]，表示是承秦代而來，但太史公從歷史解釋的角度，將項羽納入〈本紀〉中，凸顯了「楚漢相爭」的重要性。

亡秦的是項羽，不是劉邦。劉邦的功業，劉邦及其身旁功臣在歷史上的戲劇性經歷，主要是對付項羽，而不是秦。這是太史公看到的，也是他在《史記》中如此有效地傳達給我們的。

另外，《史記．高祖本紀》之後，接的是〈呂太后本紀〉，而沒有〈惠帝本紀〉。《漢書》就做了不同的安排，有〈惠帝紀〉，又有〈高后紀〉。《漢書》著眼的是帝王繼承的形式，高祖的帝位傳給了惠帝，所以要有〈惠帝紀〉。反觀太史公要訴說的歷史，實質比形式重要，不放〈惠帝本紀〉，明白表示在呂后的掌握下，惠帝從頭到尾不曾真正行使過皇帝權力，這段時期的統治功過是在呂后身上，而不在惠帝。

而且《史記》通稱「呂后」，到《漢書》改成了「高后」。稱「呂后」而不稱「高后」，也有太史公的用意。在他「成一家之言」的歷史判斷中，呂后並不安於當高祖的皇后，她企圖建立自己的呂姓王朝，只是沒有成功。在呂后的生平中，在呂后掌權的時代裡，她要建立呂姓王朝的野心，是促成歷史變動的主要力量。要了解「古今之變」，不能不看到這項重點。

對於〈世家〉，太史公也有特別的設計。會有〈世家〉，是為了應對封建制度中的貴族身分。太史公將封建時代主要封國的歷史寫在〈世家〉中，也將有特殊人格或經歷表現的貴族人物寫在〈世家〉中。

但孔子從來沒有封王，太史公卻寫〈孔子世家〉而不是〈孔子列傳〉。如此自我破例，就凸顯出孔子的非常地位。孔子的成就，不是封建身分所能範限的，他所得到的尊崇遠超過許多封建

8　戰國陰陽家鄒衍提出「五德終始說」，即按五行運行規律解釋王朝更替，受天命具備其中一德方為正統。水尅火、火尅金、金尅木、木尅土、土尅水，往復循環。周代為「火德」，秦代便號稱以「水德」一統天下，崇尚黑色（黑屬水）。到漢高祖劉邦時，選擇承繼「水德」，至武帝才將漢正朔改為「土德」，服色尚黃。

貴族。破格將孔子寫入〈世家〉，加上另闢一篇〈仲尼弟子列傳〉，使得孔子的歷史意義得以標舉出來。

此外又有〈陳涉世家〉，用來記錄陳勝的事蹟。陳勝既沒有周代封建王侯的身分，也沒有活到漢代接受高祖封王，照理說不應該放進〈世家〉裡。太史公破例抬高他的地位，在某種意義上，和將項羽列入〈本紀〉有同樣的歷史解釋作用。秦末之亂，是由陳勝揭竿而起拉開序幕的，他是劃時代大變化的明確啟動者。要明白秦之所以亡，不能只看劉邦，也不能只看項羽，還要看陳勝在關鍵時間所帶來的震撼效果。

03 〈封禪書〉：漢武酷似秦皇的迷信荒唐

〈本紀〉以帝王為主，藉此將大事依時序排列，本身帶有編年史的功能。〈本紀〉中只列出綱要的事件，在〈世家〉和〈列傳〉中會有透過人物呈現的戲劇性細節。另外有〈表〉，將歷史上動盪變化最複雜的時代分項表列，讓人一眼掌握各個不同領域發生的事之間彼此的時間關聯。

此外還有〈書〉。《史記》中其他部分都以「人」為主，〈書〉則是相對地以「事」為主的敘述。以事為主，就能凸顯制度、社會組織、風俗習慣等力量在歷史上產生的作用，屏除看歷史時以為一切都在人的意志控制中的誤解。構成歷史、決定歷史走向的，有很多是集體性、結構性的因素，不在任何人的主觀控制之中。

在《史記》的八篇〈書〉之中，〈封禪書〉尤其具備「成一家之言」的特殊意義。〈封禪書〉的開頭，有表面文章先說明為什麼在歷史中有這麼一段特殊記錄，然後羅列了過去封禪的種種事蹟。但細讀就會發現，封禪明確地以秦始皇為分界，在秦始皇之前與之後，封禪的概念和做法大不相同。

若從秦始皇這邊看，封禪的來歷其實很可疑。封禪不是來自古老三皇五帝的傳統，而是源於秦「坐西址」的祭祀。那又是秦受到西戎影響而有的習俗。換句話說，封禪非但不是像有些人宣稱的古代禮樂制度的至高儀式，反而是東周禮樂崩壞時，套用禮樂之外的邊陲西戎習俗而來的。

還不只如此。在秦始皇的手裡，封禪又多加上了當時流行的方士求仙觀念。那是來自東方另外一種禮樂崩壞後崛起的不經之談。藏在《史記．封禪書》字裡行間的歷史考據結果，封禪事實上與古代聖王無關，而是由一西一東兩個非中原的迷信系統古怪結合而成的。因而秦始皇行封禪，就惹出了種種荒謬的現象。

說完秦始皇，進入漢朝，〈封禪書〉簡短地提了一下文帝和景帝的故事。關於文帝，主要講新垣平如何天花亂墜提倡封禪，但被文帝看穿是詐，於是文帝「怠於改正朔服色神明之事」，從此對這些相關的事都沒有興趣了。景帝呢？「祠官各以歲時祠如故，無有所興。」就是原來有什麼儀式就照著做，沒有任何改動。

但武帝就不一樣了。「今天子初即位，尤敬鬼神之祀。」以這個句子開頭，〈封禪書〉後半部分都在說武帝朝發生的事。

先是有聞其言、不見其人的女子神君告訴武帝：「你們之所以看不到我，我之所以不會死，是因為我參與過封禪。」將封禪和不死結合在一起，吸引了武帝的高度興趣。然後又有李少君，和女子神君一樣，也號稱自己不死。不死的說法對武帝來說太有吸引力了，以至於後來李少君明明死了，武帝都認為他是「化去不死」。

皇帝如此相信並期待不死，當然就招來許多招搖撞騙之人。其中一個是少翁，光聽這名字就猜得到他看起來很年輕，卻自稱已經很老很老了，所以不只不死，還能不老。少翁受到武帝賞識，一度被封為文成將軍。此人使的詐術之一，是將寫了字的紙條餵給牛吃，再假裝從牛肚子裡找出神諭。這件事遭拆穿，武帝憤而將他殺了，但將他欺騙皇帝被處死的事情祕而不宣。

再來又有欒大，騙得皇帝給他五利將軍、地士將軍等官位，還封為樂通侯，「賜列侯甲第，僮千人。」又有齊人公孫卿，將皇帝帶到海邊，去看蓬萊仙人留下的大足印。這樣的人，在〈封禪書〉裡列了一大串。

很明顯地，〈封禪書〉仔細記錄了漢武帝的另外一面，是絕對不可能寫在〈今上本紀〉[9]裡的更真實的一面。〈封禪書〉前面所言，是太史公不得不用的障眼法，看起來煞有介事，好像他自己也相信封禪似的，但讀下去就知道，他非但不相信，而且還瞪著大眼驚訝地記錄：唉，這麼荒唐的騙局竟然都有人信，還信到這種程度！

信的人是誰？前有秦始皇，後有漢武帝。在這件事上，漢武帝是秦始皇真正的傳人。後世歷史習慣將「秦皇、漢武」並列，但要記得，在太史公的時代，將「今上」和秦始皇擺在一起，是嚴重犯忌諱的。前面解釋過，「漢興七十年」間最大的思想課題，就是將秦代視為錯誤示範，並追問：「秦到底錯在哪裡，以至於十五年就滅亡了？」秦始皇的種種做法，在漢代人的眼中看來都是錯誤的，因而以封禪的史實來呈現漢武帝與秦始皇的相似之處，當然是帶有高度現實批判意味的。

《史記》裡還有〈平準書〉，再加上一篇獨特的集傳〈貨殖列傳〉，將武帝朝所面臨的經濟問題精確有效地表達出來。〈平準書〉是制度史，記錄了武帝朝大舉建立的國營與專賣制度，這些舉措大幅增加了朝廷的財政收入。〈貨殖列傳〉則記錄了那些靠著買賣累積大筆財富的人，讓我們見識到他們和社會一般人快速拉開的貧富差距。

〈平準書〉的結尾，記錄了一句當時流行的話，說如果遇到乾旱，只要殺了桑弘羊，天就會下雨。[10] 桑弘羊就是這套國營與專賣制度的設計者兼執行者。用民間流傳的話，太史公也明顯

9 〈今上本紀〉原文已佚失，今作〈孝武本紀〉，是西漢褚少孫據〈封禪書〉輯錄補上的。

10 《史記．平準書》：「是歲小旱，上令官求雨，卜式言曰：『縣官當食租衣稅而已，今弘羊令史坐市列肆，販物求利。亨弘羊，天乃雨。』」

表達出他的「一家之言」、他的歷史評判。這套制度在經濟上壓榨人民，使得百姓痛苦不堪。加上「貨殖」發達帶來的貧富不均，武帝一朝的繁榮與對外征伐，實際上是建立在百姓的不幸之上，絕對不像表面上那麼風光。

04 《史記》精神：超越現實好惡的更高標準

因為這樣的歷史態度，對「今上」、對現實表現出的高度批判態度，太史公無法公開地書寫、發表《史記》。如果不是任安遭禍即將離開人世，他很可能也不會寫那封為自己辯解的信，在信中清楚表達撰寫《史記》的關鍵人生意義。一方面，一般人無法理解這樣的理想；另一方面，這樣的理想是干犯當時政治威權的。

《漢書．司馬遷傳》在抄完〈報任安書〉之後，就只加了一小段話：「遷既死後，其書稍出。……」顯見他在世時，是無法讓《史記》流傳的。到了宣帝時，他的外孫楊惲才正式公開《史記》的內容。

即便正式公開了，《史記》流傳的內容仍然和太史公原本寫的有些差別。依照顏師古的說法，一百三十篇中少了十篇，其中最可惜的，是〈今上本紀〉不見了。

長期以來，有一種看法是將《史記》視為太史公的「洩憤之書」，他對武帝朝的記錄受到這種心理影響，因而不可信。這樣的說法，一方面太小看了太史公，以及他那份必須忍辱苟活來實現的理想；另一方面也太輕視一般讀者的檢校判斷能力了。

要判斷《史記》是不是一本「謗書」，最簡單的方式就是認真閱讀書中內容，從實際的記錄中抽繹並理解太史公的根本價值信念，然後看他對待不同時代、不同人、不同事時，是否有雙重甚至多重標準？記錄武帝及當時的人、事，他有違背自己一貫的信念標準，另外採取嚴苛、不理性的否定態度嗎？還有，同時代的人、事，分散在《史記》各個不同篇章中，我們也可以採集比對，看其中是否有因為強烈情緒介入而產生的前後矛盾不一？此外，這些人、事也都記錄在其他的文獻裡，更可以一併參考對照，看太史公在《史記》中的說法可有偏離事實之處？

太史公與《史記》在中國歷史上再重要不過。他所揭櫫的歷史精神，儘管在後世不斷遭到誤解與扭曲，然而只要這本書存留著，只要太史公這個人的典型還在，總會有人從中得到啟發，學習用他主張的方式來記錄歷史、看待歷史。從此之後，中國的歷史理念，就在曖昧的「一家之言」與「正史」之間反覆擺盪著。

正史代表的，是由政治權力決定的單一標準答案，一旦定了就壓過其他說法，甚至取消其他說法。「一家之言」卻相信，唯有經由特殊且明白的標準進行評斷後，歷史才有意義。史家的責任不只在記錄，還在對於記錄進行評斷，更重要的，還必須說明評斷的標準，說服別人接受這樣的標準。

因為有「一家之言」存在，使得正史無法真正徹底地定於一尊，壟斷歷史的記錄與解釋權力。這就促使正史不得不回應太史公藉「一家之言」所提出的森嚴挑戰——任何的歷史評斷都必須有超越於現實好惡之外的更高、更普遍的標準。

能夠受到後世尊重，真正取得權威地位的正史，基本上都通過了這樣的考驗，得以傳承這份歷史精神。當正史達不到這樣的要求水準時，其地位就下降淪夷了，相應地，私人著述的「一家之言」就在正史之外蓬勃發展。

太史公的歷史精神，的確有一大部分來自《春秋》、承襲《春秋》。然而《春秋》及其後續開展的一套春秋學，毋寧比較接近歷史哲學，重歷史的教訓與意義，相對輕歷史的實質記錄。太史公的巨大貢獻，就在於將這樣的歷史哲學建立在堅實的記錄基礎上，將歷史的事實面和意義面進行有機的組構。從此之後，中國史學的追求，不能偏廢其中任何一面。

太史公繼承自《春秋》的主要信念，就是相信人類的活動是有一定準則的，我們可以、也更需要從歷史中整理出這些準則。歷史不是一堆雜亂的活動總和，表面的雜亂底下，有著不變、不可動搖的規律。而且這樣的隱藏規律，不只是單純的因果律——種了什麼因就會得到怎樣的果——而是帶有強烈的道德是非意義。歷史會告訴我們，人之所以為人的集體道理中，什麼事是可以做的、什麼事是不能做的；還有，什麼事是應該做的、什麼事不應該。這中間有清楚的倫理與道德是非。

從歷史中弄明白這樣的是非，才是太史公所說的「通古今之變」。也因此，我們才會從理解歷史中得到切身的體會，進而影響、改變我們看待世界的方式和立身行事的選擇。

05 賦：誇耀的時代氣氛，漢代的文學主流

太史公對武帝朝有著尖銳的觀察，含蓄卻嚴厲的批判。不過從另一個角度看，他自己身上仍然帶著濃厚的時代氣氛與性格。

武帝朝最獨特的性格，是外放、誇耀，是一種超越既有限制、測探並拓展邊界的浪漫精神。太史公要做的，是過去別人沒做過的，將歷史從最古遠處一網打盡說到當代。以這樣的追求來自我期許，因而給自己「太史公」的稱號，當然也是意氣昂揚而誇張的。沒有如此昂揚、誇張的意志，絕不可能走過死生榮辱而能完成《史記》。

掌握這份昂揚、誇張的時代氣氛，有助於我們理解漢代歷史上另外一項特殊的成就，那就是「漢賦」。

漢賦到底是什麼？這還真不是個容易回答的問題。簡化地整理中國文學史，習慣上會凸顯幾

個不同的朝代有不同的代表性文類。最清楚、最為人熟知的，是唐詩、宋詞、元曲。再往前一點看，六朝有駢文，漢朝則有賦。

大部分的人都知道詩是什麼，《全唐詩》中收錄了唐代兩千兩百多位作者寫的四萬八千多首詩，這樣的規模，毫無疑問地顯現出詩在唐代的重要地位。但相對地，有多少人真正讀過賦，甚至能夠說得出幾個重要漢賦作家的名字呢？

枚乘、司馬相如、枚皋、王褒、東方朔、揚雄、馮衍、班固、崔駰、李尤、傅毅、張衡……，有作品流傳下來的漢賦大家差不多就列完了。很簡單的事實是，漢賦作者有限，這種文學形式絕對不像唐詩那麼流行。漢賦從來不曾構成社會上的集體潮流，即便是在最多漢賦作品形成的時代，當時絕大多數的人也都沒有意識到漢賦的存在，更不曾與漢賦發生過任何關係。

劉大杰在他的經典文學史著作《中國文學發展史》中，給了漢賦一章的篇幅，這章開頭先有一段議論：「中國文學進展到了漢朝，我們可以看出一個顯明的現象。這現象便是文學同民眾生活日益隔離，而那種貴族化、古典化的宮廷文學成為文壇的正統。作為宮廷文學的代表的，是那有名的漢賦。在現代人的眼光中看來，漢賦自然是一種僵化了的缺乏感情的死文字。……」[11]

這樣的論斷，一方面反映了劉大杰的左翼文學史立場，主張來自民間的文學才有活力，而民間文學「文人化」之後，就逐漸失去活力而凝固僵化，最終無以為繼，只好再去民間尋找新的形式，這是文學史最關鍵的變化因素。這樣的論斷，另一方面也反映了傳統上對待漢賦的態度：相較於唐詩、宋詞、元曲，漢賦不再能對當下讀者說話，只剩下歷史上的「遺物」意義，是「死文字」，而不是「活文學」。

但有意思的是，劉大杰接下來寫的，竟然不是教我們就將漢賦放到一邊無須理會，不是直接跳過漢賦去講述有著確切民間性的樂府詩，而是說：「然而在當時，它卻有活躍的生命，與高尚的地位。在三四百年中，多少才人志士，在那上面費去了心血。狗監的朋友司馬相如，倡優式的東方朔、王褒之流，我們不用說；即如司馬遷，劉向、班固、張衡、禰衡們，無論從學問、思想、人品方面，都是值得我們景仰的，然而他們也都是有名的賦家。可知賦是漢代文學中的主流。」

更值得一聽的，是劉大杰接下來的這段話：「近人因拘於抒情文學的範圍，鄙棄漢賦，甚至於大膽地在文學史上，把漢賦的一頁，完全棄去不談，實在是犯了主觀的偏見，同時又違反了文學發展的歷史性。文學史與文學批評的不同，就建立在這一個重要的基點上。文學批評雖也不能違反客觀的事實，你多少還能加入個人的主觀見解。在文學史的敘述上，你必得拋棄自己的好惡偏見，依著已成的事實，加以說明。那些作家與作品，無論你如何厭惡，是如何僵化，他們在當時能那麼興隆地發展起來，自必有他發展的根源環境，存在的理由和價值。文學史的編著者，便要用冷靜的客觀的頭腦，敘述這些環境理由和價值。若只憑個人的主觀，任意捨棄割裂，這態度

11 可參考劉大杰，《中國文學發展史》（香港：三聯書店，一九九六年）上冊第五章〈漢賦的發展及其流變〉。

自然是非常惡劣的。」

儘管從「民間本位」的立場，將漢賦明確地判定為「貴族文學」，但劉大杰強調並堅持一種歷史的原則。當我們面對歷史時，必得有一份責任感，對於從今天的角度看去很陌生的現象，或從今天的標準看去很不喜歡的人事物，我們沒有權利選擇要或不要記錄，因為那就是歷史的一部分，所有總體才構成歷史。相反地，愈是讓我們感到陌生、讓我們不喜歡的歷史現象，我們愈是要虛心努力地了解，那裡面顯然藏著古人的環境、古人的思想最獨特之處。

06 荀子〈禮賦〉：從詩歌手法到獨立文體

只有很少數的讀者、很少數的作品、更少數的作者，漢賦憑什麼成為漢朝的代表性文類？

讓我們試著從賦的起源來探究。賦原本是《詩經》中詩歌手法的一種分類，是「賦」、「比」、「興」三種主要風格中的一種。「興」是自由聯想，詩人以其主觀感受將原本不相干的事物聯想、聯繫在一起。「比」則是有意識的比喻、比擬，基本形式是「什麼像什麼」，例如「人情像流水」，以比擬來擴充我們的想像與感受。那「賦」呢？「賦」就是直截了當、實實在在的描述。如果說「興」和「比」都是擴張性的表現，那麼「賦」就是相對內斂、收束性的文學手法。

到了戰國後期，賦逐漸由詩的一種手法，變成一種獨立的文體。促成這變化的其中一位重要人物是荀子。《漢書．藝文志》中著錄了十篇荀子所寫的賦，到現在還有五篇流傳下來。從這五篇作品可以看出，荀子的確已經將賦當作一種新興的文類來看待、處理。

荀子寫的賦體文章，最有名的是〈禮賦〉。〈禮賦〉中說：「爰有大物，非絲非帛，文理成章；非日非月，為天下明。生者以壽，死者以葬。城郭以固，三軍以強。粹而王，駁而伯，無一焉而亡。臣愚不識，敢請之王？」

意思是說，這裡有一件大東西，不是絲也不是帛，卻有著和絲帛一般井然的條理秩序；不是太陽也不是月亮，卻和太陽、月亮具備同樣可以照亮天下的功能。活著的人靠著它能活得更久，死去的人靠著它才能下葬。靠著它，城郭可以變得堅固，軍隊可以變得強大。如果你掌握在手中的很純粹，這樣東西就能使你統一天下；就算你手中得到的有些雜質，也還能使你稱霸一方；但如果你手中完全沒有這樣東西，那你現有的國就守不住了。這樣東西太神奇了，我不懂它是什麼，特別要請教王為我解惑。

這問題不是真的問題，因而王也就不直接回答，而是先應以一連串的反問句：「王曰：『此夫文而不采者歟？簡然易知，而致有理者歟？君子所敬，而小人所不者歟？性不得則若禽獸，性得之則甚雅似者歟？匹夫隆之則為聖人，諸侯隆之則一四海者歟？致明而約，甚順而體，請歸之禮。』」

這樣東西，有著細緻紋路卻不耀眼嗎？很容易了解，卻又有深奧道理嗎？是君子敬畏，小人卻輕忽的嗎？失去了它，人就不成人而成為禽獸；得到了它，人就變得高雅嗎？推崇、依循它，地位低下的人可以成為聖人，地位高的諸侯可以統一天下嗎？這樣東西，只有可能是禮吧！

荀子的〈禮賦〉已經具備了後來由漢賦延續的兩項元素。第一，這是「命題作文」，〈禮賦〉就是要描述、形容禮是什麼，而以各種方法、從不同角度來顯現禮這樣東西。賦體中必然有一個明確的核心，要以文章來進行說明、呈現。第二，在呈現形式裡，其中很有力的一種是問答體。在〈禮賦〉中，作者虛構了一名問者對王進行發問，由王來回答，而問與答，都是為了要形容、描述禮。

07 賈誼〈鵩鳥賦〉：鵩鳥為幌，論道為實

到了漢初，出現了另外幾篇重要的賦體文章。其中一篇是賈誼的〈鵩鳥賦〉。

漢人迷信，認為鵩鳥（形似貓頭鷹的鳥）飛進屋子裡是非常不吉利的事。鵩鳥一般不親近人，竟然會飛入屋裡，表示這個屋主對鳥失去了威脅，也就是快要失去作為人的身分了。〈鵩鳥

賦〉以此迷信為開端，形容「野鳥入室兮，主人將去」，心中很不舒服的主人，於是問那進屋來的鵩鳥：「你可以告訴我，我什麼時候會離去，又會去到哪裡呢？」

鵩鳥不會說話，只會有「舉首奮翼」的動作，於是主人就從牠的動作臆測、解讀出答案來。鵩鳥給的答案是：「萬物變化兮，固無休息。斡流而遷兮，或推而還。形氣轉續兮，變化而嬗。沕穆無窮兮，胡可勝言。禍兮福所倚，福兮禍所伏；憂喜聚門兮，吉凶同域。」

意思是說，萬物無時無刻不在變化中，當下到下一刻就不再是那麼回事了。從這樣的流變中觀看，怎麼會有固定的吉凶禍福可言呢？福從禍中變化出來，禍依隨著福而來，固著地看待福或禍，是沒有道理的。

「且夫天地為鑪兮，造化為工。陰陽為炭兮，萬物為銅。合散消息兮，安有常則？千變萬化兮，未始有極。忽然為人兮，何足控摶。化為異物兮，又何足患！小智自私兮，賤彼貴我。達人大觀兮，物無不可。貪夫殉財兮，烈士殉名。夸者死權兮，品庶每生。怵迫之徒兮，或趨西東。大人不曲兮，意變齊同。愚士繫俗兮，窘若囚拘。至人遺物兮，獨與道俱。眾人惑惑兮，好惡積億。真人恬漠兮，獨與道息。釋智遺形兮，超然自喪。寥廓忽荒兮，與道翱翔。乘流則逝兮，得坻則止。縱軀委命兮，不私與己。」

一切都在不可預測的變化之中，哪有固定的「命」可言呢？人和其他萬物一樣，都在天地變化規律的操弄下，所以我們要學會當「達人」，將變化而來的種種現象一視同仁，不要有所執著、堅持。小人堅持追求財富，因而送命了；烈士堅持追求名聲，因而送命了；高位者堅持追求更大的權力，因而送命了……，為了追求而奔走匆忙，還常常因而保不住性命。「達人」或「大人」不是如此，他們依順變化，對一切都恬淡以對，連自己的智慧、形體都能遺忘，「道」把他們帶到哪裡即是哪裡，隨之漂流，無所不可。

〈鵩鳥賦〉比〈禮賦〉多了一層轉折。表面上描述、形容鵩鳥，但實際上鵩鳥入屋只是個幌子，重點在由此引發關於「道」、關於變化的議論。

08 枚乘〈七發〉：感官奇觀創造文字奇觀

對漢賦風格有更大影響的，還有枚乘的〈七發〉。在題目上，〈七發〉並未明白標上「賦」字，但自從〈七發〉之後，「七」就成為漢賦中最常見、最重要的數字。〈七發〉之後，有〈七激〉、〈七興〉、〈七依〉、〈七說〉、〈七舉〉、〈七辯〉……，都是用賦體寫的文章。

劉大杰如此形容〈七發〉：「〈七發〉雖未以賦名，卻純粹是漢賦的體制。全篇是散文，用反覆的問答體，演成為一故事的形式。……它同〈鵩鳥〉比較起來，有兩個跟漢賦更相接近的特點。第一，它的文字語氣不像〈鵩鳥〉那樣平淡實在，已趨於詞藻的華美與形式的誇張了。其次，它不是說理的，完全是敘事寫物的。……這篇文字的意義是沒有的。兩千多字的長篇是說明聲色犬馬之樂，不如聖賢之言的有益。要說到賦的諷喻的功用，大概就在這一點。」

劉大杰的意見很有代表性，尤其是那嚴厲的評斷：「兩千多字的長篇是說明聲色犬馬之樂，不如聖賢之言的有益。」不過，這樣的意見和〈七發〉原文之間卻存在著不小的差距。

〈七發〉一開頭就說「楚太子有疾」，病得很厲害，於是一位由吳到楚的客人前往探望，問怎麼會生病的呢？然後客人就提出了各式各樣的誘惑，問太子願不願意去體驗一下，太子聽了，好幾次都回答說：「沒辦法，我病得太厲害了，去不了。」一直到最後，客人欲說聖賢方術的「要言妙道」，太子愈聽愈感興趣，忍不住站了起來，而且出了一身大汗，病就好了。

耐著性子仔細讀〈七發〉，我們就能了解為什麼作者要將之衍生為兩千多字的長文，尤其是為什麼要設定文章結構為七段，以及這樣的七段結構為什麼在那個時代引發了眾多後來的模仿者。

其中一段，客人以聲音之美誘惑太子，〈七發〉中是這樣寫的：「客曰：『龍門之桐，高百尺而無枝。中鬱結之輪菌，根扶疏以分離。上有千仞之峰，下臨百丈之谿。湍流溯波，又澹淡之。其根半死半生。……朝則鸝黃鳱鴠鳴焉，暮則羈雌迷鳥宿焉。獨鵠晨號乎其上，鵾雞哀鳴翔乎其下。於是背秋涉冬，使琴摯斫斬以為琴，野繭之絲以為絃，孤子之鉤以為隱，九寡之珥以為約。使師堂操《暢》，伯子牙為之歌。歌曰：「麥秀蔪兮雉朝飛，向虛壑兮背槁槐，依絕區兮臨迴溪。」飛鳥聞之，翕翼而不能去；野獸聞之，垂耳而不能行；蚑蟜螻蟻聞之，拄喙而不能前。

此亦天下之至悲也，太子能強起聽之乎？』」

客人設定了一個自然的場景，在龍門峽上有一株老桐，生得極高極高，像根大柱子般筆直豎立，中間沒有其他橫枝。樹幹上貼著奇形怪狀的輪菌，根部抒放蔓延。周圍有高峰、有深谷，底下的河水恆常不斷地沖刷。在這樣半生半死的桐樹上，有著各種鳥類，在不同的時間棲止鳴叫。於是人們將這株在自然間飽受聲響的桐樹砍下來，把木頭造為琴，配上野蠶生的野絲作弦，還有最精巧的其他機件配備。然後找來最會彈琴的師堂演奏，最會唱歌的伯牙歌唱，唱的歌詞就是描述這根桐木原有的自然環境。如此形成的音樂是「神音」，鳥聽了不願飛走，野獸聽了都被馴服而走不掉，甚至連昆蟲聽了都入迷。如果有這樣的聲音，太子願意勉強起身來聽嗎？

這樣的文字事實上無法翻譯為白話。因為關鍵重點就在於鋪陳誇張、華麗的文句，用來形容很難以文字形容的聲音之美。換句話說，這樣一段文章真正的成就，不在於說了什麼，而在於如何說。

〈七發〉中分段描述了種種「奇觀」，都是不可思議的終極華麗的感官享受，客人要用這些奇觀來誘惑太子從病榻起身。關鍵是，這種種奇觀之所以為奇觀，就必然超越了人的一般經驗，也就對文字描述產生了巨大挑戰——不可能用平常的文句來形容非常的奇觀。描述奇觀，相應要有非常的字、詞、句。於是，一段一段呈現奇觀時，枚乘同時也以他的才能在製造文字上的奇觀，大幅擴充了中國文字的形容表達能力。

09 漫天罩地的誘惑，華麗鋪張的詞藻

〈七發〉其實有著漸進的敘述策略，並不是單純地將七段分列而已。客人形容了終極美好的聲音後，太子簡單回應說：「我病得太厲害，沒辦法。」

接著客人就轉而形容終極美好的味道來誘惑太子：「犓牛之腴，菜以筍蒲。肥狗之和，冒以山膚。楚苗之食，安胡之飰，摶之不解，一啜而散。於是使伊尹煎熬，易牙調和。熊蹯之臑，勺藥之醬，薄耆之炙，鮮鯉之鱠。秋黃之蘇，白露之茹，蘭英之酒，酌以滌口。山梁之餐，豢豹之胎。小飰大歠，如湯沃雪。此亦天下之至美也，太子能強起嘗之乎？」

最好、最珍貴的種種材料，還有最棒的廚師，做出了絕佳的神妙搭配，如此的夢幻美味。這裡枚乘又鋪排了另外一串華麗的文字，還運用「之」、「以」等字塑造了特殊的音韻效果。

對美味的誘惑，太子的回答還是：「病了啊，沒辦法。」

於是下一段，客人提出的新誘惑，就從聽覺、嗅覺的靜態享受，升級到動態的飆車。「鍾、岱之牡，齒至之車，前似飛鳥，後類距虛。穱麥服處，躁中煩外。羈堅轡，附易路。於是伯樂相其前後，王良、造父為之御，秦缺、樓季為之右。此兩人者，馬佚能止之，車覆能起之。於是使射千鎰之重，爭千里之逐。此亦天下之至駿也，太子能強起乘之乎？」

找來歷史上最好的名馬，搭配歷史上最會騎馬駕車的人，就能將馬車駕馭得既快速又安穩，這樣的享受，太子要不要？

太子還是說：「不行，生病了，起不來。」

客人還是不放棄，再找來想像中最美的景致：「既登景夷之臺，南望荊山，北望汝海，左江右湖，其樂無有。於是使博辯之士，原本山川，極命草木，比物屬事，離辭連類。浮游覽觀，乃下置酒於虞懷之宮。連廊四注，臺城層構，紛紜玄綠。輦道邪交，黃池紆曲。溷章、白鷺，孔鳥、鶤鵠，鵷鶵、鵁鶄，翠鬣紫纓。螭龍、德牧，邕邕群鳴。陽魚騰躍，奮翼振鱗。……」

這不是單純的遊賞自然，而是多層次的複合式享受。有自然美景，還有會寫文章的人在一旁歌詠自然之美。自然之外，又有人造宮室的豪華氣勢相應搭，再加上充滿各種珍禽走獸的園林之景，有靜有動。

不只如此，「列坐縱酒，蕩樂娛心。景春佐酒，杜連理音。滋味雜陳，肴糅錯該。練色娛目，流聲悅耳。於是乃發《激楚》之結風，揚鄭、衛之皓樂。使先施、徵舒、陽文、段干、吳娃、閭娵、傅予之徒，雜裾垂髾，目窕心與。揄流波，雜杜若，蒙清塵，被蘭澤，嬿服而御。此亦天下之靡麗皓侈廣博之樂也，太子能強起游乎？」

在這麼美的環境裡飲酒為樂，有美酒，一定不能沒有美食；有美酒美食，不能沒有好聽的音樂；有美酒美食，也不能沒有美女相伴，美女身上還有不可思議的美服……，所有這些不同的成分構成了天下至極的奢侈享受。太子願意為這樣的享受起身嗎？

太子還是不行。那還有什麼比這更大的誘惑嗎？有，要不要去打獵呢？「客曰：『將為太子馴騏驥之馬，駕飛軨之輿，乘牡駿之乘。右夏服之勁箭，左烏號之彫弓。游涉乎雲林，周馳乎蘭澤，弭節乎江潯。掩青蘋，游清風。陶陽氣，蕩春心。逐狡獸，集輕禽。於是極犬馬之才，困野獸之足，窮相御之智巧。恐虎豹，慴鷙鳥。逐馬鳴鑣，魚跨麋角。履游麕兔，蹈踐麖鹿，汗流沫墜，冤伏陵窘。無創而死者，固足充後乘矣。此校獵之至壯也，太子能強起游乎？』」

打獵既有和飆車一樣的刺激速度感，也有山林當中的美景享受，還多了進一步的冒險與成就感。那是在自然間和動物的競爭相鬥，最大的目標不是以箭將動物射死，反而是藉由追逐使得動物或不堪疲憊或掉落山崖，「無創而死」，這是多大的樂趣啊！

太子的回答，還是：「僕病未能也。」但這一次，同樣的回答卻帶著不一樣的表情，「然陽氣見於眉宇之間，侵淫而上，幾滿大宅。」聽了客人描述打獵的情況，太子的臉上冒發出英武之氣，幾乎充滿了整間房子。

既然太子有了反應，客人就進一步形容打獵的後續：「冥火薄天，兵車雷運，旍旗偃蹇，羽毛肅紛。馳騁角逐，慕味爭先。徼墨廣博，觀望之有圻。純粹全犧，獻之公門。」這就不只是打獵，而是刻意讓打獵的情緒接近打仗了。

太子受到更強的刺激，有了不一樣的反應：「這好啊！能再多說一點嗎？」

客人配合地表示：「本來就還沒說完啊！」再接著說：「於是榛林深澤，煙雲闇莫，兕虎並作。毅武孔猛，袒裼身薄。白刃磑磑，矛戟交錯。收獲掌功，賞賜金帛。掩蘋肆若，為牧人席。

旨酒嘉肴，羞炰膾炙，以御賓客。湧觴並起，動心驚耳。誠必不悔，決絕以諾。貞信之色，形於金石。高歌陳唱，萬歲無斁。此真太子之所喜也，能強起而游乎？」

這就是將猛獸當作敵人，且在對陣廝殺之後，慶祝凱旋的興奮之情了。眾人沉浸在勝利的歡樂中，大聲唱歌，高呼「萬歲！」。

太子有不同反應了，說：「我很願意去啊，只是不好意思動員這麼多人陪我去。」這就已經不是原本躺在床上病懨懨的那個太子了。

於是客人更進一步，以難得一見的自然奇景挑動他的心緒。「將以八月之望，與諸侯遠方交游兄弟，並往觀濤乎廣陵之曲江。……」就是去觀濤，看排山倒海而來的海潮巨浪。客人形容的話說了一大段，太子好奇地追問：「為什麼會有如此雄壯奇偉的現象呢？是什麼樣的氣得以引發濤之磅礴？」當然客人就又對濤浪之奇、之美說了一大段。說完了，太子畢竟還是沒有奮起。

最後，客人說：「將為太子奏方術之士有資略者，若莊周、魏牟、楊朱、墨翟、便蜎、詹何之倫，使之論天下之精微，理萬物之是非。孔老覽觀，孟子持籌而筭之，萬不失一。此亦天下要言妙道也，太子豈欲聞之乎？」如果幫你找和莊周、魏牟、楊朱、墨翟等等有同樣智慧和知識的人，來跟你說明天下萬物的精微道理，太子願意聽嗎？

這時太子先站起來才回答：「這我當然要聽啊！」瞬間出了一身大汗，病就痊癒了。

10 誇張示範語言文辭的神祕力量

劉大杰認為〈七發〉是一篇空洞、枯燥、單調的文章，因為他沒有讀到文章中的關鍵機巧，更因為他不了解〈七發〉所啟發的漢賦基本追求。

從表面上讀，〈七發〉的結構是客人依序提出了種種感官享受，都無法引動太子願意起身。到了最後一段，同時也是最短的一段，講到的是「天下要言妙道」，在此之前對於終極享受都被動以待的太子，竟然就有了截然不同的反應，為之激動起身，還因此「霍然病已」，這是多麼拙劣的設計啊！聖人之言能比那些感官刺激更激動人心，能讓病人為之痊癒，這是多麼一廂情願的想法啊！

回到文本上，這樣的讀法顯然讀錯了。〈七發〉中太子最後站起來說的話，原文是：「渙乎若一聽聖人辯士之言！」這話不單純是對「天下要言妙道」之誘的反應，更是對這整個經驗的描述啊！究竟是什麼力量治癒了太子？是客人一段一段分項所說的一切，這位客人就像莊周、魏牟等人一般聰明，是來向太子「論天下之精微，理萬物之是非」的啊！

〈七發〉的主旨，是誇張地示範、彰顯語言文辭有多大的神力。連一個生了重病癱倒在床上的人，透過對的文辭的鋪陳、刺激，以漫天罩地的誘惑挑逗，終究可以讓他從重病中站起來，霍然而癒。

好的文辭，尤其是華麗鋪張的文辭，甚至可以治病啊！〈七發〉開啟了漢賦特殊的自信與特殊的追求。人們發現文字這樣的符號，含藏著尚未被全部開發的神祕力量，足以對人產生各種奇特的影響。於是一些少數在文字運用上具備高度天分的人，也就將不斷開發、新創的文字運用效果，承擔為時代使命，持續不懈地寫出更多前人沒用過的字、前人沒寫過的表達方式。

這是漢賦最主要、最獨特的精神。

第七講

虛矯的漢賦，後悔的漢武

01 司馬相如的想像吹牛本事

漢賦的黃金時代，是武帝、昭帝、宣帝這三朝。這也是漢代國力最盛，相應政治與社會風氣最是昂揚、浮誇的時代。

武帝朝最有名的漢賦作者是司馬相如。《漢書．司馬相如傳》中說，司馬相如寫了一篇〈子虛賦〉，文中記敘一個叫子虛的人，從楚國出使到齊國，齊王帶著他一起出獵，問他：「楚國也有供遊玩打獵的平原廣澤嗎？楚王遊獵與我相比，誰更壯觀？」子虛便描述了一場楚王狩獵的盛況。他說楚國境內有七座大湖，楚王曾到其中一座雲夢澤去打獵，然後極盡誇張華麗之能事地形容了雲夢澤的詭奇環境，周遭豐茂的動植物現象，當然還有打獵過程的刺激有趣。聽到這件事的烏有先生不服，也以齊國的大海名山回應子虛。

武帝讀到這篇〈子虛賦〉，大為羡慕文章中所描寫的狩獵場景。服侍在一旁的「狗監」（宮中負責養狗的）趕緊對皇帝說：「寫〈子虛賦〉的這個人我認識啊！」於是靠著狗監的牽線，司馬相如得以晉見皇帝。司馬相如顯然有備而來，武帝提起了〈子虛賦〉，他立即自信地說：「〈子虛賦〉算不得什麼，那只是形容諸侯打獵的情況，天子打獵當然比這個還要盛大豪華。」

於是他又寫了〈上林賦〉。〈上林賦〉一開頭說，齊國的無是公聽到子虛對楚王狩獵雲夢澤的形容，以及烏有先生對齊國的描述後，就對兩人說：「你們以為楚王這樣打獵就很了不起了？那是因為你們沒見識過天子怎麼打獵吧！」接著就藉由無是公之口，述說天子在上林打獵的雄奇過程。

有意思的是，當武帝讀到〈子虛賦〉而受到吸引時，打動他的是什麼？是嚮往能去司馬相如形容的地方，經驗和楚王一樣的打獵過程嗎？如果是這樣，那他不應該去找司馬相如，而是應該叫人按照〈子虛賦〉所描述的，去安排那樣的獵場，進行一次那樣的出獵。

找來司馬相如，就表示武帝明白〈子虛賦〉正如同其標題顯示的，是出自司馬相如想像的子虛烏有之事。打動武帝的，是賦文中的夸夸其言，無邊無際的想像吹牛。也因此，一見到武帝，司馬相如的反應就是拿出更大的想像吹牛本事，編造一個更誇大的上林打獵的經驗。

02 為「新世界命名」的精神需求

這裡便牽涉到理解漢賦的關鍵——漢賦是漢帝國擴張精神的代表性文類。

武帝一朝是大漢帝國的關鍵擴張期。請大家不要輕忽「帝國」二字。從歷史上看，中國並不是一開始就以帝國形式存在的。帝國出現之前，幾百年的周代是以封建形式建構起來的。封建是個相對穩定的制度，即便從春秋時就開始動搖、分解，卻還是又維持了五百多年的時間，到秦始皇時，才正式代之以帝國的新形式。

相較於封建，帝國太新了。從秦帝國快速建立又快速滅亡，經歷楚漢相爭的亂局，再到漢代建立後的前七十年，帝國一直處於摸索階段。漢武帝真正掌權後，帝國才算是真正成熟了。成熟的漢帝國具備兩項重要條件，一是中央集權的統治系統，二是高度昂揚的對外擴張精神。而這兩項條件又彼此相關、彼此加強，有了可以集中動員人力物力的系統，才能蓄積實力對外擴張；對外擴張進行的大幅動員，又加強了帝國中央集權的統治力度。

針對大漢帝國的擴張，我們可以大膽地以十八、十九世紀歐洲帝國主義的歷史作比擬。維持西方帝國主義發展的，從來不只是單純的利益動機，其背後必定有更深沉、也更強大的精神層面衝動。用德國哲學家史賓格勒（Oswald Spengler, 1880-1936）在《西方的沒落》（*The Decline of the West*）一書中的說法，那就是一股無可遏抑的「浮士德精神」，一種不斷地挑戰既有極限、冒險突破極限的衝動。浮士德精神支撐、塑造了西方的帝國主義歷史。

在中國歷史上，積極對外擴張的情況並不常見。後來的內斂、收束常態，使得我們不容易接觸相反的擴張式時代。藉由西方歷史的對照，可以提醒我們暫時擺脫習慣的制約，用不一樣的眼光來看這一段歷史。

前面我們介紹了大漢帝國和匈奴的關係。不過武帝朝的對外擴張，不只在北方將匈奴節節逼退而已，在西方的西域、在東北、在西南、在南方，都有重要的擴張征服行動。那是巨大的全面擴張潮流。

從李廣、張騫到李陵、蘇武，那個時代的人，隨時準備為帝國的擴張獻身。他們所信奉的生命根本價值，絕對不是安土重遷，更不會是清靜無為。這背後一定有著超越個人選擇的集體精神狀態為其支撐，大漢帝國才會在武帝一朝五十四年間，發生那麼多事，對外開拓得那麼遠。

儘管武帝在晚年下了「輪臺之詔」，對於如此消耗民力去追求擴張表示悔意，但帝國擴張所激起的精神狀態，不可能隨武帝一人老了、累了的心情就立即移轉。而要探測這份精神的崛起、弘揚與變化，漢賦的出現是具有高度代表性的歷史現象。

漢賦是誇張的，而且刻意追求誇張，其誇張的追求源自於一份和帝國對外擴張、挑戰極限同樣的精神。

武帝讀到〈子虛賦〉，意外一個人竟然可以用文字創造出這樣一個虛構的浮誇世界。而當他將司馬相如召來，司馬相如也沒有讓他失望，立刻告訴他，〈子虛賦〉不是浮誇虛構的終極，立即以文字再創造出突破〈子虛賦〉限度的〈上林賦〉。

武帝在位五十四年，很少有皇帝在位的時間比他長的。然而這樣的五十四年，放進漢代歷史的脈絡下，從當時人的主觀體驗來看，卻應該是快速、短暫的五十四年。因為在這段時間中，發生了太多、太激烈的變化。

武帝繼承文帝和景帝，在個性上，文帝節儉、景帝孤僻，都是屬於內斂收束型的。武帝即位之初，竇太皇太后還嚴格地看守著兩位皇帝建立起的內斂收束風格。等到竇太皇太后去世，像是水壩潰堤般，長期硬生生被阻擋的活力沛然不可禦地沖流而下。

換句話說，漢朝雖然建立了一個新的局面、新的時代，但前面七十年卻小心謹慎地刻意壓抑這份集體的新鮮感。要到武帝真正取得統治權力時，這樣的壓抑才告解除。於是大家得到了自由，可以肯定身邊周圍發生的種種現象，那是新鮮的、甚至是前所未見的現象。於是因應地產生了需求，要為這些新鮮事物命名，還要找到方式描繪、記錄這份刺激的新鮮感。

武帝一朝，人們從感官上體驗到前所未有的華麗、武勇、輝煌、豐饒、樂觀、廣大。在這個意義上，漢賦就是用來表達這種空前感受的主要工具。所以漢賦非鋪張、誇大不可，唯有鋪張、誇大的風格，才能應對武帝朝「為新世界命名」的精神需求。

漢賦是「貴族文學」，並不是說寫作漢賦的人都具備貴族身分，而是漢賦的內容主要反映了環繞在武帝周圍的這一群時代新貴，他們所看到、所體驗的帝國新天新地的感受。漢賦的作用，在於記錄新時代的「奇觀」（spectacle），傳遞那種人活在奇觀中的興奮，而要達到這樣的目的，漢賦本身也成了新時代中的一種奇觀。

03 景物、想像、文字描述的三重極限

我們今天要閱讀漢賦，會遇到一個根本困難，就是文章中出現了許多不認識的字。看看〈上林賦〉中的這一段：

> 左蒼梧，右西極。丹水更其南，紫淵徑其北。終始灞滻，出入涇渭。酆鎬潦潏，紆餘委蛇，經營乎其內。蕩蕩乎八川分流，相背而異態。東西南北，馳騖往來。出乎椒丘之闕，行乎洲淤之浦。經乎桂林之中，過乎泱漭之壄。汩乎混流，順阿而下，赴隘陿之口。觸穹石，激堆埼，沸乎暴怒，洶涌彭湃。滭弗宓汩，偪側泌瀄。橫流逆折，轉騰潎洌。滂濞沆溉，穹隆雲橈，宛潬膠盭。踰波趨浥，莅莅下瀨。批巖衝擁，奔揚滯沛。臨坻注壑，瀺灂霣墜。沉沉隱隱，砰磅訇礚。潏潏淈淈，湁潗鼎沸。

不妨試著將不認識的字圈畫出來，兩百多字的文章中，應該被圈得密密麻麻，至少有二、三十個不認識的字吧？

不用怪自己中文程度太差，也不要怪這文章太古遠。那不是你的問題，也不是單純時代久遠

所造成的。文章裡出現大量奇字僻字，是漢賦作者故意而為的。即使和他們同時代的讀者，遇到這樣的文字，同樣無法一眼就看透、看懂每個字。

司馬相如是知名的漢賦作者，他另外著有《凡將篇》，那是一本字書。揚雄是知名的漢賦作者，他另外著有《方言》、《訓纂》兩本字書。班固也是知名的漢賦作者，而他也有一本《續訓》，是揚雄《訓纂》的續篇，那當然也是一本字書。

這些寫賦的人同時身兼編字書的角色，絕非偶然。他們是那個時代的文字專家，專門蒐集文字，有時甚至還創造發明文字，他們當然就將自己能掌握的龐大字彙運用在漢賦作品裡。再退一步問，他們為什麼會對蒐集、創造文字，對編字書有那麼大的興趣與熱情？因為他們自覺活在一個充斥著稀奇古怪新鮮事物的環境裡，需要有比一般通行的更多、更豐富的字詞，才有可能趨近並描繪這些事物。另一方面，他們也受到擴張的時代氣氛的深刻感染，自然會想在自己熟悉的領域裡進行類似的擴張發展，把語言文字的範圍予以大幅拓增。

我們在西方大航海時代看見類似的歷史現象。從海上冒險回來的人，帶回各式各樣的經驗之外，還有歐洲人之前從未見過的動物、植物、礦物等，活的死的都有。這些經驗與物品，等待被命名、被訴說。既有的語言文字顯然不足以應付這股爆發的要求，於是新的字彙產生了，新的語法出現了，新的表達方式也快速冒湧、流行。原先歐洲通用的拉丁文缺乏足夠的彈性，無法容納快速增加的新字、新詞、新表達，反而是各地未受教會控管因而有較大變化自由的方言，比拉丁文更能夠應對這樣的新時代變化。於是方言崛起，拉丁文相對沒落，連帶地使得教會權威也開始式微。

漢帝國擴張的過程中，看到了戈壁沙漠的景觀，看到了南蠻區域的動植物異象，這些新經驗刺激了人們的想像力，而且必須有新的文字才能記錄。〈上林賦〉形容上林的地理，一開頭就說「左蒼梧，右西極」，蒼梧在今天廣西一帶，和西邊極遠之地一樣，都是到武帝時代才開始進入漢人意識中的偏荒之處。司馬相如刻意將上林與極遠的南方、西方相對比，就是為了利用遼闊的距離來打開誇張想像的空間。

和西方大航海探險所得同步發展的，是強大的博物學系統，想辦法將這些沒見過的東西安排出一種可以理解、可以掌握的秩序。漢代沒有類似的博物學，當然也沒有建立博物學所需要的如製作標本、保存運送遠方物件的技術，於是他們能帶回來的，就是種種傳奇的描述與訴說，那當然需要大量的新字詞和新語法，來命名新事物、傳達新經驗。

在這樣的語言文字裡，真實和想像交雜，很難分得開來。〈子虛賦〉、〈上林賦〉中有部分來自遠方的經驗基礎，但更多的是憑藉語言文字打造出的誇張想像。就因為有遠方真實、新鮮事物的刺激，人們也會傾向於部分相信想像，而不會以「不是真的」為理由，便將想像置諸一旁。

〈上林賦〉一開頭專注地講河川，形容八條河的河水如何動盪、如何變化。這是想像力的特技表演，呈現出景物、想像、文字描述的三重極限。突破極限是關鍵，沒有這份野心，少了突破極限的能力，就沒有資格寫賦。

04 躍動不安狀態下的炫耀文本

賦是如此特殊的文類，華美而誇耀。其華美正來自誇耀的需要。賦同時在炫耀兩樣東西：一是對於這個新鮮世界近乎無邊無際的想像；二是因應這個近乎無邊無際的想像世界，炫耀自我竟然有同等近乎無邊無際的文字能力可以傳述。

會產生這樣的文類，背後有著一股強大的價值精神，那就是相信文字，毫不懷疑文字有辦法對應任何新鮮古怪的經驗與想像，甚至文字可以超越新鮮的事實，創造出更豐富、更稀奇古怪的世界來。

賦因而是一個文字上的巨大奇觀。這些作者以其天分和才能，在很短的時間內擴大了漢字的字彙範圍與表達能力。更重要的是，他們召喚、重建了文字的神祕力量。中國傳統本來就很重視文字，商人將文字用在與超越世界的溝通上，周人則崇敬文字可以抵抗時間，將事物恆久保留下來的特質。漢賦的作者則將文字的神祕力量再向前推進一步，示範了文字游移在真實與想像之間，近乎無所不能、無所不在的功用。

漢賦的作者隨時懷抱著一份或明示或暗藏的驕傲，他們相信，只要是人的身體能經歷的、腦袋能想像的，自己都能用文字寫得出來。在他們的創作選題與表現上，因此總是流露出這份自信，刻意展現那最難、最不可思議的華麗鋪排。

延續過去賦體的傳統，漢賦基本上也是「命題作文」。有一個明確的題目，然後用最誇張、最華麗的文字環繞著題目展開、鋪排。命題是特技表演的一部分，故意限制作者的自由，不能愛寫什麼就寫什麼，一定要限縮在固定的題目上，才更能顯現出作者的鋪排聯想能力。例如王褒寫〈洞簫賦〉，整篇文章就只講洞簫，別人講不了那麼多，王褒卻能講得比別人更多、更豐富，那就是他寫賦最重要的能力。

今天我們會說這樣的文章看來空洞，因為一來裡面缺乏能夠引動人共鳴的情感，只有不斷延伸、排比、堆砌的描述與形容；二來那樣外延的性格毫無節制，似乎可以一直不斷地牽拖下去。然而這樣的空洞，不是源於作者的無能，而是來自當時賦體所律定、所追求的規範。

或許更直接這樣說吧，漢賦在主觀目的上，本來就不是讓我們以「文學」的標準來閱讀的。漢賦不追求讓讀者感動，而是要讓讀者嘆服。面對作者能夠運用的龐大字彙，我們自嘆弗如。面對作者能夠將一支小小的洞簫寫成那樣，或能夠將一座大都城轉化為一句句連綿漫長卻又工整的文章，我們自嘆弗如。

漢賦真的就是為了誇耀而寫的。如果不能進入他們的精神背景，我們就無從領略、體會漢賦的價值。這裡有一群人，他們活在一個讓他們為之興奮好奇的變動、擴張的世界裡。外在的新鮮事物引動他們的好奇，好奇又進一步刺激想像，於是他們習慣以一種外放的態度看待生命。對自己、對別人，他們不時挑釁地問：「就這樣嗎？你以為只有這樣？你只能想到這裡、描述到這裡而已？」

漢賦就是這種躍動、不安的精神狀態下產生的炫耀文本。

05 辭與賦的差異，在於基本情調

從戰國傳留到漢代的文類，原本還有更發達、更強大的「辭」。辭是源於南方楚地的文體，所以又稱「楚辭」。辭最重要的作者是屈原。屈原的成就，讓辭有了突破性的發展；卻也因為屈原的成就，而使得辭有了明確的性格。那性格是悲觀的，帶有強烈的懷疑態度，對生命、乃至整個宇宙世界都無法充分安穩地信任。辭最適合表達的是「不遇」的痛苦，那是人的現實遭遇與主觀理想的嚴重衝突、格格不入，以至於產生對自我、甚至對存在或活著這件事最深沉的沮喪。

楚辭在屈原之後，另有一位傑出的作者宋玉。漢代形成的《楚辭》書中，最主要收入的就是屈原和宋玉的作品。《楚辭》中有宋玉所作的〈九辯〉和〈招魂〉兩篇。不過在漢代，宋玉更有名、流傳更廣的作品是〈登徒子好色賦〉。對讀宋玉的辭和賦，我們可以清楚了解這兩種文類的差異，主要不在於形式與語句的排列上，而在於其基本情調。賦之所以在漢代茁壯為最具代表性的文體，因為在精神上，賦比辭更適合、更能彰顯擴張和誇張的躍動。

漢賦是個非常的潮流，是漢代特定階段過動狀態下的產物。我們可以試著稍微分析一下前面引用過的那段〈上林賦〉的內容，具體感受那種誇張的字句鋪排。

「左蒼梧，右西極。丹水更其南，紫淵徑其北。終始灞滻，出入涇渭。酆鎬潦潏，紆餘委蛇，經營乎其內。」

這樣的文字表明，供天子狩獵的這塊上林，是司馬相如想像虛構出來的。誇張的想像虛構，是漢賦的普遍出發點，然而這種精神在後世中國的文學傳統中沒落了，以至於後來的人讀到這樣的文字時，不是去領略司馬相如的雄奇想像，而是仔細地考究、爭論文章裡出現的地名具體指的是哪個地方。

短短一小段話中，司馬相如擠進了十二個地名，讓後來的考證者有好多事情可忙。不過考證出來的結果當然是荒謬的、在地理上兜不攏的。前面說了，蒼梧、西極是在廣西和長安以西，灞、滻、涇、渭、酆、鎬、潦、潏都在關中，丹水在陝西，紫淵卻遠至山西。其實司馬相如的用意，一來是炫耀自己對地理的熟悉，能夠一口氣拿出那麼多相關的地名；二來是藉這些地名凸顯上林的不可思議、超越現實的廣大。

動用遙遠、陌生的地名，是為了給人上林有奇險地形的印象。有高山深谷，有快速奔流的河川，有上上下下陡峭巍峨的坡道。他故意放進丹水和紫淵，是要讓當時的讀者具體感受這座林園的廣大，因為他們知道丹水和紫淵離得有多遠！還不只如此，丹水和紫淵的名字都有鮮明的色彩，大紅配大紫，更增添了文章能夠引發的感官想像。

「蕩蕩乎八川分流，相背而異態。東西南北，馳鶩往來。出乎椒丘之闕，行乎洲淤之浦。經乎桂林之中，過乎泱漭之壄。汩乎混流，順阿而下，赴隘陿之口。觸穹石，激堆埼，沸乎暴怒，洶涌彭湃。」

這座上林大到可以容納八條河川從其間穿行，而且這八條河川「相背而異態」，長得都不一樣，因而需要用文字分別形容它們的種種姿態。有從兩座高山之間，像是從門裡衝出來的；有散開來產生河中沙洲的。當漫漶經過了平野，然後河道又變得狹小，於是河水猛力沖撞上大石頭，揚激起大浪攀越過石堆，發出驚人的聲響。

然後司馬相如神奇地以文字模擬河水激盪的聲音變化：「滭弗宓汨，偪側泌瀄。橫流逆折，轉騰潎洌。滂濞沆溉，穹隆雲橈，宛潬膠盭。踰波趨浥，莅莅下瀨。批巖衝擁，奔揚滯沛。臨坻注壑，瀺灂霣墜。沉沉隱隱，砰磅訇磕。潏潏淈淈，湁潗鼎沸。」

「滭弗宓汨，偪側泌瀄」，這都是從唇間迫促發出來的短音。然後隨著河水越過了石堆，描述的字句在聲音上也就愈來愈寬——「滂濞沆溉，穹隆雲橈，宛潬膠盭。踰波趨浥，莅莅下瀨。」前面一個浪一個浪往上堆疊，後面換了方向，變成一道一道小瀑布連環下降，打在岩石上，發出各種交雜相異的聲音。

06 總結在道德教訓上的虛偽與矛盾

〈上林賦〉先說了河川，然後描述了河川裡的各種動物。有水，當然也得有山，所以再下來是：「於是乎崇山矗矗，巃嵸崔巍。……」山描述過了，再換用季節來形容上林之廣：「其北則盛夏含凍裂地，涉冰揭河。」北邊連夏天都結冰，那南邊呢？「其南則隆冬生長，涌水躍波。」簡直像是到了南半球，非但不會有冰封的現象，動植物在冬天都還能生長。

自然景觀之後，接著形容這廣闊區域中的建築：「於是乎離宮別館，彌山跨谷。高廊四注，重坐曲閣。……」以此開頭，然後堆砌了各種不同的建築專有名詞，描述既大又豪華且各有特色的宮殿。再來又回到自然，形容上林中的植物，有樹有草有花，有單獨的細緻，也有集合的壯美。之後接著形容動物的聲音，先聽到或動人或嚇人的聲音，才看到動物的形影。而這些動物，正是天子打獵的對象。

出獵要先有陣仗，還要有工具。隨著打獵的行動，文章的節奏跟著愈變愈快，從原本主要是四字一句的型態，逐漸變成三字一句，讓人能直接感覺到那樣的動態。

打獵有了豐碩的收穫，就可以停下來休息了，大家一起喝個酒吧！不過，在漢賦誇張的情境中，要喝個酒也沒那麼簡單，酒有酒的描述，邊喝酒邊聽的歌也有歌的形容。酒酣耳熱、半醉半醒之際，天子突然有所感慨：「於是酒中樂酣，天子芒然而思，似若有亡，曰：『嗟乎，此大奢侈！……』」這樣的享樂太奢侈、太過分了！

「『……恐後葉靡麗，遂往而不返，非所以為繼嗣創業垂統也。』於是乎乃解酒罷獵。……」正因為打獵太享受了，很容易沉迷其中，導致荒廢了上天交付在天子手上的統治責任。所以不能再喝，也不能再打獵了！於是天子捨棄了這感官的享受園林，改而「游於六藝之囿」，那是由聖人義理所組成的思想之園，裡面有「仁義之塗」、「《春秋》之林」。取代打獵的活動，則是音樂與舞蹈，由動物性的狩獵歡樂，進化到人文性的、文明的思想秩序與樂舞享受。

用後世看待文章的標準來讀漢賦，很容易就能讀出其內容意念上的大缺點——虛矯。從表面上看，〈七發〉說了一大串的種種享受誘惑，都沒能讓太子從病床上起身，最後竟然是「有資略者」的「要言妙道」產生了最大的效果。〈上林賦〉呢？它以最誇張的文字描述了天子狩獵之樂，最後卻朝相反方向一轉，說：「這樣的享樂太奢侈、太過分了！」如果不對，幹嘛要將這狩獵之樂形容得如此誘人？

這樣的虛矯、甚至虛偽態度，成了漢賦的把柄，歷來受到了許多批判。這點我們也沒什麼好替漢賦辯護的。只是從歷史的角度看，應該提醒：虛矯的風格有其更根本的來源，那就是漢帝國在快速擴張中產生的巨大矛盾。

一方面，武帝及其身邊的人積極運用「漢興七十年」所累積的財富、國力，豪邁地揮霍；另一方面，漢朝找到的新時代價值認同卻是儒家，而儒家的統治規訓上，有明確反對擴張與揮霍的部分。於是，漢賦在文句主體上，充分反映了擴張、揮霍的時代精神，創造發明出各種字句與表達手法，務求突破原有的限制，寫得更誇張、更華麗；但在總結的道德教訓上，又要收束回儒家所提倡的節制、紀律。如此相反的內容，能不矛盾、不虛偽嗎？

07 輪臺之詔：武帝晚年的懺悔

同樣的矛盾也出現在武帝的生命歷程中。五十四年的皇帝生涯，大部分時間武帝都在追求帝國的擴張，任性揮霍幾十年累積下來的財富。但到了晚年，他卻出乎眾人意外地逆轉，並且公布了「輪臺之詔」。

「輪臺之詔」發生在武帝征和四年（西元前八九年），那一年，當時的搜粟都尉桑弘羊領銜上奏，建議在輪臺這個地方「卒田」。首先，輪臺在哪裡？它在今天甘肅的西邊，是漢朝疆域的西極地帶。武帝一朝多次征伐匈奴，將匈奴的活動區域硬是向北和向西推擠。從桑弘羊等人的眼光看去，匈奴西移的持續對峙衝突中，輪臺會是下一波的戰略重點，所以朝廷應該派人到那裡墾田定居。

輪臺有很好的地理條件，「地廣，饒水草，有溉田五千頃以上。處溫和，田美，可益通溝渠，種五穀，與中國同時熟。」（《漢書．西域傳下》）所以土地沒問題，氣候沒問題，可以讓人移民過去，再從張掖、酒泉派官員訓練和管理他們，作為防衛、對抗匈奴的最新前哨站，

這樣的屯田、卒田做法，在武帝一朝很常見，人民移居的地區因此不斷向北、向西推進。桑弘羊等人不過是依循前例，提出政策建議，卻沒想到這回從武帝那裡得到了很不一樣的答案。

武帝回覆的詔書說：「前有司奏，欲益民賦三十助邊用，是重困老弱孤獨也。而今又請遣卒田輪臺，輪臺西於車師千餘里，……今請遠田輪臺，欲起亭隧，是擾勞天下，非所以憂民也，今朕不忍聞。」

意思是說，為了防守邊境，前一陣子才要求普遍加賦，那影響的不只是少數有能力的年輕人，而是讓老弱孤獨者的生活更加困難。現在又請求派兵屯戍輪臺，輪臺在很遠的地方，為了這麼一個偏遠據點，一定又得要建立沿路的交通和傳訊系統，勞費不小，絕非體恤人民的做法。

武帝不只明白拒絕「輪臺卒田」的建議，更重要的，他在詔書中表達了深切的懊悔之意。「曩者，朕之不明，……故興遣貳師將軍，……乃者貳師敗，軍士死略離散，悲痛常在朕心。……當今務，在禁苛暴，止擅賦，立本農，修馬復令，以補缺，毋乏武備而已。」

我錯了，大錯特錯。派李廣利帶兵到那麼遠的地方去打仗，不但打了敗仗，李廣利投降了，帶去的人很多都沒能回來，這件事一直在心裡折磨著我。從現在開始要徹底改變，不能再有對人民苛暴的做法，不要隨便加稅加賦，應致力於農業生產。武備部分，人馬都只要維持基本規模，

該補的補上，如此就好了。

這意味著武帝放棄了對外爭戰的企圖，改採防守的態度，所以也就不再將人民士兵派到像輪臺那樣遙遠的地方去了。

「輪臺之詔」推翻了過去幾十年對匈奴的基本策略。發布「輪臺之詔」後，武帝任命他在位期間的最後一位丞相田千秋。武帝特別封田千秋為「富民侯」，表明給予他的政治使命是「富民」，不是讓國家強大，而是讓人民能富裕起來，能過得更好。

08 霍光輔政，「輪臺之詔」的守護者

兩年之後武帝去世。去世之前，他需要做的另一項重要安排，就是帝位交給誰來繼承。最早立的太子劉據死於巫蠱案中，死後被賜予帶有譴責意味的謚號「戾」。「戾太子案」發生後，武帝諸子中表現得最積極的是劉旦。他向父親請求要從封國回到京城來保衛父親。如此表態，反而惹來武帝的不快，便將他遷為燕王，派到更遠的北方去。

顯然，「戾太子案」使得武帝對兒子們產生了高度的不信任，對每一個兒子都看不上眼，也

就遲遲沒有再立太子。一直到生病了，自知死亡將近，才將最小的幼子劉弗陵立為太子，也就是後來的漢昭帝（西元前八七年—前七四年在位）。那一年，劉弗陵只有八歲。

太子年紀太小，不可能承擔起當皇帝的責任，因此武帝就安排了四個人奉召輔佐幼主。四人之中，最重要的是霍光，另外有金日磾、上官桀，加上桑弘羊。在位五十多年，武帝對宮廷的權力現實再明白不過，他知道命霍光輔政，最有可能讓霍光無法發揮作用的，一定是太子的母親鉤弋夫人。為了避免幼主即位後太后干預朝政，武帝乾脆就保證絕對不會有太后這個宮廷角色，斷然地在自己病逝之前將鉤弋夫人賜死。

武帝用這種激烈的方式表現出對霍光的徹底信任，另外還象徵性地賜給霍光一幅「周公圖」，期許霍光忠誠輔政。武帝為什麼那麼信任霍光？

霍光的父親是霍仲孺，年輕時在平陽侯家為吏，與平陽侯家的侍女私通，生下一名私生子。霍仲孺回家之後正式娶妻，又生下霍光。關鍵重點是，霍仲孺的私生子就是霍去病。霍去病的姨母（即衛子夫）入了宮，受到武帝寵愛，愛屋及烏下，霍去病也被召入皇宮，連帶成為皇帝身邊的紅人。

霍去病得勢之後，才有機會找到自己的生父霍仲孺，便將霍仲孺和異母弟弟霍光都接到長安。藉由霍去病的關係，霍光才得到進宮服務的機會。霍光入宮後沒有多久，霍去病就過世了。霍去病之死對武帝是一大打擊，尤其是霍去病不在之後，漢朝對匈奴的戰爭也變得敗多勝少，讓武帝更加懷念霍去病。

多少出於移情作用吧，霍光在武帝身邊也就有了愈來愈高的地位。但霍光的個性和哥哥霍去病完全不同，他進出宮廷二十多年，「小心謹慎，未嘗有過」（《漢書．霍光金日磾傳》）。為什麼是這樣一個保守謹慎的人來擔當輔佐少主的重任？霍光自己的理解是，武帝要他來確保「輪臺之詔」所指示的新政策不會被遺忘、不會被逆轉。

因此昭帝即位後，政策上的指導原則就是「輕傜薄賦，與民休息」。昭帝八歲即位時，有一項重要的相關儀式「籍耕」，也就是皇帝親自下田耕作，象徵朝廷重視農業，要帶領人民回到務農的本位上。昭帝即位的第三年，實施了一次全年免田賦。上一次全年免田賦，已經是遠在文帝時期，七、八十年前的事了。接下來，昭帝四年又下了「以律占租」的重要命令。

「租」指的是人民借用公家土地應付的錢糧代價。過去朝廷經常依照自身需要，任意提高「租」的額度；現在改變規定，「租」的額度要以「律」固定下來，不能任意更改，以降低人民生活上的不確定壓力。

09 六十位賢良文學圍剿桑弘羊

不過，對於武帝的輔政遺命，並不是每個人都和霍光有完全一樣的理解。四位輔政大臣中有御史大夫桑弘羊，桑弘羊是武帝一朝最有力、也最有成就的財政大臣。他擔負的主要責任就是想出各種辦法蒐羅資源，以供給包括對匈奴戰爭的朝廷所需。

在「輪臺之詔」中，被武帝形容為「苛暴」的許多做法，都出自桑弘羊的手筆。桑弘羊發明、設計了許多財政工具，才能在那段時間中將過去積累在民間的財富有效地擠榨出來，也才能支應武帝雄才大略的種種作為，以及那個時代的集體擴張野心。

桑弘羊對自己為朝廷所做的貢獻深具自信，並引以為傲。但霍光「與民休息」的大政方針，等於否定了他一路下來在朝廷的成就，桑弘羊當然不可能服氣、遵從。

於是很快地，武帝遺詔指定輔政的四個人分成了兩派。一派是桑弘羊和上官桀，另一派則是霍光和金日磾。金日磾是匈奴人，在爭戰中降漢，被帶到長安，負責替朝廷養馬。他將馬養得特別好，因而被武帝注意到，一路拔擢重用。他的身分使得他必然不願見到漢朝和匈奴交惡，自然傾向於支持武帝晚年「輪臺之詔」的立場。

四人兩派，不只是單純的權力之爭，還有更根本的路線差異，甚至信念差異。這樣的內在深刻矛盾，到昭帝即位後第七年（西元前八一年）便表面化爆發出來了。在這七年間，雖然霍光路線，或說「輪臺之詔」路線占上風，但底下一直暗潮洶湧，以桑弘羊為首的反對勢力，從來沒有停止過抗爭與掣肘。

昭帝七年，先是文鬥上場。前一年，霍光和田千秋下令要求各地徵舉「賢良文學」，推薦地方上特別出色的人才。各地薦舉的共有六十多位賢良文學脫穎而出，在這年齊聚長安開會。

這整件事背後顯然是霍光操控的，來開會的賢良文學有同樣的態度和立場。什麼樣的態度和立場？最簡單、最清楚的就是反對桑弘羊的態度和立場。那場會議實質上是霍光安排的批鬥大會，他找來賢良文學，藉著討論朝廷未來大政方針的理由，要對桑弘羊發動最猛烈的攻擊。

這場會議的經過被記錄下來，成為中國歷史上少見的、難得的文獻《鹽鐵論》[12]。我們很難在中國的典籍中找到像《鹽鐵論》那麼具有現場感的了，書中將桑弘羊和賢良文學一來一往的問答、討論、激辯忠實地記錄下來，不只記錄說話的內容，還大量保留了說話的口氣與情緒。

從桑弘羊在會中所說的話，尤其是他說話的口氣與情緒，我們可以鮮活地感受到：他逐漸弄明白了，這原來是霍光設下的陷阱，要讓六十位賢良文學用打群架、圍剿的方式，否定並推翻他過去所執行的種種政策，鬥臭他的路線，進而鬥臭他這個人。

12 《鹽鐵論》由桓寬以對話體形式整理撰寫，共十卷六十篇。

10《鹽鐵論》：政治鬥爭的現場傳真

《鹽鐵論》記錄的不只是「鹽鐵」，而是更全面的漢代經濟政策總檢討；還有，《鹽鐵論》也不是一份純粹的經濟政策討論文獻，深層地看，更是武帝去世後漢朝廷最嚴峻的政治鬥爭的現場傳真。

為什麼以「鹽」、「鐵」為名？因為在桑弘羊為武帝所規劃的國家財政政策中，最重要的就是藉壟斷的公營事業來聚攏資源。而壟斷性的事業中，最重要的、和人民生活關係最密切的，就是鹽和鐵。鐵是完全由國家集中燒煉，民間不得私鑄；鹽則必須取得朝廷給予的許可，才能在繳交高額稅收的條件下進行生產。

除了鹽、鐵，其實還有酒，也在朝廷嚴格管制之下。准許民間釀酒，但不准私賣。換句話說，釀出來的酒只能提供給朝廷，然後由朝廷「公賣」，朝廷從中得到最大的利潤。

還有稱之為「均輸」的另一套公賣系統。朝廷藉著龐大的權力與財力，大量採購因豐收、盛產而變得低價的物品，要囤積起來，等到供給下降或需求提高，有了好價碼時再出清販售；要嘛將物品運送到其他有需要的地方販售。如此買賤賣貴，朝廷就可以賺取巨大利差。

這些做法極有效地為中央政府創造了大筆大筆的收入，但同時也必然影響一般人民的生計與觀感。沒有鹽，人無法健康地活著；沒有鐵，農家無法取得耕種的器具。如此切身的必需品，卻全面控制在朝廷手中，強迫所有人付出比正常市場價格高得多的代價才能取得，必然惹來眾多民怨。此外，朝廷公然藉「均輸」做生意，以其規模和運輸之便，吸走了大量的商業利益，民間小規模的商業活動當然完全無法與之競爭。

徵集而來的賢良文學們在會議中火力全開，攻擊這套政策的種種弊端。公營事業的無效率、公營產品的偷工減料和低品質等等，都是他們檢討的重點。因為他們來自民間，有第一手的觀察與經驗，舉了許多讀來令人心酸的例證。像是鐵的壟斷專賣，使得鐵製農具的品質普遍低劣，竟然做得脆弱易斷，農民花高價買了，根本派不上用場，又沒有錢再買新的，只好退化回去改以木製器具耕種，以致生產大減，簡直養不活家人。

面對賢良文學的質疑攻擊，桑弘羊不得不承認這些制度有弊端，但他堅持一個他認為賢良文學缺乏視野、無法理解的立場——要讓偌大的帝國能夠正常運作，必定需要大量經費，不能因為個案的問題，就否認這些制度最根本的作用。朝廷就是需要錢，不能以道德或小民生計為考量而推翻這個前提。錢不從這裡來，要從哪裡來？依照賢良文學的態度，那麼帝國恐怕就要瓦解了，這樣難道對小民百姓會更好嗎？

賢良文學們當然不能否認帝國存在的必要性。於是在策略上，他們能有的選擇，就是和桑弘羊爭議這些帝國開銷有什麼是不合理的。其中最主要能爭的，是和匈奴之間的關係：我們需要一直和匈奴敵對嗎？為了防範匈奴，隨時準備和匈奴武裝衝突，就要耗費那麼多的國家預算嗎？

這項爭議，一來牽涉到對匈奴的基本看法，二來在現實上更牽涉到輔政最高集團中的對立態度。霍光和金日磾是主和派，認為可以建立起和匈奴之間的和平共存關係；桑弘羊和上官桀卻是主戰派，徹底不相信除了武裝力量之外，還能用別種方式對待匈奴，和匈奴相處。

針對賢良文學們提出的對匈奴主張，桑弘羊帶點不屑地提醒他們，匈奴是「反覆無信，百約百叛」，你可能去跟匈奴講條件、立約定嗎？依過去的經驗，每次跟匈奴有了約定，哪一次匈奴遵守了？用這種態度描述匈奴，明顯透露出桑弘羊對匈奴人金日磾的對立敵意。

接著，從公營事業的執行做法中，衍生出另外一項關鍵的爭議：國家朝廷能夠一直用壓迫性的手段，強迫人民接受他們怨恨且不認同的政策嗎？對此，桑弘羊以目的來合理化國家的財政手段，帝國需要錢，所以能創造足夠收入的政策就是好的，至少是必要的。

賢良文學們不接受這樣的道理，他們要問的是根本原則性的問題：國家的財政需要可以無限上綱，壓過所有其他的政治與道德規範嗎？只要抬出缺錢的理由，就可以允許朝廷用任何方式對待人民嗎？國家對待人民，不是應該受到更高層次的原則及責任約束嗎？

從現實的角度看，經濟政策不得民心，要執行就只能靠嚴刑峻法，不斷壓迫、威脅、處罰人民，這樣的做法能夠一直維持下去嗎？朝廷和人民之間這種不正常的關係，不用擔心引來人民的動亂嗎？這樣的代價難道不必考慮嗎？

再上升一個層次，賢良文學們要逼桑弘羊討論「仁」與「仁政」。國家、朝廷、統治者真的可以不用行仁政而能維持其統治嗎？光靠嚴刑峻法，能夠讓人民安定，國家無事？

了解這樣的背景後再讀《鹽鐵論》，有時還真忍不住佩服桑弘羊。會議開始時，他顯然吃了一驚，發現情況不是他原本預期的，實際上竟然是他以寡對眾的批判大會。但很快他就鎮定下來，回復充滿自信的態度，沉著應付每一個問題，還不時表現出對賢良文學的輕蔑。

桑弘羊的頭腦再清楚不過。就連被問到仁政的關鍵問題時，他都能胸有成竹地回答。對桑弘羊來說，皇帝要能有效統治帝國，其近乎絕對的前提，就在擁有不容質疑的權力。如果別人可以對皇帝的決策指指點點、說三道四，那麼皇帝的權威便會崩潰瓦解，帝國的權力中心一旦潰散，帝國秩序也就無從維繫。

也就是說，他根本否定了賢良文學在會議上討論仁政的資格。帝國的現實統治不是這樣的。以賢良文學的地位來批評皇帝有沒有行仁政，討論怎樣才是仁政，如此做法首先就破壞了皇帝的權威，傷害了帝國統治必要的權力基礎。他拒絕進入仁政的內容討論，從形式上根本地反對這項議題。

《鹽鐵論》中記錄，主持會議的是田千秋。作為武帝「輪臺之詔」後拔擢的丞相，田千秋的立場顯然和大司馬大將軍霍光一致。會議上他幾乎不做任何結論，當然更不會以朝廷官員的身分提供桑弘羊任何支持與協助。田千秋所表現的，比較接近在一旁看好戲，讓賢良文學們充分發言，自己則冷眼對待桑弘羊：「這麼多人反對你，而且從那麼多不同面向反對你，你自己看著辦吧！」

11 霍光路線的兩次政變危機

在這場文鬥中，桑弘羊倨傲地拒絕退讓，並堅守立場。於是不久之後，換武鬥登場了。鹽鐵會議後，同一年裡連續發生了兩次政變，政變的對象都是霍光。

桑弘羊在政治上最主要的盟友是上官桀。上官桀原本和霍光親近，他的兒子上官安娶了霍光的女兒，兩家有密切的姻親關係。四位輔政大臣中，他們兩家聯合起來就占了一半的勢力。基於這樣的現實優勢，上官桀積極地想要安排讓自己的女兒進宮成為皇后，以取得更高的地位。不料這樣的打算卻被霍光明白地拒絕阻擋了。上官桀不死心，改走另外的門路，找上了蓋長公主身邊的丁外人。蓋長公主是漢武帝之女，丁外人和她有不倫的私通關係。而在蓋長公主後面的，還有燕王劉旦。

蓋長公主和燕王劉旦在帝位繼承一事上有著共同的立場，他們都不滿武帝竟然排除了燕王，選擇當年才八歲的昭帝。上官桀從丁外人下手，聯繫上蓋長公主，藉著蓋長公主之力，真的將女兒推為皇后。回過頭來，蓋長公主也有她的期待，她想讓丁外人封侯。

如果沒有霍光，蓋長公主的期望或許就實現了。但對丁外人封侯一事，霍光堅持阻擋，決不讓步。於是這幾個對霍光不滿的人就連結在一起，暗中進行推翻霍光的行動。

他們趁著霍光休假不上朝時，以燕王旦的名義寫了一封措辭嚴厲的信給皇帝，指摘霍光「專權自恣，疑有非常」（《漢書．霍光金日磾傳》）。所謂「疑有非常」，意思是霍光要對皇帝不利，想篡位或換皇帝。燕王表示皇帝身處宮中，不知危險，然而外面對霍光的野心早有了種種傳言。

這封信的目的，第一是希望昭帝奪除霍光的權力，第二更希望昭帝同意讓燕王帶兵衛戍京師。當時十四歲的昭帝收到上書後，反應是不當下處理，等到明天再說。第二天霍光就銷假上朝了，昭帝直接將收到的信交給霍光，並對霍光說：「我很明白，你無罪，而且我也不相信燕王會寫這樣的信。信交給你，你去查，看到底是誰冒用了燕王的名義。」

這真是巧妙的政治運作。一方面對燕王等人宣告，你們無法離間皇帝和霍光之間的信任關係；另一方面卻又給了燕王一個下臺階，可以隨便找個替死鬼，當作燕王也是被冒用名義的受害者，免除了政變失敗後會有的連鎖整肅。

不過，燕王等人並沒有因為這次的失敗就放棄行動。他們接著改變做法，打算設個酒局，直接在宴席上暗殺霍光。這項計畫還沒執行就被告發揭露，這回皇帝和霍光就不留情了，燕王劉旦被迫自殺，桑弘羊、上官桀也都死於案中，反霍光的集結勢力徹底瓦解。

兩個集團、兩條路線的爭奪，到此有了階段性的結論。霍光及其代表的「輪臺之詔」路線取得勝利，成為帝國政治的指導中心。

第八講

今古文經之爭與董仲舒

01《鹽鐵論》之爭背後的儒、法角力

漢昭帝八歲登基，在位十四年，二十二歲就去世，沒有留下親生子嗣。因而昭帝去世，又使漢代皇位繼承出現了嚴重問題。但這次和武帝時不一樣，皇帝死了，霍光還在。可以更直接說，朝廷裡並沒有真正權力斷層的困擾，最大的權力握在霍光手中。

霍光的權力大到可以用皇太后的名義選立新皇帝，而且不只立一位，實際上立了兩位。霍光先選了昌邑王劉賀，也就是最近因考古發掘而聲名大噪的海昏侯，但昌邑王就位後僅二十七天就被霍光廢掉。廢昌邑王的過程中，霍光羅列了他眾多的罪名（「凡千一百二十七事」），說他一上任就濫權妄為，同時又殺掉他身邊兩百多人。然後又是在霍光主導下，從民間找出了流落在外的劉氏後裔來當皇帝，就是漢宣帝劉詢（原名劉病已，西元前七四年—前四八年在位）。

立一個、廢一個、再立一個皇帝，過程中霍光沒有遭遇巨大的反彈和反對，甚至歷史記錄上也沒有負面苛評，從這裡可以看出當時霍光的權力有多大。他怎麼能有如此近乎絕對的權力？一部分原因，就是靠鬥倒了桑弘羊。

回頭看，在《鹽鐵論》記錄的那場會議中，霍光用來鬥桑弘羊的重要勢力，是所謂的「賢良文學」。賢良文學在當時已經是一面鮮亮的招牌，一個在各地受到推崇的群體，雖然沒有正式、固定的成員，卻已經有了清楚而強烈的集體原則和信念。桑弘羊再怎麼百般不願意，還是不得不進到會議裡，面對被霍光那一派動員的賢良文學。

賢良文學的信念和集體權威，來自武帝朝新確立的國家意識形態。賢良文學用來挑戰、質疑桑弘羊的，最主要就是「德」與「刑」之分，而這樣的用語背後，是更大的儒家與法家的分野。換句話說，賢良文學明確地以儒家自居，批判桑弘羊的做法不符合儒家標準，而屬於可怕的法家陣營。

這種儒家與法家的正當性劃分，是在武帝朝確立形成的。武帝之前，「漢興七十年」間，主張「無為」、「與民休息」的黃老道家是朝廷施政的指導原則。這樣的政治風格產生了兩個現象：第一，既然「無為」，也就不會積極改變，所以大致沿用了秦代建立的制度，即「漢承秦弊」，實際上法家的嚴刑峻法仍普遍保留著。第二，因為「無為」，這樣的信念只流傳在朝廷少數人之間，對廣大帝國人民沒有太大的影響，所以從社會角度看，這段時期毋寧處於一種缺乏統一價值觀的混亂狀況。

雄才大略的武帝當然無法接受「無為」。竇太皇太后死後，他就積極地將朝廷、乃至整個帝國從「無為」轉為「大有為」。但正因為他的雄才大略和秦始皇如此相近，他必須更明確地與被認定是歷史負面例證的秦始皇劃清界線。而他選擇的做法，就是接受董仲舒的建議，「罷黜百家，獨尊儒術」，抬高儒家的地位，以示徹底放棄、推翻法家的路線。

不過，武帝的「獨尊儒術」並未立即落實在統治上。在「輪臺之詔」前，不管表面上說了多少支持、宣揚儒家道理的話，武帝擴張、揮霍的政治風格，畢竟和儒家仁政、愛民的信念有著相當的差距。

儒家的核心精神要到「輪臺之詔」後，才有機會落入現實政治裡。儒家的政治理念是保守的、內斂的、仁愛的，強調君王應該愛護人民，不該驅使人民為了征服和戰爭去送死。霍光代表的就是一種要將武帝朝拿來當作門面的意識形態，予以「假戲真做」的立場。

從這個角度看，霍光和桑弘羊之間的鬥爭，是漢代「儒法角力」的終曲。桑弘羊被殺，不只是他個人的失敗，更代表了秦代遺留的法家觀念與做法，至此終於從漢代的政治主流中退場。

02 從養士到博士，國家的人才智庫

儒家地位逐步升起，先在表面上取代了黃老道家，成為漢朝的政治指導原則，再進一步落實為漢朝的行政規範。其中一個關鍵的角色，就是「博士」。

「博士」這個稱號，今天都還在我們的日常語言中普遍使用，但現實意義的「博士」很容易混淆、誤導我們對歷史上「博士」或「博士官」的想像與理解。博士是漢代非常重要的一項制

度，然而其內容在不同的時代有很大的不同。

博士的起源，和戰國時的「士」及「養士」風氣密切相關。戰國是個「處士橫議」的時代，當時最風光的縱橫家就是一群游士。談到養士，最有名的是「戰國四公子」——春申君、孟嘗君、信陵君和平原君。因為他們私人養士的名聲過於響亮，又留下類似「雞鳴狗盜」的有名故事，以至於使人往往忘掉了，其實各國國君幾乎也都有養士。

博士起源於齊、魯，等於是以國家力量養的士。那是一個高度人才競爭的環境，時局變動快速，戰爭殘酷無情，每位國君都在焦慮地尋找退可守國、進可吞併他國的辦法，卻誰也沒有把握自己能找到富國強兵的優勢祕訣。高度不確定的情況下，就連什麼樣的人才有用、什麼樣的無用，都沒有簡單、固定的答案。養士就是要齊聚一堆擁有不同才能的人，以便提高君王自身能夠應付變局、凌駕對手的勝率。

因此，養士不會只養一兩個，而且不會聚攏一群有同樣專業的人。多元、多樣，或說「博」，是養士的祕訣。求其多才多藝，集體加起來無所不能，才愈能夠在前所未見的變局中發揮作用。

這是博士的原始意義。國家養的博士，人才五花八門，他們的主要工作是「不治而議論」，不屬於正式的官僚部門，不負擔實質的行政工作，就只要負責出主意、給意見。用今天的概念比擬，類似於智庫或顧問群，請他們提供從不同知識立場出發的種種看法。

這是齊所建立的博士。魯、衛的博士原則上也一樣，不過多了一層來自傳統的約束。魯、衛找的博士沒那麼「博」，而是有個基礎的學問範圍，那就是作為封建古國所傳承的王官學，以及從王官學中衍生出來的諸子學。尤其是魯國，其博士的工作描述是「掌詩書百家語」，「詩書」是王官學六藝的統稱，「百家語」指的就是戰國時新興的種種學說。

魯國博士另有一項特色，就是規定了「七十博士」的定額，後來秦國也依照這個數字建立他們的博士制度。錢穆先生主張，「七十」這個數字應該和孔子有關。因為孔子在魯國產生的重大歷史影響，要成立掌管「詩書百家語」知識的機構時，魯王室很自然地就依照孔子七十弟子的前例，將博士的定額設為七十位。

秦在統一之前，模仿東方諸國也建立起博士官。統一後發生了重大事件「焚書」，當時李斯給秦始皇的建議是：「非博士官所職，天下敢有藏詩、書、百家語者，悉詣守、尉雜燒之。」明白表示在博士官的職掌中，收藏有「詩書百家語」等文獻，且不在「焚書」的毀滅範圍內。

依照《史記》這項記載，「焚書」燒的是民間的書，官方由博士官收藏的書還保留著。那後來為什麼會徹底找不到《尚書》的原本，必須依賴老人家伏生的記憶才能恢復傳授《尚書》，以至於引來複雜的今文與古文爭議呢？一個合理的猜測是，由於秦末大亂，尤其是咸陽幾度被攻破，再加上項羽放火燒掉包括阿房宮在內的大批宮殿，使得原本由秦官方收藏的文獻也一併消失不見了。

03 向博士學習「小學」和律令

「焚書令」中明白規定，「有敢偶語詩書者棄市，以古非今者族。」顯然就算是負責保管「詩書百家語」文獻的博士，和這些傳統學問的關係也必定日益淡薄了。然而，博士「不治而議論」的這項功能還部分存在，博士官也並未被廢除。

漢初為高祖制定「朝儀」的叔孫通，就是一位秦博士。《史記》中記錄叔孫通的生平時有這麼一段：秦二世皇帝首度知道陳勝、吳廣等人起兵，就將博士們召來，問他們的看法。有些博士認為，反逆之兵只是地方上的盜賊問題；另有一些博士警告，這是更全面、更高層次的國家危機。表達後者意見的，都被推出去下獄；表達前者意見的，也都被罷官了。只有一人全身而退，那就是叔孫通，他對二世皇帝說：「唉呀，這是小事，皇帝根本不必在意。」

叔孫通真的覺得沒事嗎？當然不是！在皇帝面前躲過一劫後，他立即逃出咸陽，逃回東方，先投靠項羽，後來又轉而投靠劉邦。他投靠劉邦時不是孤身一人，還帶著百餘名儒生弟子。

漢朝正式成立後，叔孫通訂定了「朝儀」，還負責將一干功臣老將找來反覆演練。第一次按照朝儀上朝時，劉邦滿意得不得了，說：「吾乃今日知為皇帝之貴也！」叔孫通靠的，就是他在秦朝廷當博士的所見所聞。

既然在訂定漢朝宮廷制度上，叔孫通占有關鍵位置，顯然他不會將自己出身的博士官廢掉。漢代的博士就從叔孫通開始，重拾「不治而議論」的角色，卻又因為叔孫通的關係而多了另一項特色。前面說過，叔孫通帶著百餘名弟子投靠劉邦，為了安置他這些弟子，後來就創造了博士可以當老師、帶弟子的新制度。

這些人為何會跟隨叔孫通？他們從叔孫通那裡學到了什麼？首先，秦苛政之一是取消老師的角色，規定只能「以吏為師」，要學只能、也只需向吏學習律令。叔孫通也懂律令。其次，可能更重要的是，他可以教「小學」。「小學」指的就是運用文字的基本技能。

秦代雖然施行「書同文」的政策，但畢竟傳承下來的戰國文字系統太複雜了，一時之間絕對不可能都統一。妥協的做法，就是訂定八種稍有不同的文體，都屬於「書同文」政策下可以接受的。於是在秦代要做一名吏，就非得嫻熟這八種字體不可。其中以大篆（即籀文）為首、也最重要，所以又規定做吏的必須「諷九千籀文」，要能認得、運用九千個篆體文字。

秦要求「以吏為師」，同時就將訓練吏具備「小學」與律令能力的工作交給了博士，所以叔孫通會有這樣一群隨他奔波的弟子。經由叔孫通的連結和影響，博士帶領弟子的做法就在漢代承襲下來，後來還制度化為「博士弟子員」的正式官僚身分。

04 博士弟子員，重要的仕途管道

漢惠帝時正式廢除了「挾書令」。「挾書令」就是秦始皇禁止民家擁有書籍的禁令，要等到漢朝成立十幾年後才終於廢除。這個例子也顯現了漢代基本上概括承受秦代法令的事實。

廢除「挾書令」的一項作用，是使得人們可以並願意承認家裡有藏書，於是「書稍出」。但即使如此，戰國之前的古書幾乎在秦代「焚書」過程中消失殆盡。古體的原始文件少之又少，必須用當時通用的新體文字重新抄寫、記錄。不過至少因為有這些書，經學得以重新建立，而有了朝廷裡的「五經博士」。

在文帝和景帝朝，五經博士只是眾多博士中的一部分。當時，皇帝覺得有什麼知識是重要的，或皇帝對什麼樣的書籍有興趣，都可以新立一個博士。反之，一個擁有專門知識的人因為各種原因離開了朝廷，他所掌管的博士項目很可能就此取消。也因此博士項目來來去去，根本沒辦法確認到底有多少員額。

一直到武帝朝，博士制度有了重大變革。武帝接受董仲舒的建議，「罷黜百家，獨尊儒術」，下令只有五經能立博士，大幅縮減了博士的規模，同時也提高了博士的地位。

五經是《詩》、《書》、《易》、《禮》、《春秋》，但五經博士卻不只五個人。先是從五人增加到七人，因為講《詩經》的有三個不同門派——齊、魯、韓，擺不平他們之間的爭議，乾脆三家都各立一個博士。到了宣帝時，五經博士擴張到十二人。《易》有施、孟、梁丘三家；《書》有歐陽、大夏侯、小夏侯三家；《春秋》則有公羊、穀梁兩家。

五經博士擴張到十二人，反映出這項制度在武帝朝時有了性質上的改變。博士原本是智庫、顧問性質的，但自從有博士弟子員之後，性質就開始發生了變化。五經博士教出來的弟子員，他們懂「小學」，又懂一點經學，而當儒術被律定為國家的政治指導原則時，很顯然地，他們就成為最適合從事行政工作的人了。

於是朝廷規定，「能通一藝以上」，意思是弟子員經過每年的歲試，如果掌握了關於一部經書的內容，就可以呈報上來（「以上」），就能安排擔任吏，在政府機關服務。

如此一來，博士實質上一下子獲得了巨大的權力。他們可以選擇弟子員，可以呈報弟子員的推薦名單，而且一旦推薦成功，弟子員立即就變身，至少成為低階的政府官員。於是博士弟子員轉化為重要的仕途管道。

博士愈來愈重要，博士的權力也愈來愈大。他們可以培養弟子進入官僚體系，很自然地就產生兩個連帶的作用。第一，官僚體系中愈來愈多人是從五經博士這個系統中產生的，而儒家的價值與信念也就隨著他們在政治運作中擴散，逐漸地，漢朝的施政風格，就會愈來愈依循儒家所提倡的原則。第二，為了求取官場前途，愈來愈多人聚攏在博士門下，而在利益的驅使下，必然產生競爭、傾軋，進而形成派系。

這兩項作用，都有助於博士制度的擴張。循環作用下，博士制度愈擴張，這兩項作用勢必發展得更廣泛、更深入。

05 今文經學：開放的文本，現實的精神

博士家派的衍生，牽涉到另一項條件，那就是「今文經」。「今文經」表面上指的是用當代文字寫下來的經書，但實際上背後有個「焚書」帶來的後遺症，表示找不到古老原始的、在秦「書同文」之前的文獻。今文經的問題在於，不同的人抄錄下來的經書內容有所出入，在沒有更原始的「古文」可供覆案、比對的情況下，對「今文」之間的差異，就只能各說各話了。

這樣的困擾，到了武帝朝之後，反而變成了方便。各說各話，有不同文本，又有不同解釋，相爭不下時怎麼辦？最容易的做法，就是維持各說各話，每一派都另立一個博士，就不必去判斷哪一派比較有權威，應該讓哪一派的人當博士了。

《詩》有三種不同的家派，那就把詩經博士從一位增加到三位吧！有了這樣的前例，很自然地，《易》也有了無法解決差異的三家，要求比照建立為三位易經博士。多一位博士，同時就多

了很多博士弟子員的員額，也就創造了很多可以進入官僚體系的機會。

這樣的發展有其社會、政治上的高度動機，然而在過程中也就徹底改變了「經學」的性質。經學最大的特色，是有經書作為終極的依據，而關於經書的解釋，畢竟還是要回到經書的固定文本上，不能離開文本而獨立存在。也就是說，經書的知識系統應該是相對封閉、不自由的。

然而，因為「今文」的不確定性，經書的內容本身就不是明確固定的。不一樣的人記錄、傳授的經書，竟然可以明顯地有所不同。連經書內容都是浮動的，那就更不必說關於經書的解釋了。既然經書不必然是從古遠就固定下來，不能改動、不得增刪，於是漢朝的人也就不客氣地改動，甚至增添經書的內容。

原始的「五經」增加為「十二經」，然後又演變為「十三經」。這回多出來的是《孝經》，而不是既有五經的任何一家解釋。《孝經》根本不在五經或六經範圍內，很明顯是戰國後期，甚至晚至秦漢才寫成的文本，卻也在這樣的開放觀念中被接納為經了。

更誇張、規模更龐大的增添，是「緯書」。緯書的名稱來自和經書的對應。織布時有縱的經線，還有橫的緯線，互相直角交錯。稱為「緯書」，表示這些內容和經書是同一個等級的，在地位上比解釋經書的「傳」或「注」來得高，甚至隱含著要有「緯」和「經」相配合，才能形成完整真理的意味。

這些緯書不折不扣是漢朝時創造出來的，反映了那個時代的觀念與信仰，其中大部分內容和「經」根本南是轅北轍。但他們毫不猶豫、也毫不客氣地將「緯」抬高到和「經」同等重要的位置。

「經」是固定的、死的，頂多只能容納有限的差異解釋；相對地，「緯」是新的、活的，就在當下環境中創造出來的。因而緯書就帶有高度的現實性。和「緯」經常連在一起的，還有「讖」，也就是各式各樣謎語般的現實批評或未來預言。現實、未來，怎麼會進入經學裡？經學要學的，不是過去產生的歷史文本，以及假設存留在文本中的普遍、永恆規律嗎？

有「讖」、有「緯」，是因為漢代最早建立的「今文經學」，其文本系統是開放的，其內在精神是現實的。研究經書，也就是要處理、解決現實問題，如果緯書的內容更有利於達成應對現實的目的，他們不會拘泥古文本，而是開放地接受緯書。因而，今文經學的內容必定駁雜混亂，而且不斷變動。

這樣的發展，明顯和原本的「經」的意義有強烈衝突。而且自由添加的「讖」、「緯」內容和「經」愈離愈遠，甚至直接和「經」的主張相反。這種情況刺激了新的「返本主義」抬頭，那就是「古文經學」，主張要回歸「經」的原始內容及意義，揚棄那些後來附加進來的雜質。

06 古文經學：還原經書產生時代的原意

什麼是「古文」？本義上，「古文」指的是秦「書同文」之前所存在的種種戰國文字。這些文字和秦代以降通行的篆體、隸體有頗大的差異。

隨著「除挾書令」的頒布，未被秦火徹底燒掉的書籍逐漸重新出現。前面提過的河間獻王，他的諡號之所以稱為「獻」，就是要表彰他的一項重大貢獻——將新發現的古經書獻給皇帝，送進宮廷。獻王所獻的書，就是用古文寫的。

另外，自武帝以後，漢朝承平已久，宮廷裡也就有餘裕做些之前沒做、或來不及做的事，例如「校祕書」。所謂「祕書」，指的是藏在宮廷裡的書，有些可能是從秦傳承下來的，也都是用古老的文字寫成的，當時的人已經不容易一眼就看懂，所以需要重新校閱傳鈔。

在「校祕書」一事上最有成就的，是劉向、劉歆父子。他們花了很多時間在書庫裡，將失傳的書一本一本校閱出來，使之重新在社會上流傳。他們校過的書愈多，一方面對古代的學術源流變化愈了解，就愈有能力判定古書的時代與內容；另一方面，當然也就對當時流行的今文經學愈感不滿。

逐漸地，出現了一個相對於官方博士所職掌的知識很不一樣的古文經學派。古文經成為一種運動、一種知識潮流。古文經學自覺地和官方的今文經學不一樣。古文經學強調有所本，要本於儒術，而儒術就存在於原有的、古老的文本中，不能隨便任由後人更動增刪。

換句話說，古文經學在精神上源自於反對今文經學的鬆散浮濫，因而改採一種嚴格的、封閉的態度來看待「經」。「經」的價值就在從古遠聖人那裡傳下來，一字一句記錄在書中，所以當時如何記錄，現在就該如何依從，不能自己亂改。加入後起的「讖」、「緯」之後，「經」根本就等於被綁架了，任何人都能在「經」裡填塞任何他想要的意義，這樣的「經」怎麼可能還有知識與智慧上的權威呢？當有不一樣的想法、主張時，就看哪一個想法、主張在經書上是有依據的；當依據的文本不一樣時，那就看哪一邊的記錄比較古老、比較久遠。這就是古文經學派提倡的新標準。

古文經潮流興盛到一定程度，必定衝擊原有的官方制度。浮上檯面的，就是博士官的設立方式。以劉歆為首，開始了爭立「古文經博士」的行動。最具有代表性的古文經，是《古文尚書》、《左傳》、《毛詩》和《逸禮》。《毛詩》是詩學中的一派，比原有的三家都更強調《詩經》原文，也就是從原文而不是從附加的故事衍義來看待《詩經》。《古文尚書》和《逸禮》則是新發掘出來的文獻，在內容上和通行的今文經版本有頗大的差異。

最有意思的是《左傳》，全名為《春秋左氏傳》。書名清楚表示它是《春秋》的「傳」，也就是對《春秋》的解釋。然而不同於已經立有博士的《公羊傳》、《穀梁傳》，《左傳》主要不是解釋《春秋》的字句，而是羅列了豐富的歷史事蹟以補充《春秋》。《左傳》本身就是一部歷史書，記錄了春秋時期兩百多年間諸國所發生的大事，根本可以獨立於《春秋》而存在。

《左傳》的歷史性和古文經學派的訴求貼近，也就是要將經書放回其產生的時代，還原那個時代的原意；而不是如今文經家派所習慣做的，按照現實需要，以當下的想法解釋經書文義。

古文經學派來勢洶洶，因為有所依據。古文經學挑戰今文經學的態度，明白就是：我們掌握了聖人真正說的話、真正要表達的意思，你們宣稱要尊重聖人，以聖人的話為真理的依歸，那怎麼能用隨便的方式，自己決定聖人說了什麼呢？「獨尊儒術」，當然就要尊重儒家的經典，也就不能不追索這些經典的原意。

07 王莽篡漢，食古不化對古為今用的反動

在短短的幾十年間，古文經的出現帶來了漢代思想的巨大變化。武帝「獨尊儒術」的決策抬高了儒家的地位，自然吸引了許多人才投身於儒家經典的解釋與研究。和漢朝的疆域一樣，儒家思想的領域也在這段時間內快速地、激烈地擴張了。但儒家思想的根柢是經書，擴張到一定程度，這些思想和原有的經書內容就對不上了。

開放性的今文經學擴張得太快，一下子摻雜了太多雜七雜八的東西，就刺激出相反的節制力量。古文經學成為潮流、成為波濤洶湧的運動，不只因為今文經學衝過頭了，還因為古文經學對於歷史的重視，更符合儒家經書的本性，也更符合從周代傳留下來的中國社會基本價值偏向。

了解古文經學對今文經學的挑戰，我們才能真正掌握王莽在西漢末年崛起的經過。王莽憑什麼得到那麼大的權力？因為他取得了當時儒生的強烈支持。那他又怎麼能掌握這些儒生？因為他是古文經運動最重要的代表人物。王莽代表了古文經學對今文經學高度不滿、反撲的士人力量，應和了當時對於今文經亂象的普遍反感，因而取得愈來愈大的權力。

王莽是個「食古不化」的人。後人用來批判他的這四個字，卻正是他當年能夠快速崛起的依據。他的「食古不化」，也就是堅持一切要回歸經書記錄的歷史原貌的作風，源自於對當時今文經學毫無節制的「古為今用」態度的強烈反動。

王莽的食古不化，包括藉由解釋《古文尚書》的記錄，將「周公攝政稱王」引以為依據，按照其中所見的周公前例，先是擔任「攝政」，再一步一步取代劉家的皇帝地位。王莽「篡漢」過程中從來沒有發動過政變，也從來沒有動用過武力，他不需要政變、不需要武力，他擁有的是那個時代更有效的權力手段——古文、歷史所給予他的真理依據。他可以宣稱自己是按照經書與歷史先例行事，而且能夠取得龐大的支持力量。

王莽取得權力的方式，和他後來終究的失敗，基本上是一致的。他主張要依照經書，將現實的漢朝改造為經書上所記錄的那個理想社會，如此就能解決現實中的種種問題與痛苦。這樣的主張得到了熱烈的響應。取得權力之後，他還真的要將時間倒推，把漢朝推回周代去，在這個過程中，就產生了荒唐的亂象，製造出來的新問題遠比能夠解決的問題還多。於是他的現實政治措施很快地破產了，從失望到絕望的民怨如海嘯般淹沒了他和他的「新朝」。

「古文」與「今文」的爭議，並未隨著王莽垮臺就此平息，還一直延續到東漢。直到鄭玄出現。鄭玄真是「大儒」，他從知識面真正融合了「今文」和「古文」的核心經學解釋，將兩派合成一派。知識上的衝突協調了，「今文」和「古文」在政治上的派系鬥爭失去根源，也就逐漸消散了。

08 傳承公羊派，以《春秋》斷獄的董仲舒

要了解漢代的經學，溯源「今文」與「古文」的種種紛爭，一定得從董仲舒講起。

《漢書》卷五十六有〈董仲舒傳〉。「董仲舒，廣川人也。」廣川在今天河北景縣。交代了他的原籍之後，《漢書》下一句就說：「少治《春秋》，孝景時為博士。」這是他的學術淵源，從小就專門學《春秋》，景帝時已經取得相當地位，進入朝廷擔任博士。

董仲舒學的是春秋公羊學，也就是依據公羊高所撰的《春秋公羊傳》而來的學問。公羊高是齊人，他對《春秋》有一套複雜、細膩的說法，後來聚集編為《春秋公羊傳》，在漢初非常流行，是當時對《春秋》經文最流行的解釋。

《公羊傳》的基本態度，認定《春秋》是用「曲筆」寫成的，也就是裡面絕大部分的話都不是如字面上直接敘述表明的。讀《春秋》，不能單純看表面上寫了什麼，而是要理解孔子為什麼這樣寫。用什麼方式寫，和寫了什麼一樣重要，甚至經常比寫了什麼還要重要。

為什麼要用「曲筆」寫「微言大義」呢？比較簡單的理由是，孔子顧慮到自己的身分，不能違理犯上，表達對諸侯、甚至天子的嚴厲批評。於是對諸侯、天子違背道理或違背禮儀的行為，孔子只能以隱諱的方式寫在《春秋》經文裡。此外，還有一個複雜些的理由，那個時代的許多大事直接講了，反而說不清楚，或者反而沒有敘述上的力量。

「國之大事，在祀與戎。」《春秋》要記的當然是大事，而那個時代的祭典、打仗，絕大部分都是不合乎既有的封建規範，都是僭禮的。如果光說發生了什麼事，比如哪個國君嫁女兒，或哪國和哪國發生軍事衝突，就表現不出僭禮的狀況。於是《春秋》用曲筆，也就是故意隱誨地寫，提醒讀者這裡不對勁，讓讀者自己去追查到底有什麼不對勁。

《公羊傳》和《穀梁傳》認定《春秋》處處都是曲筆，他們就用明白的語言將曲筆的用法，以及曲筆所要提醒的一一加以標示。

董仲舒的學問基礎是《春秋公羊傳》，他留下來的主要著作叫做《春秋繁露》。在對《春秋》的研究、理解上，他不單純只是傳承公羊派，還進行了重要的改造與擴張。其中最重要的，是「以《春秋》斷獄」。

《春秋》有曲筆，曲筆的關鍵在於褒貶，而公羊派最擅長的就是發掘《春秋》經文中含藏的褒貶道理。那是一套完整的人類行為評斷系統，怎麼做是對的，該在歷史中受表揚；怎樣做是錯的，該在歷史中被譴責。董仲舒就把他們所認定保存在《春秋》裡的這套評斷系統，拿來用在現實人事上。

09 「西狩獲麟」，孔子承受天命的解讀

不過，除了「以《春秋》斷獄」之外，在更根本的義理發揮上，董仲舒和公羊派也不盡相同。《春秋》在學術上的一個關鍵點是「西狩獲麟」，董仲舒對這一點的解釋，就和《公羊傳》很不一樣。

《公羊傳》的說法是：「何以書？記異也。」為什麼要將「西狩獲麟」這件事記錄下來？因為這是難得一見、奇特的事。「何異爾？非中國之獸也。」有什麼奇怪、不一樣的？因為麟不是

中國的自然環境中原有的動物，平常不會出現在中國。

「然則孰狩之？薪采者也。薪采者則微者也。」這樣一隻罕見的動物，被誰獵到了？是一名地位極其卑下的砍柴樵夫。「曷為以狩言之？大之也。曷為大之？為獲麟大之也。」明明是樵夫碰巧獵到的，為什麼《春秋》文章裡卻用了描述天子、貴族從事打獵活動專用的「狩」字呢？這不是事實啊？用「狩」字，就是為了凸顯這件事的重要性，擔心人家沒有注意到這件事所代表的重大意義。

什麼樣的意義？「曷為獲麟大之？麟者仁獸也。有王者則至，無王者則不至。有以告者曰：『有麇而角者。』孔子曰：『孰為來哉！孰為來哉！』反袂拭面，涕沾袍。」

因為麟不只稀有少見，還是具有象徵價值的仁獸，一般是領導者勤政愛民，在政治上獲致「仁」的至高成就，百姓和平安居時，麟才會出現的。顯然，此時的周代中國絕對不符合「仁」的條件。那為什麼麟破例出現了？而且《春秋》要特別強調這個奇異的破例現象呢？

這和孔子有關。有人將這件事告訴了孔子，孔子很傷心地哭了，難過地感嘆：「你幹嘛來呢！你幹嘛來呢！」原來麟是為了孔子而來的。雖然這不是個合格的仁政時代，但有了聖人孔子，感染、刺激了仁獸出現；但也正因為這不是個有像樣仁政的時代，如此神聖重要的仁獸，竟然就被一名地位低下的樵夫捕獲了。孔子因而得到結論：「吾道窮矣！」我的路到此為止，再也走不下去了。

從這一段話，我們一方面可以明瞭《公羊傳》的基本形式與風格，另一方面也清楚讀到《公羊傳》對「西狩獲麟」的解釋。《公羊傳》基本上就是由一連串的問答組成的，透過一問一答、自問自答，將《春秋》裡的曲筆逐步耐心地揭露。《公羊傳》認定就是因為有了「西狩獲麟」這一明確的象徵性現象，讓孔子對於在現實政治中的努力徹底失望，所以他才退而寫《春秋》，放棄了改變現實的理想，轉而為未來保存理想而記錄。

董仲舒在《春秋繁露．符瑞》中卻提出不一樣的看法。他說：「有非力之所能致而自至者，西狩獲麟，受命之符是也。」他只專注看重「麟的出現」這件事，認為麟不是人可以控制的靈獸，麟的出現代表天意。什麼樣的天意？麟告訴世人，有了新的「天命」。新的天命當然不會再是給周天子的，而是轉而給了孔子。

天命給了孔子，孔子卻沒有真正的天子身分，於是孔子才退而寫《春秋》。《春秋》可以說是孔子給下一代新天子的教材和備忘錄。因而，後世誰得到《春秋》，誰依照《春秋》的道理來當天子，就等於承接了孔子的天命。

10 災異推五行，將儒家巧妙地陰陽家化

董仲舒對於「西狩獲麟」的新解釋，一來更進一步抬高了孔子的地位，孔子不再只是《公羊傳》裡描述的在現實中受挫的聖人，而變成了實際承受天命、由神祕的意志天選定的「素王」。二來，漢朝也因此得到新的合法性基礎，也就是說，漢和秦最大的不同，就在於漢朝承襲孔子、承襲《春秋》，從孔子那裡接過「天」所認可的正統。當然，還有第三個作用，董仲舒也藉此抬高自己學習的《春秋》，將《春秋》奉為漢朝的存在依據與最高指導原則。

董仲舒用天命的交接，在歷史上將秦抹消，透過孔子讓漢直接繼承周。「西狩獲麟」的解釋，又聯繫上在漢代日益流行的「五行」觀念，由五行的相生相剋而有對應的朝代變化。相較於周人原來的想像，董仲舒的「天」更為具體。「天」就是陰陽、五行，四時遞變、五行相生相剋。這套規律管轄自然，也管轄人事，因而有了「天人感應」。

從董仲舒開始，陰陽五行和儒家結合在一起，或者應該說，他將儒家巧妙地陰陽家化，完成了新的思想統合。

《漢書・董仲舒傳》如此形容：「下帷講誦，弟子傳以久次相授業，或莫見其面。蓋三年不窺園，其精如此。進退容止，非禮不行，學士皆師尊之。」

董仲舒是當時的名師，早有傳奇的名聲環繞著他。比如說他有很多學生，沒辦法一一教授，就層層安排，最近的學生他自己教，這些學生再教另外一批學生，另外一批再教更後來的學生，以至於有些學生根本從來沒見過他。又如說他專心用功，三年來連窗外的園子都不看一眼，全神灌注在書本上。他本人的舉止作為也都嚴格依循禮，學生士人都以師尊之禮對待他。

因為名氣大，所以「武帝即位，舉賢良文學之士前後百數，而仲舒以賢良對策焉。……對既畢，天子以仲舒為江都相。……仲舒治國，以《春秋》災異之變推陰陽所以錯行。」

透過薦舉，他得以到武帝面前提出著名的〈賢良對策〉，受到武帝賞識。他最重要的本事，就是用「非常」的災異現象來推論解釋陰陽五行的運作規則。這本來是陰陽家的思想，但董仲舒卻以《春秋》作為這套思想的根源，進行儒家和陰陽家的結合。

不過他在武帝朝並不是一路順遂，中間曾遇到過一項重要挫折，「中廢為中大夫」。這件事發生在武帝建元六年（西元前一三五年），這年二月和四月間連續發生了兩場火災，先是燒掉了「遼東高廟」，接著又燒了「高園便殿」。火災當然屬「非常」災異現象，於是董仲舒為這兩場火災提供了解釋。

他的解釋是，這是祖先在給皇帝警告，提醒皇帝「昔秦受亡周之敝，而亡以化之；漢受亡秦之敝，又亡以化之。夫繼二敝之後，承其下流，兼受其猥，難治甚矣。」（《漢書．五行志上》）意思是說，漢朝成立的基本條件很差，因為周代衰敝的狀況，秦還來不及解決，很快地秦又滅亡了。漢相當於繼承了周代和秦代的惡劣體質，所以在治理上困難重重。

先天條件那麼差，認真小心治理都不一定能成功了，因此絕對不能再犯錯。可是眼前就有明顯的錯誤，「又多兄弟親戚骨肉之連，驕揚奢侈恣睢者眾，所謂重難之時者也。」劉姓宗親仗恃著王朝權力，驕傲、奢侈、浪費、貪婪等，讓許多人都看不過去，且懷恨在心。如果繼續這樣下去，王朝恐有傾覆的危險，所以祖先以燒高廟的災異給予嚴重的警告。

既然如此，該怎麼回應呢？董仲舒不客氣地建議：「視親戚貴屬在諸侯遠正最甚者」，「視近臣在國中處旁仄及貴而不正者」，皆「忍而誅之」。也就是從宗室貴族中找出最不像話的，以及從他們近身的寵臣中找出為非作歹的，然後立即殺了，以示接收到祖先的警告，願意有所挽救作為。

可以想見，董仲舒的意見對「親戚貴屬」和「國中近臣」產生多大的威脅！他們當然不能坐視皇帝接受董仲舒的看法來傷害他們，於是就聯絡主父偃出面反撲，控告董仲舒不敬。依照董仲舒的解釋，連續兩座高廟起火不是意外，而是祖先傳達的訊息，意思是燒得有道理、燒得好？而且燒起來的原因竟然是皇帝縱容「親戚貴屬」，這不是在指責皇帝嗎？

於是皇帝將董仲舒的意見交付眾臣討論。前面提過，參與討論的有董仲舒的學生呂步舒，他還是靠董仲舒的提拔才來到長安、進入朝廷的。但他不知道這意見是老師董仲舒寫的，討論時痛斥為「大愚」！連自己的弟子都反對，董仲舒的罪名成立，判為死罪，差點為此送命。還好武帝下令赦免，「廢為中大夫」。

11 自然的陽上陰下，施政的德上刑下

《春秋》用簡要的方式記錄大事。災異如旱災、水災、蝗災、大火……，這些理所當然都是大事。同時《春秋》也會記錄人事上的其他重大變化。人事變化與自然災異，原本只是因為在同一段時間內發生，所以在《春秋》經文裡並列出現。然而一旦相信《春秋》的曲筆，積極地在經文中尋找微言大義，很容易就會產生這些並列條文之間有著因果關係的聯想。

董仲舒研讀《春秋》，進而建立了一個嚴格的世界觀，基本上不相信世界上有真正的偶然或意外。透過陰陽、五行的運作，所有的事物都彼此互相連動。也是透過陰陽、五行的運作，自然現象和人事行為也都彼此互相連動，人能影響自然，所以也就能從自然現象回推人的作用。

例如，某一年的夏天不熱，在陰陽運作的邏輯中，這代表陽氣受到侵害，陰氣過盛。對應在人事上，男人屬陽，女人屬陰，於是就從「夏天不熱」推斷出一定是有女人侵奪了男人權力或地位的現象，而現實中比較強勢的女性，就會在這樣的信念中被指責為擾亂自然陰陽運行的禍根。

對董仲舒來說，高廟不可能「意外」燒起來，更不可能「偶然」造成了兩座高廟先後失火。從嚴格的因果世界觀看去，高廟失火必然是感應於什麼樣的人事變化才會發生的。高廟失火是客觀的事實，但從「天人感應」的因果連結推衍其人事上的意義，卻必然不會有客觀的答案。就連

親近他的學生呂步舒，都不會和老師董仲舒有一致的看法，甚至猜不出老師董仲舒會如何解釋這項因果。

《漢書．董仲舒傳》這樣說：「自武帝初立，魏其、武安侯為相而隆儒矣。及仲舒對冊，推明孔氏，抑黜百家。立學校之官，州郡舉茂材孝廉，皆自仲舒發之。」看起來董仲舒有很大的影響力，是武帝朝種種「隆儒」，即抬高儒家地位和制度的發動者。不過，只要看看在高廟失火事件中董仲舒差點被殺，再加上後來他到膠西王身邊為相，倉皇稱病去職，我們就會明瞭，與其說董仲舒的影響力很大，不如說他的思想與文章剛好符合武帝朝當時所需。

前面提過，武帝即位時，整體的政治氣氛已經改變，環繞著武帝的，有一群反對黃老道家無為原則的青壯派人士，他們想要有所作為，首先就得尋找出能夠取代黃老無為的新思想。儒家的積極有為吸引了他們，而董仲舒則為他們提供了從道家過渡到儒家的橋梁。

那就是保留了「天」，維持對於自然運作規律的推崇，建立起自然和人事間不同的新關係。在董仲舒的新解釋中，政治上的「德」等同於自然的「陽」，「刑」則等同於「陰」。自然運行是陰陽配合，而且陽上陰下，所以在政治上，相應也該是「德」上「刑」下，彼此依比例平衡。然而現實中有很多秦代留下來的法家規定，使得「刑戮妄加，民愁亡聊」，人民受到種種刑罰的威脅迫害，還有酷吏在一旁虎視眈眈，所以他們只能「亡逃山林，轉為盜賊」（《漢書．食貨志上》）。

從董仲舒的「天人感應」理論來看，「刑」高於「德」，「任刑不任德」的人事行為，會對自然產生相應的失衡破壞。刑殺過度，陰氣太重，壓過了陽氣，於是天候失調，陰氣重的冬天變長了，而適合農作生產的春、夏，則因為陽氣不足而變短了。

如此一來，這就不是簡單的人民逃亡問題而已，而是變成了全面的四時不節，給農業生產帶來了全面的破壞。繼續保持無為，不改變重刑的現況，不積極推行德政，那麼社會的根基——農業生產——將會瓦解。這樣的論理，提供武帝朝在政治上由被動轉為主動的強力基礎。

董仲舒的「天人感應」成為武帝朝的代表性新意識形態，呼應了當時的時代精神，並將這樣的時代精神往前推進。這個思想體系套用了陰陽五行對於自然運作的複雜分析，得以和複雜的人事變化對應上。所有的自然異象都能有人事的解釋，倒過來，也幾乎所有的人事變化都能找到相應的自然現象。這是董仲舒最大的貢獻。

12 天人感應說，另一種相對主義的亂源

董仲舒寫過一篇〈士不遇賦〉，原文保存至今。在這篇文章裡，他強調之所以「不遇」，是因為自己生在一個不對的時代，來不及見到三代的隆盛，卻目睹了種種墮落敗德的現實。生活在

這種衰世的最大考驗，就是沒有固定可遵守的共同標準。遇到任何事，都必須自己反覆檢討選擇，還不見得能做出正確的決定。

因而，真正的關鍵在於收拾這種是非標準混淆不明的狀態，重新建立起標準。那標準在哪兒？第一，在由儒家所代表的三代理想中；第二，在「天」或自然提供給我們的恆常規範裡。而且董仲舒主張，這兩項標準是二而一的，理想的人事規則和「天」互相應和，如此就形成了絕對的標準，而不是戰國縱橫家或法家所鼓吹的那種，為了解決一時的問題所採取的相對標準。

陰陽變化、四時流轉是絕對的，春天就是春天，夏天就該像夏天，你不能質疑「天」，不能違背「天」。如果有著絕對標準的「天」出現了偏離的現象，那就一定不對，也沒有辦法用別的什麼相對的標準來衡量。以「天」的絕對標準為依歸，相信「天」和「人」有著密切的感應關係，如此才能重建一套絕對而非相對的人事標準。

董仲舒自己表明得很清楚，他要追求的，是超越從戰國延續到漢代那種由縱橫家帶領的雄辯淆亂，從而建立一套絕對的、統一的人事原理。這裡有著一股強烈的大一統精神，和武帝本身的野心，以及那個時代的氣氛密切吻合。

主觀上，董仲舒認為自己成功地收拾了過去縱橫家帶來的原則混亂；不過從歷史的客觀上看，其實董仲舒建立的這套思想系統，卻成為另外一種相對主義的亂源。「天人感應」系統乍看很細密、很複雜，然而內在的「感應」推論，卻絕對不可能有固定的答案，每個人都會有不同的看法，就像呂步舒的看法顯然就不同於董仲舒。

更嚴重地，董仲舒對待儒家經典的態度，實質上摧毀了原本經典所具備的固定與權威地位，開啟了後來「今文經學」中各種補充、改寫經書的亂象。

第九講

讖緯文化
與貨幣經濟

01 從真理語言的詮釋者到控制者

董仲舒的學問根柢來自《公羊傳》，他卻大幅改造了《公羊傳》對經典的基本主張。

《公羊傳》認定《春秋》以「曲筆」寫成，也就意味著《春秋》表面的文字和要呈現的道理之間是有差距的，所以才需要《公羊傳》來進行解釋。其背後的語言觀是複雜的，語言與事實、語言與道理，不是直接、簡單的呈示關係。真正重要的事實、道理，不能以語言直接表達，必須迂迴曲折；還有，語言表現中始終含藏著值得進一步探究的奧祕，不該等閒聽過、看過。

《公羊傳》裡有一段有名的文字，將這種態度表現得很清楚。《春秋．僖公十六年》原文記載：「春，王正月戊申朔，隕石于宋五。是月，六鷁退飛，過宋都。」同一個月內，在宋國出現兩個異象，都被記錄下來，但《公羊傳》特別強調《春秋》記錄的方式是有特別道理的。

寫「隕石」時，先「隕」後「石」，因為先看到天上有東西掉下來是「隕」，後來查看了才知道掉下來的是「石」，然後數一數，原來掉了五顆。用這種方式記錄「隕石」，卻又以不一樣的順序記錄鳥。「六鷁」是先說「六」再說「鷁」，因為抬頭先看到有六隻鳥在天上飛，仔細看才知道那是「鷁」，還要更仔細看才發現，哇，不得了，這六隻鳥不尋常，竟然倒著飛！

《公羊傳》想表明的是，要用語言來對應現實沒那麼容易，必須以小心考究的態度為之。而

《春秋》的巨大貢獻，就在於示範了這樣的態度，避免語言淆亂，盡量精確以符合自然現象，更重要的，還要符合當時的封建禮儀規範。這就是孔子所說的「正名」。

董仲舒卻不是這樣理解「正名」的。他的說法是「名者，聖人之所以真物也。」(《春秋繁露．深察名號》)主詞是「聖人」，動詞是「真」，受詞是「物」，「名」是聖人用來使得萬物變得真切的工具和手段。如此更加抬高了聖人的地位，改變了聖人和語言間的關係。

《公羊傳》只是主張聖人最懂得如何運用語言來貼近真實，董仲舒卻主張聖人藉由語言賦予萬物真實。換句話說，聖人怎麼說，萬物就隨著聖人的說法而具備那樣的性質，不只是聖人具有掌握、賦予萬物真性的神祕力量，連帶地，聖人使用的語言也變成一種超越性的神祕工具。

如此一來，聖人所說的語言，就不再是準確反映萬物了，而是可以讓萬物成真的權威。聖人之言在真理的權威地位上高於現實經驗，相應地，解釋聖人之言的人與行為，也同時被抬高到一個不一樣的層次。

《公羊傳》的「傳者」角色是詮釋者，是將聖人之言中的種種複雜考慮揭露出來，讓我們明瞭，因而得以更了解聖人之意，也更能準確地掌握聖人要傳達的經驗或道理。但到了董仲舒，他不再是這樣的詮釋者，而是真理語言的控制者，他了解聖人在說什麼，也就等於他知道這世界萬物怎樣才是真的。

董仲舒的態度當然是崇經，然而他推崇儒家經典的方式，實際上更抬高了解釋經書的人，給予「解經」更大的權威與自由。他們以聖人之名、以經典之名來塑造他們相信的真理。

02 緯：解經之人的自由創造、胡說八道

董仲舒對於「西狩獲麟」的解釋，實質上將孔子轉化為一位預言家。「天命」藉由孔子從周天子手中交給漢朝的皇帝，於是孔子的所作所為都成了替「新王」做準備，他也成了一位有預示與預言能力的神人。

這是對孔子人格與歷史角色的巨大扭曲。經過這樣的改造，孔子失去了活生生的人的情感與思想，被改寫成一個不斷製造真理預言的神。經書和孔子之言，不再是記錄、反映過去有過的經驗，而是成為不可被挑戰、地位甚至高於現實的真理。孔子是真理的製造者、代言人，而負責解釋經書內容、解釋孔子之言的人，如董仲舒，又是孔子的代言人。

在董仲舒創造出來的這種知識系統中，「讖緯」有了很大的發展空間。「讖」是明明白白的預言，也是藏在曖昧文字中的預言。「緯」則是比「傳」更高階的經書解釋，宣稱在地位上可以和經書平起平坐。

「經」是有明確來歷的，而且「經」有固定的範圍。那「緯」呢？「緯」是從哪裡來的，憑什麼能和久遠傳留下來的「經」平分真理版圖？「緯」是解釋經書之人的自由創造，他們憑藉的，不過就是董仲舒開啟的那樣一種解釋經書的流行風氣。

這正是為什麼一旦「古文經學」崛起，「讖緯」乃至整個「今文經學」便快速沒落的原因。古文經學建立在堅實的文獻根據上，挑戰並質疑今文經學，尤其是緯書天馬行空的自由想像。「緯」的背後除了一時流行的風潮，別無其他知識或歷史基礎，無從應對古文經學的挑戰。

今文經學有一部分文本、一部分解釋，到東漢時藉由鄭玄等人「融會古今」的努力才流傳下來。但讖緯在東漢之後就徹底沒落、無人問津，長久以來從中國的傳統知識體系中消失了。一直到清代考據學興起，才跨越一千多年的空白，試著以「集逸」的方式還原部分的讖緯內容。

如果以原始儒家思想和歷史上的孔子為標準，這些漢代讖緯簡直是一堆胡說八道，絕對不能以讖緯來理解儒家及孔子。不過換個角度，從漢代思想的角度看，讖緯是重要的史料，清楚呈現出那個時代的特性，可以從中看出他們如何建構自己獨特的世界觀。那樣的世界觀就是因為太獨特了，後來的人都覺得難以接受，以致被封存、遺忘了千餘年。

透過讖緯，我們得以補上對西漢的認識，尤其是認識董仲舒在武帝時創建出的龐大思想體系，加上和朝廷的密切關係，產生了多大的影響衝擊。

從殘留的讖緯內容，很容易看出它們和董仲舒的聯繫。董仲舒寫了一本《春秋繁露》，共有十七卷八十二篇，其中有幾篇篇名和中文傳統用法不一樣，我們今天乍看是看不懂的，例如〈離合根〉、〈立元神〉、〈保位權〉、〈天道施〉等等。但類似這樣的標題在緯書中很常見，例如《易緯》有〈乾鑿度〉、〈是類謀〉，《書緯》有〈帝命驗〉、〈考靈曜〉，《孝經緯》有〈援神契〉、〈鉤命決〉等等。我們也無法從這些標題看穿究竟在講什麼，但一看就知道和董仲舒的那些篇名是同一類的。

而且緯書中有不少明確引用董仲舒文句的。例如，解釋《詩經》的《詩緯・氾曆樞》中說：「王者受命，必先祭天，乃行王事。《詩》曰：『濟濟辟王，左右奉璋。』此文王之郊也。」就是依照《春秋繁露・郊祭》中的說法，並予以簡化。

我們甚至可以用《春秋繁露》的文句去校對殘留緯書的錯誤。例如，《樂緯・稽耀嘉》中有「凡求雨，男子欲和而樂，開神山神淵」的字句。但對照《春秋繁露・求雨》，我們發現這中間少了幾個字，將這幾個字補回去，文句才通。《春秋繁露》裡的句子是：「凡求雨之大體，丈夫欲藏匿，女子欲和而樂。」意思是男人不要出現，得靠女人來討好山神才能求得降雨。

03 讖緯中被誇大神性、不像人的孔子

很明顯，緯書的作者至少是熟讀董仲舒著作的。過去將董仲舒的思想系統放入儒家的系譜中，從儒家儒術的脈絡察看其影響與繼承，其實是走錯路了。真正繼承董仲舒的是「讖緯」。

董仲舒主張孔子受了天命，為新王「創制」；到了讖緯中，就跟著誇大孔子的神性。殘留下

來的緯書共有七類，稱為「七緯」，傳統的六經都有相應的緯書之外，還多了解釋《孝經》的。《孝經》在這個時代特別被標舉出來，就是因為在今文經學中宣稱：孔子受命之後，寫了《春秋》和《孝經》，這兩部書是孔子特別留給後世新王依隨的指導。

《孝經右契》中發明了這樣一段孔子寫《孝經》的神話：「孔子作《春秋》，制《孝經》，既成，使七十二弟子向北辰星罄折而立，使曾子抱《河》、《洛》事北向。孔子齋戒，簪縹筆，衣絳，單衣向北辰而拜，告於天曰：『《孝經》四卷，《春秋》、《河》、《洛》凡八十一卷，謹已備。』天乃洪鬱，起白霧摩地，赤虹自上而下化為黃玉，長三尺，上有刻文。孔子跪受而讀之，曰：『寶文出，劉季握。卯金刀，在軫北。字禾子，天下服。』」

這真是一段奇文啊！說孔子寫完《春秋》、《孝經》之後，率領七十二名弟子進行祭拜。這個作者顯然不知道，孔子的「七十二弟子」是後人整理統計的，這些弟子分散在不同時期、不同地方，後來的入門時，有些之前的已經死了或散了，絕對不可能有七十二人同聚在一起的事。

因為曾子以「孝」聞名，《孝經》很可能是在曾子這個系統中出現的，所以描述中就讓曾子帶頭，捧著神祕的《河圖》、《洛書》，而孔子打扮得像個後來的道士般，對天祭拜。然後天立即有了反應，生起白霧、赤虹，送下一塊長三尺、上面寫了字的黃玉。黃玉上寫的，就是「讖」，是對孔子彰示的預言。說什麼呢？很簡單：這些「寶文」是要交給劉季（即劉邦）的。這裡都明白說出劉季的名字了，卻還要故弄玄虛，像謎語般將「劉」字拆成「卯金刀」，「季」字拆成「禾子」，然後說如此天下就會服從。

讖緯中以孔子為主角，創造了很多關於他的神話。《論語撰考讖》、《春秋演孔圖》等等，寫出了一個不像人、或說幾乎不是人的孔子。神話裡的孔子因母親「感黑帝而生」，這是為了讓他在五行中有個明確的位置，即擔任受命卻未登基的「素王」。他的母親顏徵在因而就要和夏、商、周的帝王母親一樣，在夢中與黑帝交而受孕。

孔子名「丘」，為什麼叫這個名字？因為他的額頭長得很怪，是「反丘」，意思是像盆子一樣凹下去。「反丘」最特別之處就是會積水，「德澤所興，藏元通流」，所以能將德澤留住。而且孔子長得比一般人高大得多，「長十尺（約兩百一十公分），大九圍」，高壯到什麼程度呢？「坐如蹲龍，立如牽牛」，坐下來像條龍，站起來像頭牛。此外，他還會自體發光，「近看像昴星，望之如北斗」。他的嘴唇也跟人家不一樣，「仲尼斗唇」，嘴唇又厚又重，因為要包納一個跟人家大不相同的舌頭，他的舌頭足足有七層，這樣講出來的話格外有分量、格外有權威。

另外，「仲尼虎掌」、「仲尼龜脊」，他的手掌、他的背脊，通通呈現異相。

天啊！這樣的孔子，活生生就是個怪物，你會願意見到他，還去找他當老師嗎？

還沒完，就連孔子的弟子都不是正常人。子張、子夏的眼睛很大，而且和老師一樣，臉上有凹下去會積水的地方，只是不長在額頭上，而是長在嘴邊，也就是超級大酒窩，所以隨時看起來都笑得很開心。顏回、子貢、曾子則是頭上長角的。

因為孔子不是正常人，所以他寫了《春秋》、《孝經》之後，上天會垂下黃玉對他說，未來劉季會讓「天下服」。因為孔子不是正常人，所以他也不是用我們一般認定的正常方式寫《春秋》和《孝經》的。

《孝經右契》中有另一則故事。孔子夜裡做夢，夢中見到一個孩子，便問孩子是誰、在這裡做什麼？孩子就說自己看見一隻奇怪的動物，羊頭，頭上有角，角末有肉，顯然指的是麟。孩子說完就往西邊走。孔子意識到麟出現了，代表天下已經有主，便跟隨孩子去到一個神祕的地方，真的就見到麟了。麟面對孔子，搗起孔子的耳朵，然後從嘴裡吐出三本書給孔子……

搞了半天，原來書也不是孔子自己寫的，是麟從嘴巴裡吐出來送他的。這也太容易了吧！在讖緯中，一切都是命定的。依照《論語撰考讖》的說法，孔子是個水精，是五行中「水」的化身，按照五行理論，制度屬於「水」，所以孔子長於制定制度，可以為後世的漢朝制法。

孔子是「素王」，連帶地他的弟子們也都是「素臣」，他們都是上天送下來的，不是人生父母養的。

04 天人感應：利用「天」給皇帝壓力

讖緯發展到這種荒謬的程度，難怪會有古文經學的反動，鼓吹還原歷史文獻上的字句與事實。但值得探究的是，為什麼從武帝到西漢滅亡前，有那麼一段時間，會從今文經學中發展出這麼荒唐的一路，而且還在社會上如此流行，一度蔚為主流？

從讖緯的淵源看，其根柢來自東方，尤其是原來的齊地，也就是戰國時盛產「方士」之處。這樣我們就能理解，其實讖緯不是什麼新鮮的東西，就是方士之術的脫胎換骨、借屍還魂。

方士之術變形復活，憑藉的是董仲舒主導的思想轉變。後世留下的記錄說，這是「罷黜百家，獨尊儒術」，但回到武帝朝的歷史現場，「罷黜百家」和「獨尊儒術」並不是同一回事。在政治上律定「獨尊儒術」，這是事實，然而這樣的政策並沒有產生「罷黜百家」的效果。

真正的情況是，在「獨尊儒術」的原則下，本來的百家種種思想元素，全數都擠進儒術的大招牌下，成為儒術的一部分而繼續保留下來。武帝「獨尊儒術」的政治用意，是排除過去黃老道家無為原則給予他的限制，因而只有對黃老道家特別區分，其他包括法家、陰陽家等內容，並沒有嚴格的阻擋。於是，這些家派表面的名號潛藏下去，但實質內容都包納進儒術裡了。

明確地說，「獨尊儒術」之後的儒術變成一個大雜燴，和原始儒家以及儒家所傳承的王官學很不一樣。讖緯依附在經學上，將方士的數術、迷信大量灌入儒家體系，改變、扭曲了儒家。

這個時期的儒家會被如此大幅地改變、扭曲，一個關鍵就在於，經書內容從原來的封閉性質被改造為開放的。經書一字一句早已固定寫好在那裡，不能隨意改動，這原本當然是封閉的知識系統。然而從今文經學到董仲舒，一步步抬高了詮釋者的重要性，擴張詮釋的空間，到後來詮釋可以不依照本文，可以自創內容補充，甚至改變本文，經書的終極權威實質上已經淪喪了。於是群魔亂舞，在很短的時間內，各種光怪陸離的東西都被任意加進儒術的大招牌底下。

天下重要的學問只剩儒家儒術，從這個角度看，是「獨尊儒術」沒錯；但儒家儒術到底是什麼，卻幾乎沒有標準，幾乎什麼內容都可以偷渡進來，掛起儒家儒術的名號。若從這個角度看，「百家」都變形為儒家儒術的一部分，並沒有真正被「罷黜」啊！

董仲舒為什麼要援引陰陽五行進入儒家，創造了明明原來不在儒家思想體系中的「天人感應」思想？

其中一個根本的理由，就是要應對前所未有的、過去的儒家不曾遭遇過的帝國與皇帝權力。皇帝不是天子，尤其不是周天子那樣的封建共主，皇帝是大一統帝國中唯一的至高統治者，幾乎沒有其他的政治力量可以牽制、約束皇帝。

董仲舒摸索著找出一個高於皇帝的權威，那就是「天」；也找出一種利用「天」來給皇帝施加壓力的形式，那就是「天人感應」。「天人感應」使得「天」和皇帝之間一直存在著緊張關係，「天」用災異和祥瑞來評斷皇帝的行事作為。

「天人感應」取消了偶然和意外，主張所有的自然現象都是「感應」的結果，也就是將自然現象徹底人文化，認為後面一定有人的因素。如此就提供了一個能夠不斷檢討皇帝施政的機會。大自然不可能沒有變異，只要出現了非常變異，依照「天人感應」理論，就應該求索相應的人事異常，也就可以追究人的責任，總有人得負責。

正因為在帝國制度下，所有權力都逐漸集中在皇帝一人身上，於是要追究施政的人為問題，不管怎麼追，最後都會追到權力的終極源頭——皇帝。當然，沒有人敢直接要皇帝負責，皇帝可以將責任推給丞相，由丞相付出代價。也因此明明位高權重的丞相，在漢代變成了危險的職位。當丞相的人永遠不知道什麼時候會災難臨頭。發生地震，丞相要負責；山崩了，丞相要負責；天不下雨或下太多雨，丞相都要負責；甚至一頭牛在路上喘息走不動，都有人叫丞相負責。

雖然現實中倒楣的是丞相或其他官員，但自然變化與政治作為的連結必然給皇帝帶來壓力。於是這段期間裡，我們看到了帝國政治權力的弔詭發展。一方面，原本分散給地方王國的權力不斷收束集中，原本外朝丞相及群臣擁有的行政裁量也不斷下降，或被中朝侵奪，皇帝的權力愈來愈大；但另一方面，又有一個高於皇帝的權威同步在發展，那就是藉自然給予皇帝壓力的「天」，如此約束了皇帝沒有變成絕對主觀的獨裁者。

05 方士↓讖緯↓道教的一脈相承

今文經學及讖緯有其現實政治上的高度作用，本來就不是單純的解經學問。現實政治上藉以約束皇帝絕對權力的，是其假托神聖，將經書講成是天上直接送下來的，再用上天主宰一切的神祕力量來節制皇帝。也就是說，和「天人感應」有關的這些說法，有著具體政治上的運用。

千萬別小看、更不能遺忘讖緯在現實政治上的影響。王莽取代劉家成立「新朝」，過程中出現許多讖緯；劉秀從反對王莽的眾多勢力中得以脫穎而出、當上皇帝，讖緯也發揮了關鍵作用。

東漢成立後，隨著古文經學的壯大，今文經學及讖緯快速沒落了。這樣的變化也不難理解。讖緯可以復興漢朝，也就具有足夠的威脅力量再度滅亡漢朝。站在保護現實權力的立場上，聰明的皇帝會想辦法壓抑讖緯的任意出現和流傳，正好古文經學從文獻基礎上瓦解了今文經學的知識合法性，順帶就削弱、甚至取消了讖緯的作用。

然而讖緯並沒有真正就此從中國歷史上消失，只是從短暫的大傳統顯學隱伏到小傳統雜學中。南朝梁一個有名的道士陶宏景，寫了一本叫做《真誥》的書，書裡的篇名有〈運題象〉、〈甄命授〉、〈協昌期〉等。這幾個篇名看起來是不是很眼熟？它們明顯和讖緯有著相似之處。

今文經學及讖緯沒落的同時，民間道教的勢力興起，到東漢末年成了重要的動亂因素，這樣的對應發展並非偶然。雖然今天已經無法完整還原其變化過程，但我們有充分理由相信，讖緯和原來的方士傳統進入了道教。

道教有符籙系統，就是將既有的文字小幅改造，和大傳統士人使用的有所區別，並增添其神祕性，這種做法和讖緯是一致的。讖緯主要在字句的連結上創造出少見、獨特的用法，道教後來進一步改造字型，脫化出像字、又不完全一樣的「符」，顯示其非人間的性質。

重新認識讖緯，在歷史中將讖緯補回來，一方面讓我們更精確地了解漢帝國的政治權力運作；另一方面，可以將這一個系統的歷史接起來：從戰國時齊地興盛發展的陰陽五行和方士之術，到漢代的「天人感應」與讖緯，再傳留到東漢以後的道教，如此一脈相承。

道教淵遠流長，從時間上看，並不比儒家短多少。若要衡量對社會的影響，按人口數量算的話，道教的範圍甚至應該比儒家更廣。這是歷史的一部分，重要的一部分，不應該因為留下來的文字材料較少、較偏僻，就被我們忽略、遺忘了。

06 貨幣的神奇功能：價值的中介和儲存

容我從歷史上再提醒一次，在漢代的環境中，帝國是件新鮮事，一切還在摸索發展中，如何讓帝國能夠運作，帝國各個不同部門如何彼此配合，也都在不斷變化中。包括皇帝的角色、皇帝運用權力的合理方式，乃至皇帝應該擔負的責任、和群臣之間的分工……，這些都是帝國初創時必須反覆磨合、尋找答案的艱難問題。

帝國和皇帝制度從來不是一套完整準備好了的、從天上掉下來就立即現成可用的。周公創設的封建制度，具備高度的穩定性，存在並運作了幾百年，期間經過許多變化、調整，到後來收拾不住，產生了戰國的長期動亂，都還拖了好久沒有徹底被取代。正因為能取代封建的新政體千頭萬緒，沒那麼容易建立起來。

就是在帝國摸索試驗的階段，才會有今文經學、「天人感應」、讖緯一類的現象，有那麼大的自由度去扭曲經典、去改造皇帝形象、去運用自然災變。

幾經拉鋸，到武帝朝時，確立了一項權力原則，那就是「集中」。皇帝是中心，而且是唯一的中心，在皇帝之外，帝國裡不得再有其他的中心。原來的「郡國並行制」至此名存實亡，當時雖然仍有封國，但封國的國君沒有實際的統治權力，只是象徵性地擁有該地，分配到該地的部分收入。封國真正的統治管理，其實和其他郡縣沒有兩樣。

在中央朝廷裡，皇帝和丞相也不再是行政上的分工合作關係，在權力位階上，皇帝和丞相劃分出絕對的距離。不只是中朝侵奪了丞相帶領的外朝權力，武帝多次無情地誅殺丞相，更戲劇性地表明了皇帝的壓倒性宰制。

和政治權力的集中同步進行的，還有經濟資源的集中。得以讓地方的經濟資源輸送到中央，又和貨幣的發展關係密切。貨幣成為帝國的樞紐。

貨幣有兩個基本功能，這兩個功能神奇地集中在同一樣東西上。首先，是「價值中介」的功能。一張桌子和一面時鐘如何交易？可以用原始以物易物的方式交換，這時候交換的，是兩樣東西的使用價值。手上有時鐘卻需要桌子的人，去找手上有桌子卻需要時鐘的人進行交換。但這樣的交換最麻煩的是：第一，每個人對物品的價值認定是主觀的、相對的、流動的；第二，物與物之間的價值不一定形成倍數關係，應該說，正常情況下都不是倍數的，這就增加了物與物交換的困難。

貨幣解決了，至少是大幅減輕了這樣的困難。有了貨幣中介，每樣東西就都有了一個以貨幣來計算的「價格」。價格和價值分不開，卻比價值來得客觀、穩定，而且價格是貨幣的倍數，於是不同物品就可以靠貨幣而都有了彼此之間的倍數關係。

貨幣還有「儲存價值」的功能。在以物易物的情況下，價值包藏在東西裡。物的價值通常是由其使用性來決定的，然而在使用價值上的鐵律，是「邊際效應遞減」——擁有愈多同樣的東西，那樣東西的使用價值對這個人來說就愈低。比如米糧對餓肚子的人來說再重要不過，但對已經吃飽的人相對就沒那麼重要了。累積愈多，愈無價值，這讓價值很難儲存。

貨幣自身沒有使用價值，卻可以用來交換各種不同的東西，如此就不受「邊際效應遞減」的律則約束。累積貨幣，可以拿去交換不同時候你所需要的不同東西，因為人的欲望無窮，貨幣的累積價值就不會失效。沒有貨幣，人不會有強烈動機累積許多自己用不完、用不上的東西；有了貨幣，可以將抽象的交換價值儲存在貨幣中，大家當然就會願意去追求貨幣、儲存貨幣了。

07 統一的貨幣，帝國的樞鈕與利器

秦漢帝國的重要變化之一，就是統一的貨幣不斷普及，進而廣泛運用。秦始皇統一發行「半兩錢」，到漢武帝時發行「五銖錢」，兩位雄才大略的君王都注意到貨幣的作用。沒有貨幣，尤其是沒有統一的貨幣，偌大的帝國資源要如何由中央朝廷集中利用？光是用實物及人力徵集的方式，多麻煩啊！蓋宮殿、造園林，乃至提供軍事行動所需，有貨幣和沒有貨幣差別有多大！貨幣讓一般人得以累積財富，貨幣也就能以更大的規模幫助朝廷累積財富。

在成熟的貨幣環境中，會產生積極的循環效果。貨幣使得萬物可易，刺激了活絡的交易行為；發現了萬物可易，又倒過來刺激大家願意使用貨幣，累積貨幣去換取各種東西。如此一來，貨幣會加速經濟成長，使得人們有更強烈的動機多生產，因為自己用不完、用不掉的東西，可以透過貨幣有效賣掉，換取其他缺乏的、需要的東西。

《鹽鐵論》書中的討論，充分反映了漢代貨幣經濟的發展及其限制。被賢良文學們拿來檢討的朝廷財務政策，例如「均輸」，很明顯是貨幣經濟下才會有的產物。「均輸」的做法就是「賤買貴賣」，用這種方式平衡供需，同時由朝廷賺取其中價差。而賤和貴，依照的不是使用價值，

而是以貨幣來計算的客觀價格。沒有錢，就買不了也賣不了。

桑弘羊主導的這套政策，並沒有在「輪臺之詔」後就立即停止，甚至也沒有在武帝去世、霍光輔政時就結束。朝廷繼續用這種方式聚斂民間財富，而原本朝廷所需的最大開銷——對匈奴的戰事，因為政策改變而省下來了，於是產生的實質效果就是朝廷突然比以前富有得多。財政上有了盈餘，霍光才能頻頻減賦，與民休息。

但這種運用貨幣價差的做法，在《鹽鐵論》記錄的會議中，就遭到賢良文學們的強烈抨擊。他們顯然抱持著原始素樸的價值觀，認定只有靠勞力從土地上生產出來的，才是正當的價值。同樣的東西，今天賣和明天賣、這裡賣和那裡賣，竟然會有不一樣的價格，這對他們來說完全無法理解，也就自然地將交易產生的價差都視為朝廷對人民的剝削。

換句話說，從秦到漢一百多年的時間裡，現實上貨幣經濟有了高度發展，然而卻並未出現相應的貨幣理論，用以解釋貨幣的作用和價格變動的原因。也因此在主流的思想中，一直存在著對於貨幣的不信任、甚至敵意態度。信奉「無為」的黃老道家不喜歡貨幣，認為貨幣刺激、增長人的欲望；強調「以農為本」的儒家也不喜歡貨幣，認為貨幣奪走了農業利益，傷害農民的生活。

貨幣產生了很大的作用，然而在缺乏貨幣理論的情況下，貨幣經濟發展到一定程度後，也就必然會遭遇突破不了的限制，甚至出現明顯倒退的情況。

08 農人賣地、商人買地的貨幣肇因

貨幣經濟在漢代產生的效果，最明顯的是促進生產的專業化，以及刺激交通運輸條件的長足進步。《史記．貨殖列傳》總結道：「漢興，海內為一，開關梁，弛山澤之禁，是以富商大賈周流天下，交易之物莫不通，得其所欲。」這種「富商大賈周流天下」的情況，在武帝朝之後更加普遍、程度更甚。

《漢書．食貨志上》說：「至昭帝時，流民稍還，田野益闢，頗有畜積。宣帝即位，用吏多選賢良，百姓安土，歲數豐穰，穀至石五錢，農人少利。」朝廷重視農業，農業生產增加，結果卻是穀價下跌，「農人少利」。

這樣的矛盾一直存在。貨幣帶來的交易方便使得商業發達，貨幣發揮的「儲存價值」功能使得初期商業資本的累積成為可能；然而「重農抑商」的基本觀念卻無從動搖，不時便有限制商業活動的政策施行，要求專注致力於農業生產的提升。但農業上豐收了，卻因為缺乏商業交易機制調劑，導致「穀賤傷農」，實際上對真正從事生產的農人沒有好處。

而且，由朝廷從上而下鼓吹「重農抑商」，使得商業利益始終無法在社會上取得合法性，隨時被懷疑是否正當，商人的身分也就隨之一直受輕視。如此必然帶來的反應，就是在商業上得到

利益的人，累積了一點財富，就會想辦法擺脫商人的身分，將商業資本轉成土地資本，讓自己從商人變成地主。商業交易在社會價值階層中屬於「末」，有土地和農業相關聯則是「本」，商人變地主，社會地位就明顯提高了。

《史記》中形容的「交易之物莫不通，得其所欲」，土地當然也包括在內。貨幣經濟發達後，萬物皆可交易，不可能單獨將土地排除在外。

愈原始的農業生產，愈依賴天氣因素，也就愈難逃躲天候變化帶來的荒歉情況。作為農人最可憐之處，就在其生產條件其實非常不穩定，多下一點或少下一點雨，天氣熱一點或冷一點，甚至只是早一點冷或晚一點熱，都會帶來生產上的破壞性影響。老天爺給的條件那麼差，卻還完全沒得商量，而且不得不依賴。

因此，相對原始的小農經濟嚴重缺乏保障。儘管豐年能儲蓄，但如果是用實物形式儲蓄，所有作物都有保存期限，時間一到，儲存下來的蔬果、穀物就等於沒有了。如果要轉換成貨幣形式儲存，就得在豐年時將作物賣掉，卻因為豐收，作物反而賣不到好價錢，甚至賣不出去。

再加上小農經濟的零散規模，能夠省下來儲存以備荒歉的也十分有限。這就意味著一旦發生歉收狀況，就有農人活不下去，不想要坐以待斃，就只能流離逃難到其他地方。而能否順利地在其他地方就食，也還是沒有任何保證。

貨幣經濟發達帶來的影響，使得農人處於荒歉困境時多了一個選擇——他們可以出賣土地，利用土地換來的錢撐過難關。西漢後期就出現了這樣的情況，農業的不確定性依舊，但貨幣經濟發達，使得遇到荒歉時，農人有了動機出賣土地，以避免流離失所。這時就有了土地供給。而在另外一面，靠著商業「末利」累積財富的人，也有動機想藉著收買土地將自己轉型為地主，以提升社會身分，便也有了土地的需求。

一邊要賣，一邊想買，就有了日益熱絡的土地交易，毋寧是自然的結果。

09 土地兼併↓佃奴日增↓豪強坐大

土地熱絡交易，然後呢？

既然刺激土地供給最重要的因素是荒歉，就表示這是個買方市場，賣方有迫切出賣以換取生計的高度壓力，買方相對沒有非買不可的必要。這種交易中的價格，也就必然對買方有利、對賣方不利。也就是說，買方在荒歉之年收聚的土地，等到一時荒歉過了，平均能為他帶來的生產好處，一定高於他購買土地所付出的代價，這是對他有利的投資。

因而西漢後期會出現土地「兼併」的現象，就一點也不令人意外了。手上有點錢的人，遇到荒年在有利條件下買土地，成為小地主；土地投資為他帶來長期的利益，累積這些利益又能在下一個荒年買更多土地，成為中地主；擁有土地愈多，他能承受荒年損失的能力就愈大，和一般小農的經濟保障差距也愈拉愈大，於是很容易就再收購更多土地，成為大地主。

一旦貨幣經濟進入農業體系中，人們開始用貨幣進行土地買賣，就很難防止土地逐漸集中在少數人手裡、地主的財產規模愈來愈大的變化趨勢。在土地集中的過程中，漢代許多農民都變成了「貧民」、「流傭」或「徒附」。這幾個名詞其實描述的是同一種人，那就是還依附在土地上，以農業生產勞動維生，但失去了土地所有權，耕種的是別人的土地。

兼併現象愈普遍，就表示愈來愈多人淪為「佃」，他們必須租用別人的土地來耕種，因而勞力所帶來的收穫，就不可能都為他們所得。「佃」一般是以收成的比例來償付土地代價，條件因各地、各時的不同而有很大的差異，從收成的三成到七成都有。總的來說，在租佃條件下，平均大約有一半的收成繳給了地主，實際勞動的農人只能保留一半左右。如此一來，光靠土地所有權就能每年坐收將近一半生產利益的地主，當然就能再收買更多土地了。

而在這種土地買賣後形成的生產結構中，佃還不是最低下的。在佃之下還有「奴」。西漢後期，農業生產就形成這樣的四層結構——地主、自耕農、佃和奴。從發展上看，自耕農是核心，原先主要的農人都屬自耕農，然而貨幣進入土地交易之後，原先的自耕農這一層就開始裂解。

賣掉土地維持不了自耕農身分的人，一般先選擇成為佃，也就是仍然在原有的土地上繼續他熟悉的生產活動，但是現在要將大約一半的收成繳交給買了土地的地主。不過，從漢代當時的價值觀念看，佃仍然從事農業生產，仍然屬於比較像樣的「本」，比佃更低下的是奴。

現代經濟學分第一產業、第二產業和第三產業。第一產業是依附土地的農業，第二產業是依附機器的工業，第三產業則是服務業，一層一層，愈後面的產業愈進步。然而中國的重農思想價值觀恰恰相反，第二、第三產業在地位上遠不及第一產業，尤其是今天所說的服務業，那個時代基本上是由奴承擔的。

有部分的工業，特別是朝廷專屬的冶鐵業，其勞動力也是由奴提供的，他們是「官奴」。另外，私人大戶家裡也逐漸有了「私奴」，而且隨著時間日長，數量不斷增加。奴的來源，主要也是從土地上流離出來的。從自耕農下降為佃，付出同樣的勞力，得到同樣的收穫，但在繳完租之後，家戶收入硬是比原來少了將近一半。很顯然地，家戶能夠養活的人口減少了，那些不再能由佃戶家中養活的人就被迫離開，變成了奴。

武帝一朝大幅擴張，在在都需要用錢，朝廷開銷的規模以倍數成長。這些錢有一大部分來自「賦」和「算」。「賦」是土地生產稅，「算」則是人頭稅。收「賦」和「算」，需要龐大的官僚組織，還需要複雜的管理程序。在一個低度發展的社會中，要進行並維持這樣的組織運作有其根本的難處。最簡單、最根本的是，連可以有效掌握如此龐大資源的數學模式都尚未形成，不同的物品以不同單位記數，這些不同單位的數字如何加總都沒有人會，就更不用提類似總體的財政規劃與追蹤了。

在這種情況下，土地兼併反而給朝廷帶來方便。「賦」和「算」都是由地主負責支付的，一個人擁有的土地愈大，那塊土地上所有的生產稅及佃的人頭稅也就愈多。朝廷現在只要找他一人，就解決了這些稅收問題，而不必再像從前一樣，要一一找到每一家農戶、每一個農人。

換句話說，朝廷樂於見到土地兼併，兼併有助於朝廷簡化稅收行政，對於不斷擴張中的國家財政而言大有助益。因而不管從「務本」的意識型態上如何強調以農為本，朝廷都不會真正積極地維護小農、抑制地主。實際上，朝廷和新興形成的地主階層有著隱性的共生互利關係。

而且，由自耕農下降為佃，至少在短期內會有好處，那就是只要向地主繳租，而不必應對朝廷的稅收。擴張之中的朝廷，為了增加財政收入，顯然必須不斷地調升原有的稅賦，或是巧立名目新設項目，小農不堪其擾，變成佃之後，至少可以省掉這方面的麻煩。

當然，朝廷的需索增加到一定程度後，地主還是會將負擔轉嫁到佃的身上，收走更大比例的農業收成。如此一來，佃戶家中的經濟情況變差，就有更多的成員從佃的身分往下滑落為奴。

不過，在面對朝廷時，地主和小農還是有著根本的不同。小農沒有任何和朝廷討價還價的條件，只能逆來順受，任朝廷予取予求。而地主，尤其是後來不斷坐大的大地主，他們在地方上擁有愈來愈大的影響力，也就有了對抗朝廷的籌碼。於是，這樣的大地主很容易就轉變為讓朝廷頭痛的「豪強」，不再是乖乖幫朝廷集體納稅的成員了。

有著前面和地主隱性合作的關係，朝廷採取放任地主的態度，也就會有後來地主壯大為難以對付的「豪強」的棘手問題。

10 不重視農民的重農政策

西漢的基本價值觀是「重本抑末」，是重視農業，強調農業的核心地位的。但回到歷史的事實上，我們必須小心，不能將這樣的價值觀混淆為重視農民。重農和重視農民不是同一回事。

西漢朝廷的「重農」政策是重視農業生產，抬高農業生產地位，強調農地的重要性。因為重農，於是以非農業形式取得的財富都傾向於回到土地上，所以商人以「末業」賺了錢，都要想辦法讓自己轉型為地主。但在土地上真正負責生產的是什麼人？他們受到的是什麼樣的待遇？

弔詭地是，正因為農業生產重要，朝廷財政以農業為根基，他們就顧不到農民的情況。對朝廷來說，確保能夠穩定、有效地收取農業利益，才是命脈所在，而地主的出現及擴大，在這方便對朝廷有利。重農的價值觀在這個階段，使得朝廷站到地主那一邊，就算沒有實質鼓勵，至少也被動地縱容地主勢力興起。

然而，地主一時和朝廷利益一致，過沒多久，這樣的關係就變質了。一來，地主升級為大地主，大地主升級為超級大地主，他們對地方資源的掌控就開始和朝廷起了衝突。豪強逐漸成為地方上最麻煩的動亂失序因素。二來，更根本的原因是，土地愈集中，自耕農愈少，真正付出勞動力的農民得不到合理的待遇與照顧，到一定程度後，基本的農業勞動力維持就會出問題。不重視農民的重農政策，縱然可以得到一時的發展，終究還是會帶來農業殘破的危機。

傳統歷史上有「昭宣中興」的說法。表面上看，昭帝、宣帝兩朝的確很不錯。昭帝朝由霍光支撐住，宣帝來自民間，更是確切停止了過去許多好大喜功的政策，兩朝都有相對厚道的統治者。不過昭宣兩朝的繁榮富裕，其實也就是建立在這種重農政策的因果時間落差基礎上，只能是一時的、短期的現象。

「昭宣中興」的基礎，就是「輪臺之詔」後停止了擴邊戰爭，讓朝廷的財政逆轉過去幾十年的方向，大幅降低了開支。如此而能夠「與民休息」，不斷下詔減少、減免稅賦，人民因此得以保留較多的生產所得。不過，減賦得到的「休息」，卻和土地兼併同時發生，於是地主享受到大部分的減免，作為佃的實際生產者就不見得真正能得到好處。

換句話說，這過程又富了地主，讓地主得以從中獲取更多的生產收益而不用繳給朝廷，於是更增添了收購土地的動機與資本。這也就解釋了儘管霍光他們鬥倒桑弘羊，實踐了「輪臺之詔」的新路線，暫時得到「昭宣中興」的社會復甦與繁榮效果，但接下來的元帝、成帝、哀帝、平帝諸朝，顯現的卻是經濟生產秩序的解離，進而帶來社會動盪，終至瓦解西漢原有的政治結構。

關鍵就在於無節制的土地兼併。昭帝、宣帝兩朝基本上沒有拿出任何試圖減緩土地兼併現象的政策，於是用意上要嘉惠農民的減賦做法，實際上卻肥了地主，而且是愈大的地主愈肥，產生了拉大貧富差距的非預期結果。大地主愈來愈大、愈來愈富，自耕小農相對愈來愈少，不斷滑落成為佃，又再下降成為奴。這樣的社會組構，很難維持和平運作，不亂也難啊！

第十講

帝國的宿命，王莽的新途

01 親親不親，血統生殖權的空前重視

秦統一六國，終結了封建制，代之以郡縣制。漢朝成立後，一度恢復封國，改行混和折衷的郡國並行制。然後從高祖到武帝，封國逐步地消失，又變成純粹中央統治的制度。

在這過程中，許多封國都遭到了整肅。先是異姓之國一一被消滅，改換成劉姓子弟封王，還訂定了「非劉氏而王者，天下共擊之」的原則。但劉姓子弟當王，也沒能維持多久，相較於中央朝廷，封國的地位愈來愈低，勢力愈來愈小。到了武帝朝，基本上不再有獨立的王國存在，國與王只徒留虛名。

為了將放出去的權力收回中央，景帝時發生了劉姓宗親直接兵戎相見的「七國之亂」，武帝時則採用了更多無情對付劉姓諸王的手段。如此一來，實質上破壞了中國傳統政治的「親親」原則。也就是說，原本在政治上，親族關係得到特別看待，君王相信子弟親屬值得信任，因而會將權力優先和親族分享。愈接近的宗親，能得到愈高的權力。

武帝朝之後，這套「親親」邏輯基本上不適用了。子弟親屬非但得不到特別的信任，往往還遭到特別嚴格的懷疑與監管。尤其是經歷了「戾太子案」，理論上應該最親近的太子和父親反目成仇，武帝就更不可能將權力交付給宗親了。權力和資源不只集中到中央朝廷，而且集中到皇帝

一人身上，沒有人可以具備和皇帝同等的地位，甚至沒有人能夠擁有接近皇帝的地位。皇帝和其他人，包括宗親，之間的距離愈來愈大。

但如此產生了嚴重的後遺症。皇帝如此重要，他和其他人之間是絕對的而非相對的差距，連帶地由誰繼承、誰有資格繼承，就變成愈來愈嚴重、也愈來愈麻煩的事。相應地，皇帝的「血統生殖權」受到了空前的重視。

要確保皇帝能夠充分控制繼承者的血統，就必須保證在皇宮中進出的人，不會威脅到皇帝的生殖專擅權力。如何做到這一點？很顯然地，最徹底的辦法就是讓皇宮中除了皇帝之外，沒有其他男人。

原先在「親親」原則下，可以接近皇帝的宗親們，現在都成為權力上的可疑份子，而被刻意排除在皇宮之外。幫皇帝處理政事的外廷官員們，也因為他們的男性身分，被視為對皇帝的生殖壟斷有威脅，同樣必須擋在皇宮之外。那還有誰能進入皇宮服務皇帝？宮妃之外，就只剩下不是男人的男人——宦官。

02 皇帝身邊一群精神扭曲的「非人」

司馬遷在〈報任安書〉中，如此真情激動地辯解任安對他的誤會，沉痛地指出：自己之所以看起來和皇帝很親近，經常在皇帝左右，絕對不是什麼值得驕傲、值得羨慕的事，那是因為自己受了腐刑，喪失了男性的生殖能力啊！他實際上變成了一名「宦者」，是個殘缺不全的人，這樣的人雖能接近皇帝，但必然得不到皇帝的基本尊重。

司馬遷寫那麼悲憤的信，就是要表達：如果能有一點點的其他選擇，我怎麼會接受這樣的事？而你竟然還誤會我因此得到了很大的影響力！不接受最屈辱的腐刑，就只能死，死了就無法完成畢生的志業，將《史記》寫出來，於是才忍非常之辱，留著這樣的餘生。用這種方式接近皇帝，又有何價值？

皇帝身邊有很多宦者，他們都以不完整的人的身分活著，接受了非人的待遇才得以進入宮中。從司馬遷的反應，我們很能同情地理解，這樣的人生怎麼可能正常？而在皇帝身邊，最接近皇帝的，就是這些不正常的人。

司馬遷所經歷的，也就是當時所有宦者都經歷過的，叫做「下蠶室」。什麼是「蠶室」？那是像養蠶一樣的地方，窄小而且密不通風。去勢割除了生殖器之後，要在這樣的蠶室裡關很長一段時間。以現代醫學知識來解釋，就是盡量和外界隔離以免造成傷口感染。那個時代的原始衛生條件下，割除生殖器是多大的傷口，不只割的時候痛，而且割完了受到感染、傷口無法復原的機率很高。

這真是恐怖、極度殘酷的經歷。其中很高比例的人因為各種併發症而死去；勉強活下來的，也必然在精神上留著永遠無法磨滅的傷痕，他們的人生徹底被改變了。

為了保證皇帝的生殖壟斷權不受威脅，只好將皇帝置身在這樣一群精神扭曲的「非人」之中，由這群人包圍服侍著皇帝。這是帝國權力集中所必須付出的代價。這些受過徹底傷害的人，一般內在會有強烈的殘缺意識，連帶產生高度的自卑感，並且時時受到不安全的恐慌打擊。更糟的，進入皇宮後，他們失去了和原來家庭的連結；成為宦者，他們又被剝奪生養子嗣的機會。他們的人生如此懸宕空虛。

這問題貫穿著整個中國朝代史，皇帝身邊都是這些注定有嚴重心理狀況的人。因為自卑，如果有人尊重他們、奉承他們，他們能得到的滿足遠遠超過正常人；換另一個方向看，因為自卑，他們也會從對看不起他們的人的報復上，得到異常的愉悅。

西漢從武帝朝之後，宦官在政治上扮演著日益重要的角色。皇帝和宗親疏遠了，也和外朝大臣疏遠了，權力和資源愈是集中，弔詭地，皇帝就愈是孤獨、自閉。剛開始還有一些正常的男人得到特權進入中朝服務，但逐漸地，在宮廷繼承鬥爭威脅日益嚴重後，能在宮中走動的，絕大部分都是宦官了。

宦官的集體心態與集體利益，使他們必然傾向於割離外朝，盡量壟斷對皇帝的包圍。當他們成功將外朝隔絕時，實質上就形同綁架了皇帝，可以藉由皇帝的權力來發洩他們精神上的種種扭曲。這就是元、成、哀、平諸朝的普遍現象。

宦官包圍皇帝，其他人只能透過宦官才能接近皇帝。這樣的環境條件下，少有的例外是外戚。皇太后或皇后的親屬，從倫常的道理上看，他們進宮來見皇太后或皇后，保證不會影響皇帝的生殖權，是難得的缺口。於是皇帝愈是被宦官綁架，愈是與外界隔絕，外戚這個僅有的缺口就愈形難得與重要，外戚在宮廷中能夠發揮的作用也就相對提高。

昭、宣帝之後，西漢王朝陷入了內外困境。在外，土地兼併日益嚴重；在內，宦官對皇帝的包圍日益嚴密。

03 「亂我漢家者，太子也。」

宣帝之後是元帝（西元前四八年—前三三年在位），元帝在歷史上有一個明確的形象，就是「仁柔」。宣帝在世時就對太子的「仁柔」感到不安，但顧慮到元配許皇后，所以沒有換掉太子。昭帝去世時無子，在霍光主導下從民間將宣帝找來繼位，當時宣帝就已經娶妻。許皇后是宣帝微時曾經共患難的夫妻，關係非比尋常，太子是許皇后親生，宣帝不忍廢換。

太子曾經一度勸宣帝多用儒生，被宣帝訓了一頓，告訴他：「我們王朝的傳統是儒法並用，不能獨任儒術。」訓過之後，宣帝憂心忡忡地預言：「亂我（漢）家者，太子也。」

宣帝去世時，太子劉奭二十七歲，以任何標準看都不是小孩了。但顯然出於對太子過於「仁柔」的擔憂，宣帝死前竟然比照武帝故事，任命了三個人輔政。但和武帝的任命很不一樣的是，奉命輔政的包括宦官石顯。這清楚顯現了內朝崛起進而掌握實權的變化。

元帝即位沒多久，石顯就發動對外朝輔政大臣蕭望之的攻擊。他用的方式，和當年燕王等人鬥霍光時一模一樣，趁著蕭望之休假，石顯上奏皇帝揭發蕭望之圖謀不軌，建議皇帝將蕭望之「謁者召致廷尉」。皇帝同意了，於是蕭望之被捕下獄。過了一段時間，皇帝問起來，才發現原來「謁者召致廷尉」是這個意思，嚇了一大跳，難過得痛哭流涕。

透過這件事，我們回頭更深入地明瞭了宣帝擔心的到底是什麼。「仁柔」其實是掩飾之詞，真正的問題是元帝恐怕智力不及一般人。他當了那麼久的太子，始終無法搞清楚朝廷的運作，才會惹惱宣帝訓他，要他弄明白政治運作的現實。宣帝死前，一定知道兒子雖然二十七歲了，仍未具備正常的成年人行為能力，才會憂心地指定輔政人員。

「仁柔」的元帝對外朝很陌生，才會連什麼是「謁者召致廷尉」都不懂。絕大部分的時間裡，他都將自己關在宮中，和大批女人在一起。元帝一朝大幅增加了宮闈中的侍女人數，甚至多到皇帝無法一一認識，必須請畫工替每個人畫像以供皇帝指認。於是想要得到親近皇帝機會的侍女就去賄賂畫工，請畫工幫她們畫得漂亮迷人些。如此而有了後來流傳的王昭君故事，據說她就是因為沒有賄賂、沒有買通，被畫工刻意畫醜了，才淪落到被送去「出塞和番」。

史書上明確記載，元帝朝宮內的開銷大幅增加。侍女多了，連帶被服、用具、金銀飾器，乃至車馬都跟著增加。光是養馬就養了近萬匹，光是進貢被服就動用幾千名工人長期工作。朝廷對外的支出減少了，武帝朝建立的聚斂機制卻依舊運作，所以就有餘裕將宮中弄得豪華奢侈。

元帝將自己關在這豪華的宮闈之內，與外朝愈來愈疏遠，於是權力就落在領導內朝的石顯手中。元帝去世後，當時二十歲的成帝劉驁（西元前三三年—前七年在位）即位。新皇帝無法忍受石顯掌有大權的狀況，但他要如何對付占領了內朝的宦官？只能依靠他母親王太后的親戚，那是他在宮中少數熟悉、能夠聯繫運用的力量。石顯被外戚王家的力量打敗後，權力並沒有回到皇帝手中，轉而落入了王家身上。

石顯的勢力被消滅後，朝廷中最有權力的人，是成帝的舅舅王鳳。王家的五個兒子竟然在同一天一起封侯，號稱「五侯」，外戚王家不可一世。

04 中央集權的因果連動，帝國政治的宿命結構

元帝將大部分力氣和時間花在經營宮闈上，他兒子成帝卻有不一樣的嗜好，就是修建自己的陵墓。一個二十歲的年輕人，著迷於規劃、興建自己死後埋葬的地方，這很不正常，甚至很病態吧？

他如何修「延陵」呢？他要求堆土得遠從別的地方運來，成本上簡直和等量的米一樣貴。什麼樣的土可以保證死後屍體不腐爛，或是靈魂能夠安居嗎？顯然不是。除了講究堆土外，還要動員幾萬徒眾，經常點著火把在夜裡趕工。皇帝才二十歲，幹嘛急著將陵墓造起來？

造陵墓，不是為了死人或死後狀態，而是為了當下的活人能從中得到好處。有造陵墓這樣的超大型公共工程，也就有了朝廷資源聚集的焦點，很多人，特別是圍繞著皇帝的外戚和宦官，就可以從參與工程中將大筆的公共資源納為己有。換句話說，造陵墓是為了擠榨國家資源的名目，而這些資源從何而來？從人民身上來。人民是誰？直接承擔動員衝擊的，逐漸變成了地主，地主也就必然將壓力往下轉嫁到佃戶身上。佃戶受不了了，就有一部分更往下滑落，成為奴。於是奴的人口數增加，剛好提供了大型公共工程所需的人力。

成帝和元帝一樣，養了龐大的後宮，但到他四十四歲去世時，都沒有生出子嗣，必須找來弟

弟的兒子立為太子，那就是後來繼位的漢哀帝劉欣（西元前七年—前一年在位）。漢哀帝留下另外一個有名的故事，創造了流傳至今的成語「斷袖之癖」。哀帝迷戀男色，特別寵愛董賢，連睡覺都和董賢同榻。哀帝醒來見董賢還在睡，衣袖壓在董賢身下，為了不吵醒董賢，哀帝乾脆將衣袖撕斷了。

得到皇帝這樣的寵信，所以董賢二十二歲就當上大司馬，又隨時進出宮闈。史書上說，哀帝走路時無法「跨足」，沒有辦法左腳右腳交錯跨步前進，一次只能伸半步，左腳往前，右腳跟上，左腳再往前，這樣遲緩前進，顯然身體狀況很差。他在位七年，二十五歲去世。由當時九歲的漢平帝繼位。

算一下這幾位皇帝即位的年紀，元帝二十七歲、成帝二十歲、哀帝十八歲、平帝九歲；再看一下他們在位的時間，元帝十六年、成帝二十七年、哀帝七年、平帝不到五年。趨勢很明顯，皇帝即位的年紀愈來愈小，在位的時間愈來愈短。同樣明顯的是，年紀那麼輕、在位時間又不長的皇帝，很難在國政上進行強力的改革作為。

但此時西漢政治累積的問題，沒有強力改革是解決不了的。桑弘羊時代建立起的朝廷財政聚斂機制仍在，持續將民間資源擠榨、集中到中央來；同時土地兼併狀況日益嚴重，貧者愈貧、富者愈富，差距不斷拉大。兩項因素又彼此連環互動，朝廷聚斂愈多，自耕農愈頂不住壓力，就愈是必須出售土地給地主，而下降為佃，再淪為奴。

此時迫切需要的是具備堅定意識的朝廷作為，將資源聚斂機制暫停下來，並且找到更有效的方式防阻土地兼併的情況繼續惡化。但接連幾位在身體上或意志上都極為孱弱的皇帝，不可能提供這種改革所需要的領導魄力。

依照當時已經形成的趨勢，土地兼併日益嚴重，朝廷聚斂機制又持續向下擠榨，第一線上承擔農業生產的勞動骨幹遲早會被壓彎壓斷，勢必得阻止、逆轉這樣的趨勢，才能挽救帝國不致沒落、滅亡。然而武帝所確立的皇帝權力集中制，卻又使得居於禁中的皇帝和外界日益隔絕，不只是皇帝無從掌握國家的真實困境，也讓有自覺、有能力的皇帝難以出現。

皇帝長期和外朝關係疏遠，又被宦官包圍，只靠外戚來取得對外訊息，如何能察覺帝國的問題，又如何找到有效的解決辦法？這樣的皇帝手上仍然握有龐大的資源聚斂機制，因此很容易傾向於將收攏來的財富花費在無意義的事情上。西漢就是在這樣的結構性缺失情況下走向終結的。

西漢實際亡於帝國的結構性因素。愈來愈大的壓力終於壓垮了農業生產，農業瓦解了，人民淪而為奴，活不下去的奴便鋌而走險發動叛亂。西漢末年的亂局，是由「鐵奴」率先啟動的，這些人其中很多都在一代、兩代之間快速地由自耕農到佃再到奴，累積了高度的被剝奪感。奴的騷動進而引發佃的騷動，擴大了動亂的範圍與規模，同時給農業生產帶來更嚴重的破壞。生產中斷了，饑民變成流民，就構成了一股一股到處就食取食的盜匪。

這是帝國政治的宿命結構。宿命，意味著不只西漢遭遇到這樣的情況，後世歷史上我們會一而再、再而三地在許多王朝的末年看到極為類似，簡直像是拷貝般的現象。也就是說，中國各朝幾乎都是以同樣的方式沒落、滅亡的，難怪長期以來「朝代循環論」會如此盛行。

不過應該分析說明的是，「朝代循環」不是什麼自然鐵律，更不是什麼神祕的超越力量所規定的；中國的「朝代循環」是可以解釋的歷史現象。關鍵在於帝國政治的結構，尤其是中央集權產生的因果連動。

在各種客觀工具、手段不成熟，基礎建設低度發展的條件下，要管理這麼大的帝國，非得將權力和資源都集中到中央朝廷不可。大帝國開銷大，卻主要只能依賴田賦收入，一旦支出顯著增加，就必然促成土地兼併的發達。底層的農民不得不賣田地求生，而地主獲得了土地，一來就能不勞而獲地累積財富，二來又能幫助朝廷減省收稅的程序。土地開始買賣，就會愈賣愈多、愈賣愈集中，直到朝廷和地主的雙重壓力終於將土地上的農業生產壓垮為止。

05 小心看待「僭越者」王莽

西漢是第一個被這種宿命結構搞垮的王朝，不過畢竟還是要借助王莽之手，讓西漢的劉家皇帝退位。

討論王莽時必須特別小心。王莽的「新朝」夾在西漢和東漢之間，東漢的建立者自覺地接續西漢，作為其政權主要的合法性來源。因而東漢的政治意識中必然帶著對王莽的強烈敵意，將王莽視為可怕復可惡的「僭越者」。而我們今天能看到的關於王莽的歷史資料，都是經過東漢的人整理、改寫過的，期待在這裡看到一個真實、客觀的圖像，基本上是不可能的。

謹慎地對待王莽的相關史料，從理解東漢人的立場出發，我們可以有大致的判準。關於王莽執政之後的種種改革作為，東漢的記錄應該可信，因為這些記錄是用來解釋王莽為什麼失敗的。對於王莽的失敗他們能夠坦然以對，但關於王莽崛起的記錄又是另一回事了。東漢人很難誠實面對王莽的成功，必須經過刻意剪裁，不讓王莽身上沾染太多光彩。

後世通行的史料中，關於王莽的崛起有一個基本的論調，那就是他的虛偽與狡猾，也就是說，他是靠欺騙、詐術才得以取得至高權力的。唯有如此才能讓他的成功沒有光彩，不值得我們佩服、肯定。然而在歷史的理解和研究上，我們實在不能就簡單地接受這種說法，至少要追問一聲：「如果他是假的，為什麼能讓這麼多人相信他？」

再怎麼高明的騙術都需要有其基礎，甚至可以說，愈高明的騙術愈是需要依靠特殊的集體心理背景才能發揮。即便王莽的權力是騙來的，那究竟是在怎樣的集體心理背景中上演他的高明騙術呢？當時的人在他身上錯覺看到了什麼，以至於投射那麼大的信任與期待？這是不能不問的重大問題。

要回答這個問題，必須將王莽放回那個具體的歷史時空中。王莽興起的第一項條件是他的身分，他出身元帝、成帝朝的大外戚王家。王莽的祖父王禁一共生了八男四女，其中二女兒王政君進宮成為元帝的皇后，元帝死後她就升級為皇太后。當皇后時沒有太大的權力，變成皇太后就不一樣了。雖然成帝不是她親生的，但受不了宦官控制的成帝，只能依靠皇太后外戚家來提供對抗宦官的勢力，於是王家在政治上的地位扶搖直上。

前面提過，王家鼎盛之時有「五侯」，一天當中五位兄弟同時封侯。這「五侯」分別是王譚、王商、王立、王根和王逢時。所以王家有了五個封侯的兄弟？錯了，不只五個。在這五個人封侯之前，老大王鳳和老四王崇已經先封侯了。別被「五侯」的名稱誤導，他們一家兄弟其實是「七侯」啊！

王禁生了八個兒子，其中七人封侯，那還有一個呢？唯一一個沒封侯的，是老二王曼，因為他死得早，來不及等到王家大發達。王莽是王家人，但不是「七侯」中任何一人的兒子，而是那個例外沒封侯的王曼之子。

王莽父親死得早，上面有一個哥哥，哥哥娶妻不久後也死了，所以他們家這一支特別可憐，得不到政治上的好處。正因如此，皇太后，也就是王莽的姑姑，可憐王莽的遭遇，就收留了他，讓他在宮中長大。王莽沒有享受到他們王家的榮華，有了不一樣的成長過程。過程中最重要的一項是「受業明儒」，他需要讀書，得靠讀書作為自己在社會上行走的依賴，不能靠家世。

06 身分是外戚，行事風格是儒者

長大之後，王莽自然有了很明顯的形象。他是顯赫王家中最不像王家人的。他孑然一身，還要奉養母親及支持寡嫂孤侄。他不可能像王家其他人那樣有富貴排場，相對地他「散輿馬衣裘，振施賓客，家無所餘」（《漢書．王莽傳上》），以不貪財聞名。那個時代應該有很多不貪財的人吧，但貴為僅次於皇帝劉家的大外戚王家，竟然有不貪財的成員，當然就格外受到注目。

另外，他還以孝聞名。當時流傳很廣的一則故事，就是他的兒子和由他照顧的姪子，兩人同一天娶妻成婚。這是件大事，一門兩件親事，尤其是顯現了王莽將孤侄和兒子同等對待的態度。然而在這場聯合大婚宴上，王莽卻坐不住，沒有享受到當雙重主人的風光。為什麼？因為母親生病了，王莽無法安心，頻頻起身入內服侍母親。

放回到當時社會背景上，這件事還凸顯了王莽另一項特異之處。他要親自為母親服侍湯藥，除了孝親之外，還因為他們家不養侍婢，不能將照顧母親的工作交給侍婢。這又是一件稀奇的事，當時一般豪族之家都流行買奴婢，也就是「家奴」，只有王莽家始終不蓄奴。

一度長安傳言，王莽家新買奴婢了！許多人用一副「畢竟你也還是跟大家一樣嘛！」的態度對待這個消息，然而更進一步了解事實後，卻發現王莽買來的奴婢不是留在自家工作，而是送給了將軍朱博，因為朱博無子，老了乏人照顧，王莽才買婢送他。

關於奴婢還有一個故事。在那個時代，奴婢是家中財產，連生命權都不受保護。王莽的兒子王獲家中養奴婢，王獲殺了其中一名奴婢，王莽知道這件事後大怒，乃至逼得王獲自殺。

王莽任安漢公時，將女兒嫁給平帝當皇后，自己成為皇帝的岳父，皇帝下令賜地兩萬五千六百頃，王莽堅持不受，國中大騷動，竟有四十多萬人上書要求皇帝應該「加賞安漢公」。

王莽的這些做法，以及由這些做法所取得的名聲，在東漢整理過的史料中，都被視為假的、裝的，是他用來詐騙社會支持所行的詭術。然而真正的關鍵重點在於：為什麼王莽這樣做，能夠在當時的社會上得到熱烈回應，抬高了他的地位與能見度呢？

撥開東漢史書對王莽及新朝必然會有的偏見攻擊，我們其實可以清楚了解王莽從崛起到取漢朝而代之的真正原因。西漢後期儒學大興，儒家觀念與儒家價值深入人心，然而同一時期，外戚、宦官輪流得志，豪族大家聚斂成風。換句話說，社會上有權有勢的人，所行所為卻都違背儒家價值，這中間形成了巨大落差。

在西漢，儒家經學不是以純粹學術的性質流行的。不論今文、古文的差異，儒家的根本精神是極為清楚的。儒家講究「禮」，禮的重點在於「節」，必須依循一套共通的、絕對的秩序規範，節制自己的欲望與衝動，如此才能提升為真正的「人」，也才能組織起像樣的社會。

這樣的想法引申到政治上，必然要強調親民、愛民，統治者、領導者應該帶頭示範節制的行為，照顧人民讓百姓都能安居樂業。政治上的理念如此，然而在現實上，西漢末年社會中地位最高、權力最大的人，他們卻囂張地展現著誇張奢華的生活，絲毫不節制，呈現和儒家理想完全相反的面貌。

收買奴婢與大量土地，過著豪奢生活，是有地位的人公開張揚的作為。他們這樣做，當然也就表示有許多人被賣為奴，許多人失去賴以維生的土地，更多人連基本溫飽都得不到。

王莽具有外戚身分，大可以跟這些人過一樣的生活，但他選擇不要。他選擇簡樸、孝親、普施，而且反對苛待奴婢、反對兼併土地。接受、相信並實踐儒家價值，損害了王莽自己的利益，他卻義無反顧，如此感動了許多人。他們在他身上看到了真誠，真誠相信儒家價值，而且忠於自己所相信的。

他是外戚，同時也是儒者。或者該這樣說，他的身分是外戚，但他的行事風格卻是儒者。身為外戚，活得像個富豪外戚，這很正常；身為儒者，活得像個儒者，這也不稀奇，但身為外戚卻自願節制活得像個儒者，這就很不尋常了。

07 分霑經學與孔子權威的形象之路

哀帝即位時，王莽擔任大司馬，他給新皇帝的第一個建議就是應該「限田」、「限奴婢」。後來，他和當時的丞相孔光還真的擬出一套「限田」、「限奴婢」的辦法來。這套辦法，以當時虛弱的朝廷體制是無法落實的，雖徒具虛文，卻讓王莽的名氣更高了。

哀帝不是成帝的親生兒子，當上皇帝之後，就帶來他的母親丁姬和祖母傅太后。於是丁家和傅家變成了新的外戚，也就必然和原本不可一世的舊外戚王家產生了緊張關係。哀帝即位，第一件事是丁姬要升格為丁太后，傅太后要升格為傅太皇太后，要改她們的尊號。但這件事遇到了大麻煩，那就是原來的王太后，也就是王莽的姑姑王政君，也理所當然要被尊奉為王太皇太后。可以有兩位太皇太后嗎？王莽立即上書反對，保護自己姑姑的地位與權力，他的意見當然得罪了新皇帝與新外戚，於是他從中央朝廷中被鬥下來，外放到地方上。

這段經驗對王莽來說，真是因禍得福。首先，他脫離了原來的外戚權貴身分，社會的眼光現在看的不再是他們王家，而是轉而注視丁家和傅家。加上哀帝寵愛董賢，於是董家也在這日益混亂破敗的王朝政治上參了一角。丁、傅、董等新外戚搞得烏煙瘴氣，就讓大家相對懷念起原來的舊外戚王家了。新舊對照，難免覺得以前王家當權時還沒那麼糟，更重要的，王家當權時，有個行為上格外不同、值得尊敬的王莽。

對王莽來說更幸運的是，哀帝在位期間不過短短六年多。哀帝死時沒有子嗣，皇帝沒了，丁太后、傅太皇太后也連帶沒有了身分，於是政局的決定權就回歸到在皇族倫理地位最高的人——元帝的皇后、成帝的皇太后王政君——身上。

王政君和王莽商量後，立了元帝的一個孫子劉衎為皇帝，就是漢平帝（西元前一年——六年在位）。平帝繼位時只有九歲，而且身體很不好。以今日的醫學推斷，平帝可能患有嚴重先天性貧血症，病發時會造成四肢及臉孔發黑。

有鑑於哀帝朝發生的事，平帝繼位有連帶條件，那就是生母不能入宮，防止再發生如丁家、傅家多重外戚鬥爭的狀況。這樣的做法，對才九歲的平帝來說當然很殘忍，也當然是出於保障王家權力的私心，不過在那樣的時代氣氛下，毋寧是受到肯定、歡迎的。

經歷了哀帝朝之後，沒有人想再看到一支新的外戚勢力進來。王家相對最好，也最值得信賴。而且阻卻新的皇太后，同時意味著掌權的王家意識到外戚的問題，試圖緩解外戚所帶來的政治破壞。

平帝即位後，由孔光擔任丞相，王莽尊重孔光，和孔光共同執政，和外朝維持良好關係。王莽的形象，使得他在儒者之間得到很高的支持。他離開中央朝廷的期間，哀帝元壽二年發生了日蝕，便有賢良文學共同上書，表示天象顯示朝廷應該廣為用人，而他們明確推薦的人才排名最前面的就是王莽。

這意味著原本外戚出身的王莽，已經成功轉型為儒者的領袖了。他不是單純靠「外戚干政」將西漢消滅的。在平帝朝，王莽和孔光合作達成了一件從武帝朝之後就沒見過的事——將中朝和外朝結合在一起。和外朝緊密合作，更凸顯了王莽尊經的態度，以及年輕時「折節讀書」的背景。別忘了，在西漢，經學是非常重要的政治資本。

董仲舒的「天人感應」理論成功地將「天」置於皇帝權威之上，使得皇帝不得不接受各種災異現象的節制。今文經學，尤其是讖緯的發展，又塑造出另一個高於皇帝的權威——神化的孔子。王莽懂得尊經、敬孔，順應著這樣的社會信仰，分霑經學與孔子的權威，因而得以逐漸凌駕於日益貶值的皇帝之上。

08 古文經學為王莽指引的政權之路

一名外戚卻不跋扈、不囂張，努力學習經學，崇敬孔子，王莽的名聲為他累積了重要的政治資本。在這過程中，王莽身邊的一位學者發揮了很大的作用，這個人是劉歆。

劉歆是世家子，父親劉向是著名的學者，早早進入宮廷，長期擔任整理宮中龐大藏書的工作。由這項工作提供的條件，劉向得以找出許多失傳很長一段時間的古本、祕本。繼承父親的學術道路，劉歆很自然地在態度上傾向於古文經學，不斷積極地要求朝廷設立古文經博士。

和劉歆親近，於是讓王莽又得到另一項知識與政治的資本。他除了得以拉攏原有的學問之士外，又透過劉歆成功地將自己塑造為新興的古文經學支持者。一方面，怪力亂神的讖緯為他製造神祕氣氛；另一方面，具備堅實歷史基礎的古文經學也為他提供了與孔子之間更有效的連結。

孔子是「素王」，承受「天命」來「為漢立法」，那麼要治理漢朝，最好的方法當然就是認真了解孔子所立之法，並嚴格遵守。孔子所立之法在哪裡？都記錄在經書裡。漢朝為什麼出了問題？因為人們遺忘了「天」與孔子所立之法，也因為人們沒有用正確的方式掌握「天」和孔子所立的法則。古文經學有效地還原歷史上孔子所創造傳留的文獻，比原有的今文經學更純粹，也就等於開出一條能夠更有效傳遞「天」與「素王」訊息的管道。

在古文經學新興的階段，王莽就因劉歆的關係表達了明確的支持。於是他既能藉由孔光和儒學的舊勢力連結上，又取得了古文經學的新權威，如此左右逢源。另外，古文經學所遵奉的文本，還為他規劃出一條通往政權的明確道路。

古文經學中有《古文尚書》，還有《周禮》，都是原本不在今文經之列的文本。《古文尚書》中對王莽最有幫助的是「周公攝政稱王」的解釋。依照《今文尚書》的說法，周武王死後，周公就是輔佐年幼的周成王；但《古文尚書》的解釋經傳指周公曾經一度攝政稱王，自己登基當上天子，等到周成王長大後，才將天子之位交還給成王。

放在當時的現實政治狀態下，這項記錄再重要不過。周公是孔子最崇奉的人物，在儒家傳統中享有幾乎和孔子同等的尊位，而漢朝的政局也正是前一位皇帝死得早、後一位新皇帝年幼且無法自己執政的狀況。如果將漢平帝比擬為周成王，周公的相應角色當然非王莽莫屬。

另外，列入古文經的《周禮》，提供了非常明確且有系統的政府組織制度。《周禮》比過去大家熟悉的任何一本經書，具有更清楚、直接的制度規劃內容。其他經書記錄的是歷史，只能從歷史中提煉出抽象的原理原則，《周禮》卻是明文列出整套政治制度，該設什麼部門、什麼職位負責什麼事，甚至每個職位該有幾個人，都羅列得明明白白。這是最明確的「為後世立法」！

《古文尚書》提供了王莽由輔佐角色往上跳躍自任皇帝的依據，《周禮》又提供了他明確的「改制」指導，如何成為皇帝以及如何扮演皇帝角色，這兩大問題都有了答案，王莽眼前的道路也就愈來愈開朗了。

09 拒受賜田，得到人民近乎瘋狂的支持

平帝即位的第四年，王莽將女兒嫁給平帝，自己成為皇帝的岳父。皇帝的母親先就被屏除在

外，現在又決定了皇后人選，確定平帝朝不會有新的外戚了。

立皇后當然是大事，此時國之大事一定要有經書上的依據。於是就有大臣從《春秋》中找到特殊的典故，回歸到周代禮儀，那麼天子的岳父應該是個「百里侯」。認真計算「百里」的話，王莽目前所得到的封地面積還有一些差距，應該加賜地兩萬五千六百頃，才能符合「百里」之數，才算遵循經書所規範的古禮。

東漢留下來的史書，將這些都視為王莽的「偽詐」，說他先公開表示不願接受加封為百里侯的土地，再私底下鼓動人要求皇帝應該加賞他，使得整件事在社會上引發大風潮。最後有四十六萬人聯名向皇帝請命加賞。王莽不要土地，於是皇帝就給錢，他又將皇帝給他的錢都散發出去。

關鍵重點在於：第一，這樣的做法符合王莽一貫的形象，他從年輕時就是「散輿馬衣裘，振施賓客，家無所餘」；第二，這樣的做法的確有理由引發社會強烈反應，因為土地兼併已經是非常嚴重的公平正義的大問題。

王莽平常是個言必稱經書的人，人家從《春秋》中找到依據，說天子的岳父應該有土地「百里」，他卻選擇不遵從這樣的經書前例，凸顯出背後有更強烈的關懷。哀帝朝被逐出朝廷之前，他就已經和孔光一起訂定限田、限奴婢的政策，而現在，處理自己的切身事務，他依然將限田、壓抑財富集中的考慮放在前面。難怪他會得到社會上近乎瘋狂程度的支持。

而《周禮》就是他反對現實、規劃理想的依據。實際上應該成書於戰國時代的《周禮》，將當時已經沒落瓦解的周代封建制度予以抽象理想化，尤其是突出了封建制度下的根本土地信念，土地不屬於私人，是由國家分配的，而且土地和身分、和人的生活根本密切結合在一起。

王莽拒絕接受賜田，更顯示出他相信《周禮》及其所代表的復古土地觀念。他是外戚，屬於擁有龐大田產的豪族集團，又擁有實際政治權力，卻逆反一般狀況，和失去土地、生活溫飽受到威脅的多數人站在同樣的立場，他怎麼可能不受歡迎呢？不管其中有沒有什麼「偽詐」的做法，少了這根本的社會因素，王莽再會演、再會騙，都不可能在那麼短的時間內，升到那麼高的地位，擁有那麼大的影響力。

10 從「再受命說」到「新受命說」

王莽展現出一種新的領導風格，他關心庶民生活，在意社會公平，因而在大眾心中灌注了希望與期待。王莽給予眾人新的社會想像、帝國願景。

在這個基礎上，結合當時流行的讖緯思想，就出現了「再受命說」。簡單地解釋，就是漢帝國應該要重新來過，得到一個嶄新的起點。「再受命說」蔚為事件，是有一名齊人，這個專門出方術之士的地方有個叫甘忠可的人，他依照讖緯通例，造了一本《包元太平經》，裡面說：「漢家逢天地之大終，當更受命於天。」意思是原來的時間已經走到盡頭，走不下去了，必須開始另一段時間。所以上天，一個有意志、有想法的「天」就派了「赤精子」，也就是甘忠可自己，在世間傳播這個近乎「彌賽亞再臨」式的訊息。

甘忠可的說法質疑了漢帝國的存在合法性，因而被捕殺了，但「再受命說」已經在社會上廣為流傳。「再受命說」喧騰一時，弄到朝廷沒辦法，只好讓本來就已經是皇帝的哀帝，正式演出一次「再受命」的儀式。同樣一位皇帝，經過一場典禮後，宣布自己「再受命」變成「陳聖劉太平皇帝」。新的名字裡有「太平」二字，因為那是當時最流行、也是最受期待的語詞。愈是亂世，愈期待太平；或者也可以倒過來看，「太平」二字愈流行，愈顯現那是亂世。

《包元太平經》裡有「太平」，到東漢出現了「太平道」、《太平清領經》，一路延續到清朝，還有震動全中國的「太平天國」，這是中國小傳統伏流裡千年一脈相承的用語及觀念。

哀帝「再受命」為「陳聖劉太平皇帝」，卻非但沒有平息社會騷動，反而讓「再受命」的想法更加喧騰。一個影響是，顯然皇帝自己都承認有「天地之大終」的危機，透過朝廷儀式將這個危機感更加廣為散布；另一個更糟糕的影響是，「再受命」成為「陳聖劉太平皇帝」之後沒幾年，哀帝就死了。

看來「再受命」沒有用啊！別說給帝國帶來新希望，根本連讓皇帝正常活下去都沒辦法。於是「再受命說」很自然地蛻變為「新受命說」，原來的、舊有的徹底沒用了，上天顯然沒打算繼續將「天命」投注在劉家人身上。要解決危機，不能「新瓶裝舊酒」，必須真正重新來過。

哀帝去世後，平帝九歲繼位，過沒多久平帝也生病了，而且病得很重。《漢書》顏師古注中引東漢人的說法，認為平帝是被王莽下毒的，整件事是王莽「偽詐」奪取政權的一部分。他們提供的證據就是，藉由平帝重病，王莽上演了一場「請以身代」的戲碼。

「請以身代」源自《尚書．金縢》，講的是滅商後二年，周武王患了重病，周公向先王在天之靈祈禱，請求讓自己代替武王而死。祝告的文件收藏在「金縢」中，也就是金絲綁著的匣裡。周武王死後，周公代理政事，管、蔡流言惑眾，使得周成王懷疑周公，於是上天送下大風大雷警告，成王打開「金縢」，發現原來的記錄，明白周公不恤自己生命的忠誠之心，便消除了疑慮。

平帝生病時，王莽也祝禱「請以身代」，願意代替平帝而死。這件事傳出去後，成為當時的新聞。從陰謀論角度看，王莽的企圖太明顯了，藉由這件事，王莽要將自己比為周公，他就是當代的周公。又按照他所相信、所提倡的古文經內容，周公先是攝政，後來就自己踐位當上天子。王莽就是要藉著這個歷史前例，準備取平帝而代之。那怎麼會那麼剛好平帝就生了重病，給王莽可以依照《尚書》故事「請以身代」？顯然這病也是王莽安排的啊！

哀帝沒有被王莽「請以身代」的祈禱救回來，很快就病死了，於是又立了一個年紀更小的、才兩歲的孺子嬰來當皇帝。在這過程中，王莽「請以身代」的故事當然流傳出去了，有個叫哀章的人，聽說故事裡牽涉到「金縢」，本意是用金絲纏繞的木匣，但在當時被理解為「金匱」（金屬造的小盒），他覺得有機可趁，就去打造了一個金匱呈送給王莽。金匱裡面藏有符命，說王莽是真天子。於是，以此符命為依據，王莽從原來的「攝皇帝」正式變身為真皇帝。

11 全面的復古改革，荒唐的二十八種貨幣

王莽即位，改國號為「新」。新立之初所下的詔書說：「予以不德，託於皇初祖考黃帝之後，皇始祖考虞帝之苗裔，而太皇太后之末屬。皇天上帝隆顯大佑，成命統序，符契圖文，金匱策書，神明詔告，屬予以天下兆民。……以戊辰直定，御王冠，即真天子位，定有天下之號曰『新』。」（《漢書．王莽傳上》）

這段文字先敘述他的家世系譜，強調兩大重點，一是遠溯至黃帝和舜，二是源自王太皇太后。然後特別提到皇天上帝透過符契圖文、金匱策書所賜予的詔命，將天下百姓交給他，他是直接受命而登上「真天子位」的。這「真天子」三字有雙重意義，從現實上看，他本來是「攝皇帝」，等於是代理皇帝，現在真除了；更重要的，「真天子」指的是他由上天明確選擇受命，不是從血統上繼承皇帝大位。

詔書上繼續說：「其改正朔，易服色，變犧牲，殊徽幟，異器制。以十二月朔癸酉為建國元年正月之朔，以雞鳴為時。服色配德上黃，犧牲應正用白，使節之旄旛皆純黃，其署曰『新使王威節』，以承皇天上帝威命也。」

建立新的朝代，當然要「異服改制」，有意思的是怎麼個改法。朝代代表性顏色的選擇，是

依照「五德終始說」所主張的五行相生相剋道理來的。原本秦建立時，選擇的是黑色，屬於「水德」。劉邦建國後，為了顯示不承認秦的合法性地位，強調自己傳承周代，所以也選了黑色。但武帝時有不同的想法，改而強調漢朝成功地推翻秦朝，秦是水，土剋水，所以漢朝應屬「土德」，顏色是黃色。

這意味著王莽沒有選擇新的顏色。理由是他不是剋制了漢朝才成立新朝的，新朝是由漢朝主動禪讓而來的，不適用相剋的五行道理。但如果是這樣，新朝和漢朝不就分不出來了嗎？王莽的做法是在後來動手腳，從王朝記錄上有系統地將漢朝改為「火德」，火生土，因而理所當然從漢朝順利地延續產生了「土德」的新朝。

雖然說「定有天下之號曰『新』」，不過這個新朝最根本的意識形態和指導原則其實是「古」，以古為新。王莽的崛起靠的是經學，是經學中主張的孔子權威，所以他的政權就積極地革除「與古不符者」，掀起了全面的復古運動。

以政治論政治，王莽新朝最嚴重的錯誤，非但不是王莽「偽詐」，恰恰相反，而是王莽太過於相信、執著自己宣稱的「復古」原則了。他真正相信藉由全面復古，建立經書上所描述的古代制度，就能夠解決漢朝遺留下的社會問題。

復古的第一項措施是土地改革，將土地全部改為國有，稱之為「王田」，就是落實經書中所形容的「溥天之下，莫非王土」。國家再將王田分配給人民，「古者，設廬井八家，一夫一婦田百畝，什一而稅，則國給民富而頌聲作。此唐虞之道，三代所遵行也。」（《漢書．王莽傳中》）

也就是恢復「三代」所行的井田制度，每家都有一小塊土地，每八家組成一個單位，用最徹底、最激烈的方式廢除土地兼併的現狀。

然後他又將奴婢改為「私屬」，可以擁有但不准買賣。另外，他進行了大幅且持續的貨幣改革。首先廢除原本通用的五銖錢，然後代之以非常複雜的「五物二十八品」，也就是有錢、銀、龜、貝、布五種不同材料製成的貨幣，共有二十八個不同品項。「錢」指的是銅，「銀」呢？實際上包含金和銀兩種。「龜」、「貝」、「布」這些都是書上記載過去曾經用來當作貨幣的材料，在復古精神下重新拿了出來。

貨幣有六種材質，分成五個系統，加起來共有二十八項。原本的「錢」只分「大錢」、「小錢」，一枚大錢值五十枚小錢。改革之後，「錢」分六種，「小錢」值一銖、「幺錢」三銖、「幼錢」五銖、「中錢」七銖、「壯錢」九銖、「大錢」十二銖。

「布」呢？包括「小布」值十五銖、「幺布」十六銖、「幼布」十七銖、「序布」十八銖、「差布」十九銖、「中布」二十銖、「壯布」二十一銖、「第布」二十二銖、「次布」二十三銖、「大布」二十四銖。一共分成更繁複的十種。

「錢」的價值排列是「一、三、五、七、九、十二」，「布」是「十五、十六、十七、十八、十九、二十、二十一、二十二、二十三、二十四」，看起來像是有一定的次序，但這樣的安排在貨幣應用上完全沒有道理，因為其價值之間都不是倍數關係。沒有倍數關係，要如何換算？誰算得出來一枚「中錢」等於幾枚「幺錢」或幾枚「幼錢」呢？還是一個「差布」等於幾個

「小布」或幾個「幼布」？

這還不是最複雜的。另外有「貝」，自成一個系統，不用銖為單位來計算其價值。有「大貝」，等於兩百一十六「朋」，還有「壯貝」五十朋、「么貝」三十朋、「小貝」十朋、「貝」兩朋。「龜」可以和「貝」互通，「元龜」等於大貝加十朋，「公龜」等於十個壯貝，「侯龜」等於十個么貝，「子龜」等於十個小貝。這是龜。

「銀」還沒有加進來。光是上面這四種貨幣，你會使用了嗎？你是不是流了一身冷汗，發現自己算術程度不夠好，已經迷失在這套貨幣制度裡？還是你懷疑當時的人算術能力有問題，要不然怎麼會設計出這種應該知道是行不通的貨幣呢？

等到王莽下一波再做的改革，你就知道算術程度再好，都不可能有辦法使用這套貨幣。「小錢」和「大錢」被廢除了，新發行「貨布」和「貨泉」。「貨泉」價值是五銖，「貨布」價值二十五銖。那一個「貨布」可以兌換幾個「貨泉」？五個嗎？錯了，規定上一個「貨布」等於二十五個「貨泉」！

太荒唐了！這樣誰會願意用二十五個「貨泉」去換只值五個「貨泉」的「貨布」？到頭來，根本不會有人願意用、也不敢用「貨布」和「貨泉」了，不是嗎？

12 活在原理的幻想中而不顧現實做法

或許這才是重點吧？王莽的貨幣改革到底要幹嘛？和限田、限奴婢一樣，他的改革都是針對當時的社會風氣而來的。會有土地兼併，會有愈拉愈大的貧富差距，很大一部分原因就來自發達的貨幣經濟。武帝朝強力推動的五銖錢，形成統一而有效的貨幣工具，讓大家都能運用這簡單而有保障的貨幣進行交易，幾十年間商業貿易大幅成長，萬物可易。於是連土地也變成買賣對象，而且財富可以用錢計算、用錢儲存起來，有錢和沒錢的差距就表現得愈來愈明顯了。

王莽真正的目的是取消貨幣，回歸「三代」的純樸狀態。他採取的方式，是「遵古」，人為地將時間推回貨幣混亂的時代，讓本來方便好用的貨幣變得複雜難用。再更進一步，用荒唐的定價法讓大家感覺貨幣不可靠，因而減少、甚至徹底放棄貨幣的使用。

後世指責王莽的貨幣政策帶來大亂，往往弄錯重點了。並不是他本來想讓貨幣變好，卻因為無能而搞砸了。他的本意本心上就是要讓貨幣變得不好用，在這點上他其實成功地達成了目的。他的錯在於不了解貨幣在經濟與民生上的關鍵作用，看不到人們已經離不開貨幣，取消貨幣會帶來痛苦大災難的現實。

王莽在經濟上的另一項重要措施，是設「五均」，即在長安、洛陽、邯鄲、臨淄、宛、成都，這六個當時最熱鬧、商業貿易最發達的城市設立「五均官」。「五均」的「均」用大白話說就是規定物價、管控物價。所以「五均」和貨幣改革是彼此聯繫的，都是為了破壞商業、阻緩交易而存在的。「五均官」負責設定城市裡的公定價，市價低於公定價，官方就收購，市價高於公定價，官方就賣出。表面上看，其運作機制和桑弘羊設置的「均輸」類似，然而其背後的價值精神卻截然不同。

桑弘羊主持的做法，是朝廷介入做買賣，藉由朝廷的權力以及龐大的資源，「與民爭利」，可以比所有的人都更方便做生意，從中得到比一般生意更優厚的利益，以此充實國庫。王莽念茲在茲的，卻是以朝廷的力量確保商人無利可圖，將物價牢牢管控，要做到任何東西買進和賣出等價，於是沒有人能從交易中獲利，從而逐漸就沒有人要做生意了。

王莽反對土地兼併，反對大量買奴蓄奴，反對商業貿易，他主張「復古反本」，就是「重農輕商」。他自己是外戚豪族出身，卻提出這樣違背自身階級利益的主張，人民因此信任他、熱情支持他。而他認真地推出各種政策，都朝向實現這激烈的理想與改變。

但問題來了，王莽太相信改革夢想，也太相信皇帝的權力，以為下幾道命令就可以一夕之間讓天下改頭換面。他嚴重缺乏現實感，活在原理原則的幻想中，不顧現實的做法，使得整個國家癱瘓了。

有可能皇帝一聲令下，地主就乖乖地將手上的土地都奉給國家當「王田」嗎？地主不會以他們的資源和力量對抗朝廷嗎？貨幣混亂、「五均」介入，使得商業貿易無法正常進行，影響到的不會只是從中得到利潤的商人，而是使得絕大部分人的生活都變得不方便。短短幾年內，社會騷動，對於王莽的「復古改革」，人民未蒙其利先受其害，原有的政治秩序也連帶瓦解了。

13 成也復古，敗也復古

王莽信古且積極改革，帶來了大災禍。以經書，尤其是《周禮》的內容為依據，他什麼樣的瑣碎細節都要改。光是改名字就耗費了驚人的時間和資源。「長樂宮」要改作「常樂宮」，原本叫做「宮」的，按照古書古禮，有的要改為「堂」，有的要改為「室」。接下來官職名稱要改、官僚上下關係要改，更進一步，全國各地許多不合古法、看了不順眼的地名通通要改。

改名不只是影響稱呼而已。像是改官名，必然同時改變了官職及職掌。官制改來改去，改到後來連王莽自己都搞不清楚什麼官管什麼事，也就不知道什麼事究竟應該交給什麼官來負責。皇帝如此，那些被改來改去的官員當然更是一頭霧水，弄不懂自己該做什麼、不該做什麼了。總體的效果，是實質上官僚體系停擺，瀕臨瓦解。

重新整理王莽的相關史料，我們會得到和東漢人剛好相反的認識。王莽當上皇帝之後的作為，和當上皇帝之前其實是連貫的。並不是前面「偽詐」地裝出一副面容騙取支持，後面得到了大權就露出馬腳、胡作非為。

不，王莽之所以興起，是因為他抱持的強烈復古信念；而王莽之所以快速垮臺，也是因為他抱持的強烈復古信念。興起過程中取得的熱情支持，使得他對於復古深信不疑，所以一旦當上皇帝，他就不顧現實地推動復古措施。短短兩三年間的激烈改革，就將這個帝國能夠繼續運作的重要條件破壞殆盡。

他破壞了龐大的官僚體系，使得這個系統失去了根本的制度。官名換了，官職官守換了，沒有人弄得清楚應該做什麼事、負什麼責任，又該如何做事。他也破壞了帝國的經濟機制，讓貨幣失效，一下子倒退回前貨幣的原始生產與交易狀態。

人民給予高度期待的，是他願意且有能力面對嚴重的社會問題，主導解決這些社會問題，然而他在進行社會改革的同時，卻將政治體制、經濟結構一併毀損了。這種狀況下，帝國能不亂，皇帝能不被推翻嗎？

國家圖書館出版品預行編目（CIP）資料

不一樣的中國史. 4：從無爲到有爲，帝國昂揚的時代-西漢 / 楊照作. -- 初版. -- 臺北市：遠流, 2020.06
面； 公分.
ISBN 978-957-32-8788-9(平裝)

1.中國史

610 109006413

不一樣的中國史 ④
從無為到有為，帝國昂揚的時代——西漢

作者 / 楊照

副總編輯 / 鄭祥琳
副主編 / 陳懿文
特約編輯 / 陳錦輝
封面、內頁設計 / 謝佳穎
排版 / 連紫吟、曹任華
行銷企劃 / 舒意雯
出版一部總編輯暨總監 / 王明雪

發行人 / 王榮文
出版發行 / 遠流出版事業股份有限公司
地址 / 104005 台北市中山北路一段11號13樓
電話 / (02)2571-0297 傳眞 / (02)2571-0197 郵撥 / 0189456-1
著作權顧問 / 蕭雄淋律師

2020年6月 1 日 初版一刷
2021年8月25日 初版四刷
定價 / 新臺幣380元 (缺頁或破損的書，請寄回更換)

ISBN 978-957-32-8788-9

遠流博識網
http://www.ylib.com
E-mail: ylib@ylib.com
遠流粉絲團 https://www.facebook.com/ylibfans